Muttersprache *plus*

Sprach- und Lesebuch 5 *Sachsen*

Erarbeitet von
Heike Dreyer, Melanie Glier, Claudia Israel, Brita Kaiser-Deutrich,
Andrea Kruse, Sylvia Masur, Sylke Michaelis, Viola Oehme, Gerda Pietzsch,
Bianca Ploog, Freya Rump, Luzia Scheuringer-Hillus, Birgit Schmidt, Birka Schmittke,
Viola Tomaszek, Hannelore Walther, Kerstin Wilde

Unter Beratung von
Veronika Amm, Simone Fischer, Viola Oehme, Katrin Paape

VOLK UND WISSEN

Richtig schreiben

Wahlpflicht

Das Spiel mit Licht und Schatten

Reise in die Vergangenheit

Lyrik verstehen

Was weißt du noch aus Klasse 4?

1 Lies die folgenden Texte über zwei Nachbarstaaten Deutschlands.

Polen liegt in Mitteleuropa, östlich von Mecklenburg-Vorpommern, Brandenburg und Sachsen. Es ist etwas kleiner als Deutschland. Die Hauptstadt ist Warschau.

Im Norden des Landes befinden sich lange Sandstrände. Im Süden,
5 an der Grenze zur Slowakei, liegt das Gebirge Hohe Tatra.
Bereits im 10. Jahrhundert schlossen sich verschiedene Volksstämme zusammen und gründeten den Staat Polen. Im 14. Jahrhundert schloss sich Polen mit dem benachbarten Litauen zusammen. Es entstand der größte Staat in Europa.

10 Im 18. Jahrhundert teilten die Nachbarstaaten Russland, Preußen und Österreich Polen unter sich auf. Nach dem 1. Weltkrieg wurde Polen eine Republik. Wer eine Reise in die Vergangenheit Polens machen will, sollte unbedingt die Marienburg besuchen.
15 Sie wurde im Mittelalter erbaut und ist bis heute die größte Backsteinburg Europas.

Tschechien liegt in Mitteleuropa, östlich von Sachsen und Bayern. Es ist nur etwas größer als das angrenzende Bayern. Die Landschaft ist vor allem durch sanfte Hügel, Seen, Wälder und Ackerland gekennzeichnet. Drei große Flüsse fließen durch Tschechien:
5 die Elbe, die Oder und die Moldau.
Die Republik Tschechien gibt es erst seit 1993. Schon viel älter als Tschechien selbst ist die Hauptstadt Prag. Vor über 1000 Jahren wurde da, wo das heutige Prag liegt, die Burg »Hradschin« erbaut. Bis heute thront die Prager Burg auf einem Hügel in der Innen-
10 stadt. Neben der Burg gibt es in der tschechischen Hauptstadt

aber noch viele andere alte Gebäude und Kirchen. Deswegen wird Prag auch die »Goldene Stadt« genannt.
In Prag gibt es übrigens sehr viele Orte mit dem
15 Namen Karl. Sie wurden alle nach Karl IV. benannt, der im 14. Jahrhundert König von Böhmen war. Am bekanntesten ist die Karlsbrücke. Bereits 1357 ließ Karl IV. die Brücke errichten. Damit ist die Karlsbrücke eine der ältesten Steinbrücken Europas.

2 Überprüfe, welche der folgenden Aussagen richtig ist.

1 Polen grenzt an Brandenburg, Mecklenburg-Vorpommern und Sachsen-Anhalt.

2 Polen grenzt an Mecklenburg, Brandenburg und Sachsen.

3 Polen grenzt an Brandenburg und Mecklenburg-Vorpommern.

4 Polen grenzt an Mecklenburg-Vorpommern, Brandenburg und Sachsen.

3 Stelle Steckbriefe von Polen und Tschechien zusammen.
Übertrage dazu die folgende Tabelle in dein Heft und ergänze sie.

	Polen	Tschechien
Lage in Europa Gründung Hauptstadt Landschaft historische Personen berühmte Bauwerke		

4 Schreibe die Wörter aus der Wortschlange in dein Heft.
Nenne die Wortart, zu der sie gehören.

östlichkleinaltgoldentschechischgroßlanghochberühmtpolnisch

5 Wähle ein passendes Wort und ersetze in den Sätzen die Verben.

unternehmen – fließen – erbaut – liegt

1 Polen ist in Mitteleuropa.

2 Wir machen eine Reise in die Geschichte Polens.

3 Drei große Flüsse sind in Tschechien.

4 Vor über 1000 Jahren wurde die Burg »Hradschin« entwickelt.

6 Schreibe die folgenden Wörter in der richtigen Groß- und Kleinschreibung auf.

STRAND   SCHNELL   SÜDEN   LIEGEN   FLUSS   DREI

VIEL   LANDSCHAFT   BRÜCKE   KLEIN   HÜGEL   SEE

BESUCHEN   WALD

Sich und andere vorstellen

1 Ben nimmt Dominik mit zum Fußballtraining, wo er niemanden kennt.

a Lest den Dialog mit verteilten Rollen und spielt ihn vor.
Denkt auch an Betonung, Gestik und Mimik.

→ S.45
Mimik und Gestik

Ben	Hallo, Stefan!
Stefan	Hi, Ben!
Ben	Ich habe hier meinen Kumpel aus der Schule mitgebracht.
Stefan	Hi!
Dominik	Hallo. *(Pause)*
Stefan	Wie heißt du denn?
Dominik	Dominik. *(Pause)*
Stefan	Ja und, willst du bei uns mitspielen?
Dominik	Vielleicht.
Stefan	Wie alt bist du denn?
Dominik	Elf.
Stefan	Hast du schon mal irgendwo Fußball gespielt?
Dominik	Nein.
Stefan	Gar nicht?
Dominik	Doch. Bei uns in der Straße. Und in der Schule.
Stefan	Na, dann schauen wir mal. Du kannst ja einfach zwei-, dreimal mittrainieren, dann gucken wir, ob es dir gefällt, okay?
Dominik	Hm.

b Beschreibe, welchen Eindruck diese erste Begegnung zwischen Dominik und Stefan auf dich macht.

c Überlege, was Dominik besser machen könnte. Was sollte Ben ändern?

2

→ S. 45
Mimik und Gestik

a Spielt auch den folgenden Dialog mit verteilten Rollen vor.
Denkt an Betonung, Gestik und Mimik.

Ben	Hallo, Stefan!
Stefan	Hi, Ben!
Ben	Du, Stefan, das hier ist Dominik, ein Kumpel aus meiner Klasse. Der möchte gern mal mittrainieren.
Stefan	Hallo, Dominik! Na, das ist ja prima, du kannst gern mal reinschauen. Hast du denn schon mal Fußball im Verein gespielt?
Dominik	Hi! Nein, habe ich noch nicht. Aber ich bin natürlich ein großer Fan von Bayern München. Wie die letzten Mittwoch in der Champions League gespielt haben, war wieder mal klasse. Besonders im Angriff sind die echt spitze. Später will ich auch unbedingt ein guter Stürmer werden.
Stefan	Na, von deinen Zukunftsplänen kannst du ja bei Gelegenheit mehr erzählen. Geht euch erst mal umziehen.

b Beschreibe, welchen Eindruck dieser Dialog auf dich macht.
Was sollte Dominik ändern?

! Wenn du auf einen dir unbekannten Menschen triffst, **stelle dich** kurz **vor**. Wähle dabei je nach Situation aus, was für dein Gegenüber wichtig ist.

3

a Ordne zu, welche Begrüßung zu welcher Situation passt.

Guten Tag!	Jannik begrüßt seinen Freund Ken an der Bushaltestelle.
Hallo!	Hannes öffnet dem Vater seines Freundes die Tür, als dieser am Abend seinen Sohn abholen will.
Hi!	Piet kommt in das Sekretariat der Schule.
Guten Morgen!	Matilda kommt nach Hause.
Guten Abend!	Jacqueline betritt den Bäckerladen.

b Bestimme, welche Begrüßungen formell, welche familiär oder freundschaftlich sind. Suche weitere Beispiele und notiere sie in einer Tabelle.

4 Am »Tag der offenen Tür« begegnest du mit deiner Mutter dem Schulleiter, der freundlich lächelnd stehen bleibt. Was machst du?

a Wähle eine der Möglichkeiten aus und begründe deine Entscheidung.

1 Ich lächele freundlich zurück, grüße und gehe dann schnell weiter.
2 Ich bleibe stehen, begrüße ihn freundlich und stelle zunächst meiner Mutter den Schulleiter vor und dann dem Schulleiter meine Mutter.
3 Ich bleibe stehen, begrüße den Schulleiter freundlich und stelle ihm zunächst meine Mutter vor und dann meiner Mutter den Schulleiter.

b Lies den folgenden Merkkasten. Begründe, welche der in Aufgabe a genannten Möglichkeiten richtig ist.

Sybil Gräfin Schönfeldt

KNIGGE FÜR DIE NÄCHSTE GENERATION

! Menschen, die sich noch nicht kennen, musst du **einander vorstellen**. Dabei gelten die von Adolf Freiherr von Knigge im 18. Jahrhundert aufgestellten und inzwischen aktualisierten Regeln:
1. Stelle der ältesten Person immer zuerst die jüngeren vor.
2. Bei Gleichaltrigen stelle den Damen zuerst die Herren vor.
3. Verwende zum Vorstellen Formulierungen, wie:
    Herr … / Frau …, darf ich Ihnen … vorstellen.
    Maria, ich möchte dir … vorstellen.
4. Nenne auch die wichtigste Information zu der Person, z. B.:
    Das ist …, mein Vater / meine Mutter / ein Freund / eine Freundin.

c Suche Begründungen für die Regeln 1, 2 und 4 aus dem Merkkasten.

 **5** Am »Tag der offenen Tür« stellst du zwei Personen einander vor. Verfasst einen Dialog, wählt reale Personen, z. B. Lehrer und Eltern. Spielt das gegenseitige Vorstellen mit verteilten Rollen. Nutzt die im Merkkasten vorgeschlagenen Formulierungen.

Was habe ich gelernt?

6 Überprüfe, was du über das Vorstellen gelernt hast. Beantworte dazu die folgenden Fragen.

1 Worauf musst du achten, wenn du dich jemandem vorstellst?
2 Worauf musst du achten, wenn du andere einander vorstellst?

Gespräche führen – eine Meinung vertreten

Wünsche und Meinungen äußern

1 Was würdest du gern im Deutschunterricht lernen?

a Schreibe deine Wünsche als Stichworte auf Karteikarten.

b Stellt eure Wünsche den anderen vor. Heftet die Karteikarten ungeordnet an die Tafel.

c Ordnet die Karteikarten nach Themen und findet Überschriften.

2

a Lies die folgenden Sätze und äußere deine Meinung dazu.

1 Für das Wochenende sollten Schülerinnen und Schüler Hausaufgaben bekommen, damit sie sich nicht langweilen.
2 Wenn ich mit etwas nicht einverstanden bin oder geärgert werde, wehre ich mich mit Gewalt, denn das ist das Einzige, was die anderen verstehen.
3 Wenn ich wütend bin oder mich z. B. über den Lehrer ärgere, brülle ich in der Klasse herum, um mich zu beruhigen.
4 Im Unterricht darf nicht getrunken werden.
5 Handys dürfen nicht mit in die Schule genommen werden.
6 Wenn mein Sitznachbar etwas nicht versteht, mache ich einen möglichst lauten Spruch, damit er mit den anderen darüber lacht.

! Du kannst zu Aussagen deiner Gesprächspartner deine **Meinung äußern**, das heißt, du kannst ihnen zustimmen oder ablehnen. Du kannst aber auch eine Bedingung für deine Zustimmung nennen oder eine andere Lösung vorschlagen (Kompromiss). Du kannst folgende Formulierungen nutzen, z. B.:
Zustimmung: *Du hast Recht. Da stimme ich dir zu. Das finde ich auch.*
Ablehnung: *Da kann ich dir nicht Recht geben. In dem Punkt stimme ich dir nicht zu. Ich sehe das anders.*
Kompromiss: *Ich bin nur teilweise einverstanden. Ich würde zustimmen, wenn … Das ist in Ordnung, wenn …*

b Wähle in Aufgabe 2 a aus, welche Regeln dir für den Unterricht und das Zusammenleben in der Schule sinnvoll und wichtig erscheinen. Schreibe sie in dein Heft.

c Schreibe Änderungsvorschläge zu denjenigen Äußerungen auf, mit denen du nicht einverstanden bist.

Ich würde vorschlagen, dass …

d Überarbeite diejenigen Äußerungen, denen du nur teilweise zustimmen kannst. Schreibe Kompromissvorschläge auf.

Damit bin ich nur einverstanden, wenn …
Ich würde zustimmen, wenn …

 **3** Einigt euch auf fünf gemeinsame Regeln für den Unterricht und das Zusammenleben in der Klasse.
Haltet diese Regeln auf einem Plakat fest.
Gestaltet es anschaulich, indem ihr z. B. unterschiedliche Farben oder Symbole verwendet.

4

a Übertrage die folgende Tabelle in dein Heft. Schreibe die Satzanfänge aus dem Merkkasten auf S. 11 in die richtige Spalte. Ergänze mit eigenen Beispielen.

Zustimmung	Ablehnung	Kompromiss
Du hast Recht. …	Da kann ich dir nicht Recht geben. …	Ich bin nur teilweise einverstanden. …

TIPP
Nutze Aufgabe a und den Merkkasten auf S. 11.

b Setze dich mit den folgenden Meinungen auseinander. Stimme zu, lehne ab oder schlage einen Kompromiss vor. Begründe deine Meinung.

1 Mädchen und Fußball passen nicht zusammen.
2 Für Haustiere braucht man viel Zeit.
3 Tiere gehören nicht in die Wohnung.

Meinungen begründen

1

a Wie viele Stunden siehst du am Tag durchschnittlich fern?
Siehst du gern fern? Wenn ja, warum?
Tausche dich mit den anderen darüber aus.

b In den Medien (z. B. Zeitungen, Zeitschriften, Internet)
kann man immer wieder lesen, dass Kinder zu viel fernsehen.
Was denkst du darüber? Was spricht für das Fernsehen?
Was dagegen?

2 Sabine Müller und ihre Tochter Lara sitzen am Frühstückstisch.

a Lies den folgenden Dialog.

Mutter	*(hält ihrer Tochter die Zeitung vor die Nase, zeigt auf eine Überschrift)* Da, guck mal!
Tochter	Och, Mama, lass mich doch damit in Ruhe!
Mutter	Ich sage das ja schon die ganze Zeit, du siehst zu viel fern. Und jetzt steht es hier schwarz auf weiß: »Fernsehen macht Kinder dumm«! Weißt du was, wir stellen die Flimmerkiste jetzt einfach mal eine Zeit lang auf den Dachboden – fertig!
Tochter	Mama, was soll das denn?
Mutter	Das wird dir mal guttun!
Tochter	Du immer mit deinen blöden Ideen! Dann geh ich eben zu Tanja und guck da!
Mutter	*(streng)* Das machst du nicht!
Tochter	*(laut werdend)* Mache ich wohl! *(rennt raus, knallt die Tür)*

b Spielt den Dialog mit verteilten Rollen vor.

c Überlege, was in dem Gespräch zwischen Mutter und Tochter
schiefläuft. Welche Sätze hemmen das Gespräch?

3

a Nenne Gründe, mit denen die Tochter die Mutter überzeugen könnte.

b Überlege dir Begründungen, mit denen die Mutter die Tochter von
ihrer Meinung abbringen könnte.

So kannst du jemanden von deiner Meinung überzeugen
1. Begründe deine Sichtweise.
2. Bleibe sachlich und ruhig.
3. Nenne Beispiele, damit der andere dich besser versteht.
4. Verletze die andere Person nicht durch Worte.
5. Verwende Formulierungen, wie:
    *Ich bin davon überzeugt, **weil**...*
    *Ich teile deine Meinung nicht, **da**...*
    *Ich sehe das so, **denn**...*
6. Höre dir auch die Meinung deines Gesprächspartners an.

TIPP
Verwende die Formulierungen aus dem Merkkasten.

4 Wie könnte das Streitgespräch zwischen Sabine Müller und ihrer Tochter Lara besser verlaufen?

a Schreibe einen Dialog, in dem Mutter und Tochter ihre Meinungen sachlich begründen, Beispiele nennen und einen Kompromiss finden.

 b Stellt euch eure Dialoge gegenseitig vor und besprecht, was ihr noch verbessern könntet.

 c Wählt einen der Dialoge aus und spielt ihn der Klasse vor.

5 Wählt eine der folgenden Situationen aus. Verfasst ein gelungenes Streitgespräch, in dem beide Seiten sich gegenseitig aufmerksam zuhören und ihre Meinungen sachlich begründen.

1 Lennarts Mutter ist der Meinung, dass Lennart zu viel Zeit mit Computerspielen verbringt.
2 Antons Vater will, dass Anton wegen seiner schlechten Englischnoten das Handballtraining aufgibt.
3 Aufgrund der hohen Kosten will Frau Wenk ihrer Tochter Josephine das Handy wegnehmen.

Was habe ich gelernt?

6 Überprüfe, was du über das Führen von Gesprächen gelernt hast. Erkläre einem Lernpartner, wie man jemanden überzeugt.

In der Gruppe arbeiten

1 Sammle in Stichworten, was dir zum Thema »Gruppenarbeit« einfällt. Nutze dazu die folgenden Fragen.

1 Hast du schon einmal in einer Gruppe gearbeitet?
2 Was hat dir besonders gut daran gefallen, was lief schlecht?
3 Worauf muss man achten?

So könnt ihr Gruppenarbeit durchführen
1. Bildet etwa gleich große Gruppen (ca. 4 – 6 Personen).
2. Setzt euch so um einen Tisch, dass alle sich sehen und schreiben können. Wenn nötig, müsst ihr die Tische ein wenig verrücken.
3. Vergebt die folgenden Aufgaben, damit die Gruppenarbeit gelingt:
   Jeweils eine Schülerin / ein Schüler muss dafür sorgen, dass
   – in der Gruppe nicht zu laut gesprochen wird,
   – sich alle an der Arbeit beteiligen,
   – Rückfragen mit der Lehrerin / dem Lehrer geklärt werden,
   – die vorgegebene Zeit eingehalten wird und
   – die Arbeitsergebnisse festgehalten werden.
4. Achtet bei der Gruppenarbeit darauf, dass ihr nicht immer dieselben Aufgaben übernehmt.

2 Setzt euch anschließend zusammen und einigt euch gemeinsam auf sechs Arbeits- und Verhaltensregeln. Haltet diese in Form eines Plakats fest. Findet für jede Regel ein bildliches Symbol zur Veranschaulichung.

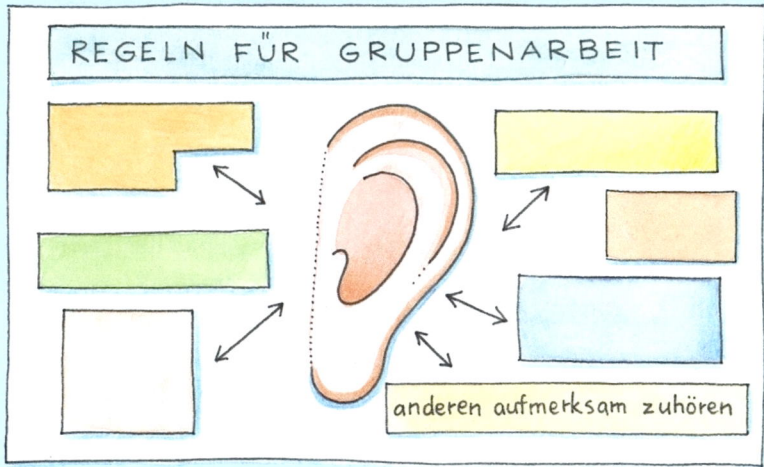

Aktiv zuhören

1 Schickt fünf Schülerinnen/Schüler aus dem Klassenzimmer und einigt euch dann auf ein Bild oder Foto.

a Einer von euch beschreibt es dem Ersten, den ihr wieder hereinruft, so genau wie möglich, ohne dass dieser es sehen kann. Der Erste muss das Bild danach dem Zweiten beschreiben usw., bis der Letzte wieder in der Klasse ist.

b Lest den folgenden Merkkasten und tauscht euch darüber aus, ob ihr aktiv zugehört habt und was am besten geklappt hat.

> **!** Um einen Gesprächspartner richtig verstehen zu können, ist aufmerksames und genaues Zuhören wichtig.
> **Aktiv zuhören** heißt,
> • den Gesprächspartner anzusehen,
> • eine Rückmeldung zu geben (nicken, Kopf schütteln, Stirn runzeln usw.),
> • das Gesagte mit eigenen Worten zu wiederholen und
> • nachzufragen.

 2 Führt zu einer der folgenden Aussagen ein »Echogespräch« durch.

1 Jungen können nicht zuhören.
2 Mädchen reden immer hinter dem Rücken über andere.
3 Schule ist langweilig.

> **So könnt ihr mit einem »Echogespräch« das Zuhören üben**
> • Der erste Redner äußert und begründet seine Meinung.
> • Der zweite Redner gibt mit eigenen Worten die Meinung seines Vorredners wieder, bevor er selbst seine Meinung äußert und begründet usw.
> • Die Zuhörerinnen/Zuhörer überprüfen, ob der Beitrag des jeweiligen Vorredners richtig wiedergegeben wurde.
> • Danach wird das Gespräch bewertet:
>   – Haben die Redner einander richtig zugehört?
>   – Wer hat seinen Vorredner missverstanden?

Für den Erzählwettbewerb »Berlin – mein Kiez« hat die 12-jährige Induja über ihre persönlichen Erfahrungen geschrieben.

Induja Indiran

Fremd in Berlin?!

Ich heiße Induja und bin zwölf Jahre alt. Ich bin eine Tamilin, also meine Eltern kommen aus Sri Lanka.
Sri Lanka liegt in Südasien. Eigentlich bin ich
5 Berlinerin, weil ich hier in Berlin geboren bin. Meine Eltern sind hier, weil es in Sri Lanka oft Krieg gab, und immer noch ist es unruhig. Ich finde, Berlin ist eine sehr schöne und eine interessante Stadt, in der es viel zu sehen gibt.
10 Doch es gibt auch ein paar Ecken, wo es nicht so schön aussieht, zum Beispiel in Kreuzberg oder in manchen U-Bahnhöfen. Ich habe noch einen älteren Bruder namens Indujan, der fünfzehn ist und auch der Meinung ist, dass es an diesen Ecken
15 schmutzig ist.
Doch es gibt auch sehr schöne Orte in Berlin, wie zum Beispiel am Wannsee, um das Brandenburger Tor, am Ku'damm und und und … Wenn Weihnachten ist, sieht der Ku'damm vor allem beeindruckend aus, denn er ist immer sehr schön geschmückt mit Lichter-
20 ketten, glänzenden Weihnachtskugeln, mit vielen Tannenbäumen und goldenen Sternen. Am Abend bin ich gerne dort mit meiner Familie, obwohl es in unserer Familie nicht üblich ist, Weihnachten zu feiern. Ich gehe in die sechste Klasse und habe Freundinnen, die nett zu mir sind und mit denen ich auch sehr gut
25 klarkomme.
Doch früher hatte ich mal ein großes Problem. Aber ich habe es allein geschafft, das Problem zu lösen.
Es ging um meine Hautfarbe.
Also, früher gab es mal drei Jungs in meiner Schule, die mich
30 immer gehänselt haben. Sie sagten etwa: »Hi, Schokolade, wie geht es dir heute?« Oder: »Da guckt doch mal, Schokolade kann die Treppen hochgehen.« Es wurde immer schlimmer, und ich habe mich auch nie getraut, mich zu wehren. Langsam hatte ich es satt, das Geplapper dieser Jungs anzuhören.

35 Da beschloss ich, mich in der Pause zu wehren. Also ging ich zu denen hin und stand ruhig da. Da fragten sie mich neugierig: »Was willst du denn hier bei uns, Schokoladeneis?« Da antwortete ich lächelnd: »Danke für das Kompliment, dass ich ein Schokoladeneis bin, denn Schokoladeneis schmeckt sehr lecker, und stehen

40 darf ich auch, wo ich will.« Sie sagten kein einziges Wort mehr und gingen in ihre Klasse. Von diesem Tag an haben sie kein Wort mehr mit mir geredet und sie haben auch die anderen Kinder in Ruhe gelassen. Ich war von dem Tag an sehr froh und glücklich, weil ich es alleine geschafft habe, drei Jungs fertigzumachen. Doch

45 ich habe meinen Eltern, meinen Freundinnen und meinen Lehrern davon nichts erzählt. Warum, das weiß ich selbst nicht mehr. Ich finde solche Menschen hier in Berlin einfach doof, weil sie nie nachdenken, bevor sie was sagen. Sie versetzen sich auch nie in andere hinein. Doch es gibt auch viele Menschen hier, die sehr

50 nett sind. Ich habe viele Nachbarn, die nett zu mir sind, und das finde ich gut. Wenn ich draußen bin und Menschen sehe, die einfach dumme Wörter zu mir sagen, bin ich immer sehr traurig. Wenn ich traurig bin, will ich lieber in meiner Heimat Sri Lanka sein,

55 weil dort alle schokoladenbraun sind. Doch wenn ich dann nach Hause gehe und meinen Nachbarn mir zulächeln sehe, bin ich wieder froh und möchte lieber hierbleiben und nicht nach Sri Lanka gehen, denn das Leben dort fällt mir auch sehr schwer. Ich lebe lieber hier mit doofen Bemerkungen als dort mit Krieg.

60 Ich wünsche, dass der Krieg in Sri Lanka schnell vorbei ist und dass alle in Frieden leben. Ich wünsche auch noch, dass alle Menschen viel zum Essen haben. Doch wenn in Sri Lanka wieder Frieden herrscht, bleibe ich trotzdem in Berlin. Aber ich werde Sri Lanka ab und zu mal besuchen.

1 Schreibe auf, was du über Induja erfährst.

2 Fasst zusammen, welches Problem Induja hatte und wie sie es gelöst hat.

3 Schreibe selbst einen Text, in dem du über eigene Erfahrungen und Erlebnisse in deinem Wohngebiet erzählst.

→ S. 22, 131 Erzählen

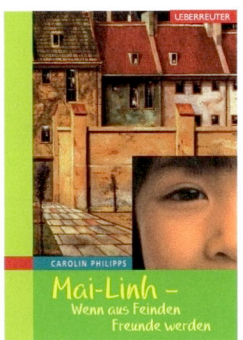

Die zehnjährige Vietnamesin Mai-Linh lebt mit ihrer Familie in Deutschland. Ihre Eltern müssen fast den ganzen Tag in ihrem kleinen Restaurant arbeiten. Deshalb wird Mai-Linh von der Nachbarsfamilie betreut. Sie bekommt dort Essen und geht mit Dennis, dem 13-jährigen Sohn und Schwarm ihrer Freundinnen, zur Schule. Doch bald fangen ein paar Freunde von Dennis an, Mai-Linh zu ärgern.

Carolin Philipps

Mai-Linh. Wenn aus Feinden Freunde werden

Am nächsten Tag trödelte Mai-Linh auf dem Weg zur Schule. Sie wollte so dicht wie möglich bei Dennis bleiben, weil sie Angst hatte, seine Freunde hätten sich schon wieder im Gebüsch versteckt.

5 »Los! Vorwärts!« Dennis puffte sie in den Rücken.
»Geh du vor!«
Dennis zögerte. Aber da Mai-Linh einfach stehen blieb und nicht vorhatte, auch nur einen Schritt weiterzugehen, blieb ihm nichts anderes übrig.

10 »Aber bleib hinter mir. Ich will keinen neuen Stress mit meiner Mutter, wenn ich dich verliere.«
Lars und Sven warteten im Gebüsch, bis Dennis vorbeigegangen war. Dann sprangen sie direkt vor Mai-Linh hervor. Diesmal hatten sie schwarze Teufelsmasken vor dem Gesicht. Mai-Linh erschrak

15 fürchterlich und rannte in den Park hinein.
Hinter sich hörte sie Dennis schimpfen.
»[...] Einfach erschrecken hätte auch gereicht. Wenn wir sie nicht finden, krieg ich ein Problem. Los, alle suchen.«
»Mai-Linh, wo bist du? Komm raus! Das ist kein Spaß mehr!«

20 Das fand Mai-Linh schon lange. Sie lag im Gebüsch und lauschte auf die Stimmen, die sich langsam entfernten, immer weiter in den Park hinein. Dann sprang sie auf und rannte zur Schule.

1 Was passiert auf dem Schulweg? Beschreibe den Ablauf.

2 Warum handelt Dennis so? Sammelt mögliche Gründe.

Fünfzehn Minuten nach Unterrichtsbeginn kam Dennis, ohne
anzuklopfen, in die Klasse gerannt. Seine Haare hingen ihm wirr
25 ins Gesicht. Er war verschwitzt.

Die Mädchen kicherten. Das war nicht der coole Dennis, den alle
kannten und bewunderten.

»Wo ist sie?«, rief er statt einer Begrüßung. »Habt ihr sie gesehen?«
Er schaute sich in der Klasse um.

30 »Dennis!! Würdest du uns mal erklären, was das soll?«

Herr Möller, der Dennis in der Grundschule jahrelang unterrichtet
und sich schon damals oft über ihn aufgeregt hatte, war ganz rot
im Gesicht angelaufen vor Empörung. »Du kommst mitten in
meinen Unterricht geplatzt und ziehst hier eine Show ab …!«,
35 rief er wütend.

Dennis schaute ihn verstört an. »Ich muss sie finden!«

»Vielleicht erklärst du uns wenigstens, wen du suchst.«

»Mai-Linh!«

Jetzt fing die ganze Klasse an zu kichern.

40 »Na, du bist aber schrecklich verliebt, was?«

»Kann nicht mal bis zur Pause warten.«

Andere riefen: »Umdrehen!«

»Du brauchst eine Brille!«

Mai-Linh, die gerade an der Tafel etwas vorrechnen sollte, stand
45 verlegen mit der Kreide in der Hand da und wusste nicht, was sie
machen sollte.

Endlich entdeckte Dennis sie, kam auf sie zugerannt und schüttelte sie.

»Mach das nicht noch mal, du! Mach das nicht noch mal!«, schrie
50 er.

Herr Möller musste ihn von Mai-Linh wegzerren. »So, mein Lieber,
du wirst jetzt schön brav in deine eigene Klasse gehen. Aber glaub
nicht, dass damit alles gelaufen ist. Da kannst du dir sicher sein!«
Mit einem wütenden Blick auf Mai-Linh verschwand Dennis aus
55 der Klasse. […]

3 Was passiert in der ersten Stunde? Beschreibe das Verhalten von
Dennis.

4 Tauscht euch über das Verhalten der Klasse und des Lehrers aus.

Mittags zu Hause saß er auf der Treppe, als Mai-Linh ankam. Er hatte extra die sechste Stunde geschwänzt.

»Kein Wort zu meiner Mutter!«, sagte er drohend. »Sonst zeigen wir dir mal, wie man kleine Mädchen erschreckt.«

60 Mai-Linh drehte sich weg und wollte gehen. Dennis packte sie am Arm. »Und noch was. Ich will keinen Reis mehr essen. Du wirst dir Kartoffeln oder Nudeln wünschen! Verstanden?« [...] Mai-Linh nickte. [...]

Am nächsten Mittag, als sie nach dem Essen die Treppe nach oben

65 in den ersten Stock kam, blieb sie erschrocken stehen. Quer über ihre Wohnungstür hatte jemand in dicken roten Buchstaben »Reis-fresser!« geschrieben.

Dennis!, dachte Mai-Linh als Erstes. Das konnte nur Dennis sein. Dabei hatte es heute Kartoffeln gegeben. Sogar Pommes, die

70 Dennis besonders gerne mochte.

Und wie versprochen, hatte sie Frau Bennert gesagt, dass sie bei ihr lieber Nudeln und Kartoffeln essen wollte, weil sie Reis ja ohnehin zu Hause bekam.

Sie hatte alles so gemacht, wie er es wollte, und trotzdem war er

75 noch so gemein, dass er die Tür beschmierte. Sie holte tief Luft. Dann schloss sie die Haustür auf und machte sich mit Schwamm und heißem Wasser daran, die roten Buchstaben abzuwischen. Fast zwei Stunden brauchte sie dafür und mit jedem Eimer Wasser, den sie neu anschleppte, hasste sie Dennis mehr.

80 Sie würde ihm sagen, dass sie alles seiner Mutter oder ihren Eltern erzählen würde, wenn er das noch einmal machte. Und den Dreck könnte er dann allein wegmachen.

Aber als er ihr abends im Treppenhaus begegnete, traute sie sich doch nicht, weil er sie so böse anfunkelte, dass ihr die Worte im

85 Hals stecken blieben. Jemand, der so etwas an die Tür schrieb, würde wahrscheinlich auch Schlimmeres mit ihr machen.

5 Vergleiche das Verhalten von Dennis und Mai-Linh.

6 Tauscht euch darüber aus, wie Dennis und Mai-Linh ihre Probleme lösen könnten.

7 Schreibe die Geschichte weiter.

Erzählen I

Eine Geschichte erfinden

Den Inhalt einer
Geschichte planen
und gestalten

① Werde selbst Schriftstellerin/Schriftsteller und schreibe Geschichten. Stelle dein eigenes Geschichtenbuch her.

• Bilder als
  Anregung nutzen

a Zunächst brauchst du für die Geschichte eine Idee.
Sieh dir dazu das Foto an. Was könnte hier vorgehen?

• Ein Brain-
  storming
  durchführen
  → S.31

b Führt ein Brainstorming, also eine Ideensammlung zum Foto, durch. Stellt euch eure Gedanken gegenseitig vor.

②

• Eine Reizwort-
  kette bilden

a Stelle mithilfe des Fotos eine Kette von Reizwörtern zusammen.

Fluss – Hilfe – Hund – ...

b Bildet weitere Wortketten zu dem Foto. Stellt sie euch gegenseitig vor.

③ Ben hat eine Geschichte zur Wortkette aus Aufgabe 2a entworfen.

a Lies seinen Entwurf.

Drei Freunde angelten am Fluss. Einer von ihnen, Tony,
hatte seinen Hund dabei. Sie standen ruhig, ohne zu sprechen,
um die Fische nicht zu verjagen.
Plötzlich schreckten sie auf. Was war das? Laute Hilferufe.
Sie blickten sich verzweifelt an. Ein merkwürdiges Bündel
trieb auf dem Fluss heran. Ehe sie etwas tun konnten,
sprang Tonys Hund ins Wasser und zog das Bündel an Land.

• Fragen stellen

b Überlege, wodurch Bens Text ergänzt werden könnte, indem du Fragen an den Text stellst.

Wie hießen die anderen beiden Freunde?
Woher kamen die Hilferufe?
Was dachten …

c Beantworte die Fragen in Stichpunkten und überlege, an welchen Stellen des Textes die Ergänzungen eingefügt werden können.

• Den Beginn
einer Geschichte
gestalten

4 Überlege jetzt, wie du den Beginn der Geschichte gestalten kannst.

a Lies diese Geschichtenanfänge. Welche Erwartungen wecken sie?

1 Als Ines und Mario bei ihrem Onkel in Mecklenburg zu Besuch waren, wollten sie unbedingt einmal in einem Zelt hinter dem Haus auf einer Wiese übernachten. »Gut«, stimmte der Onkel am Ende zu, »aber kommt mir nicht in der Nacht damit an, dass ihr Angst habt!«

2 Gustav Tüftel macht seinem Namen alle Ehre. Wenn er Zeit hat, geht er in den Keller, in dem er allerhand Gerätschaften zusammengetragen hat, an denen er herumbastelt. So hat er bereits einen Tropfenfänger für die Nase und einen Schuh mit Sprungfedern unter der Sohle erfunden. Schon eilt er wieder in den Keller, denn gerade ist ihm ein neuer Gedanke gekommen.

3 Mareike stöbert bei ihrer Oma auf dem Dachboden gern in alten Kisten. Dabei kramt sie vergilbte Fotos hervor, zieht alte Kleider an oder setzt sich verbeulte Hüte auf. Einmal stieß sie beim Stöbern in der Bodenkammer auf eine wurmstichige Truhe. Als sie den Deckel öffnete, entdeckte sie etwas Merkwürdiges.

4 Ich hatte unruhig geschlafen und irgendetwas vom Fliegen geträumt. Als ich aufwachte, erschrak ich, denn ich lag nicht in meinem Bett und auch nicht in meinem Zimmer. Wo war ich nur? Ich rieb mir die Augen. Um mich herum sah alles so anders aus. Es schien mir, als wäre ich in einem fremden Land.

b Untersuche die Geschichtenanfänge genauer.
Ordne sie den im Merkkasten auf S. 24 genannten Ideen zu.

! Der **Anfang einer Geschichte** ist wichtig, um die Zuhörer oder Leser für die Geschichte zu interessieren.
Was du am Anfang einer Geschichte schreiben kannst:
- Vorstellen und Beschreiben der Personen,
- Schildern einer Situation, in der sich die Personen befinden,
- Beschreiben des Handlungsortes,
- Beschreiben der Tageszeit, der Jahreszeit oder des Wetters,
- Beschreiben wichtiger Gegenstände.

 c Wähle eine Möglichkeit aus dem Merkkasten und überarbeite den Beginn von Bens Geschichte (S. 22, Aufgabe 3 a).

• Stoff sammeln und gliedern

5 Carsten erfindet für seine kleine Schwester eine Geschichte.

a Zur Vorbereitung legt er eine Stoffsammlung an.
Besprecht in der Klasse, wie sie aufgebaut ist.

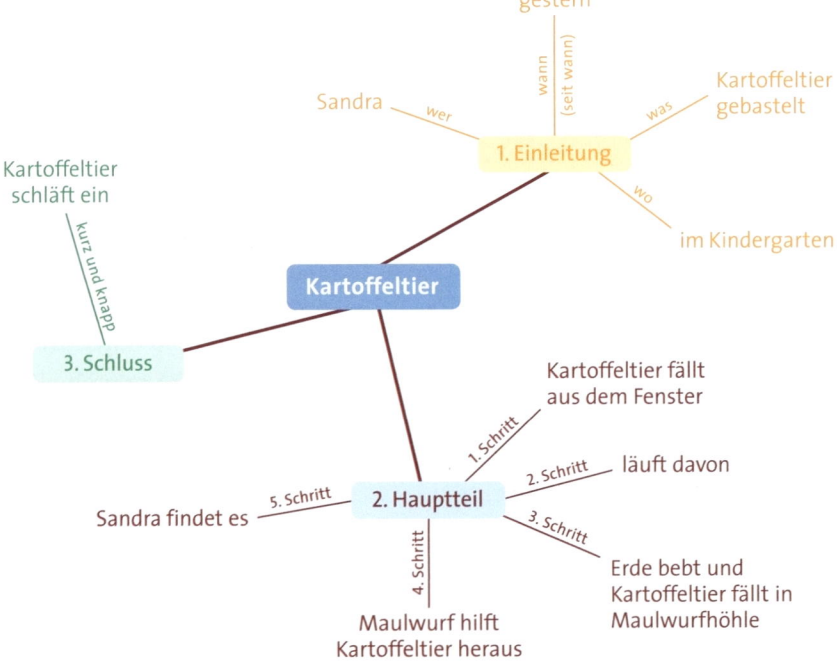

! Um deine Gedanken und Ideen anschaulich darzustellen, kannst du eine Übersicht gestalten.
Diese eignet sich besonders, wenn du eine **Stoffsammlung** für deine Geschichte erarbeitest.

b Lies jetzt Carstens Geschichte. Wie gefällt sie dir?
Begründe deine Meinung.

Sandra hat ein Kartoffeltier gebastelt. Sie lässt es auf dem Fenster-
brett stehen. Bei einem Windstoß fällt das Kartoffeltier aus dem
Fenster. Als es unten ankommt, ist es ganz benommen. Aber nachdem es sich erholt hat, läuft es einfach davon. Nach einer Weile
5 kommt es an einen Fluss. Es macht eine Pause. Plötzlich beginnt
die Erde zu beben und gibt unter ihm nach. Das Kartoffeltier fällt
einen Meter tief. Als es sich aufgerappelt hat, sieht es in die Augen
eines Maulwurfs. »Hilfe, ich will hier raus!«, ruft es. »Keine
Angst«, sagt der Maulwurf, »ich helfe dir. Bleib dicht hinter mir,
10 ich werde einen Gang zu dir nach Hause graben.« Und er beginnt
zu graben.
Es dauert nicht lange und er ist an der Oberfläche angelangt.
»Tschüs!«, sagt der Maulwurf zum Kartoffeltier und verschwindet
wieder in der Erde. Nach wenigen Minuten kommt Sandra.
15 »Du kleines, schussliges Ding«, sagt sie und nimmt das Kartoffeltier mit ins Haus. Dort setzt sie es in ein Regal.
»Puh, das ist noch einmal gut gegangen«, sagt das Kartoffeltier
und schläft ein.

c Vergleiche den Aufbau der Geschichte mit Carstens Stoffsammlung
(Aufgabe a). Was stellst du fest?

• Wörtliche Rede
gestalten

6 Carstens Geschichte wirkt durch die wörtliche Rede lebendig.

a Suche einige Beispiele dafür aus seinem Text heraus.

b Gestaltet nun selbst kurze Gespräche zu einer der folgenden
Situationen.

1 Aus Unvorsichtigkeit fährst du mit deinem Fahrrad eine Frau an,
die vom Einkaufen kommt. Welches Gespräch ergibt sich daraus?
2 Zwei Jungen schleichen sich in den Garten des Nachbarn.
Was flüstern sie sich zu?

Die **wörtliche Rede** verleiht deiner Geschichte Lebendigkeit.
Um die Erzählung anschaulich zu gestalten, bemühe dich auch um
passende Verben und **treffende Adjektive**. Verwende außerdem
unterschiedliche Satzanfänge, z. B.: *plötzlich, jetzt, auf einmal, später,*
schließlich… Deine Erzählung wird dadurch abwechslungsreich.

Geschichten erfinden

7 Erfindet nun selbst Geschichten.
Ihr könnt euch dazu etwas Eigenes ausdenken oder
- eine der Wortketten aus Aufgabe 2 (S. 22) nutzen,
- Bens Geschichte aus Aufgabe 3 a (S. 22) neu schreiben,
- einen Erzählanfang aus Aufgabe 4 a (S. 23) auswählen
  und weiterschreiben.

TIPP
Wenn du die Endfassung noch gestalten willst, wähle ein geeignetes Blatt aus und lass genügend Platz für die Gestaltung.

 So kannst du beim Geschichtenerfinden vorgehen
1. Überlege, warum und für wen du deine Geschichte schreiben
   möchtest.
2. Sammle Schreibideen und Themen. Du kannst dich darüber
   auch mit deinen Mitschülerinnen/Mitschülern austauschen.
3. Wenn du dich für ein Thema entschieden hast,
   plane den Inhalt deiner Geschichte genauer.
   • Wie beginnt die Geschichte?
     (Wer? Was? Wo? Wann? Warum?)
   • Was geschieht in der Geschichte in welcher Reihenfolge?
     (Wer? Mit wem? Was? Wo? Wann? Warum? Wie?
     Mit welchen Folgen?)
4. Schreibe einen Entwurf deiner Geschichte.
5. Überarbeite deinen Entwurf gründlich.
6. Schreibe die Endfassung.

→ S. 27 Einen Text überarbeiten

→ S. 31 Ein Brainstorming durchführen

Einen Text überarbeiten

1 Zu den Berliner Märchentagen wurden Kinder aufgerufen, Geschichten zu schreiben. Sie sollten erzählen, was sie anstellen würden, wenn sie wie Pippi Langstrumpf tun und lassen könnten, was sie wollen. Die folgende Geschichte hat Jonathan aus der 5. Klasse geschrieben.

a Lies Jonathans Text.

Villa Gartenbunt

Alles fing damit an, dass meine Eltern die Ferien dringend
im Garten verbringen wollten. Ferien im Garten, ohne Freunde,
und nicht einmal ein See in der Nähe! Etwas Langweiligeres
kann man sich wirklich nicht vorstellen.

5 Dann kam es aber ganz anders: Meine Mutter musste eine kranke
Kollegin vertreten und der Urlaub sollte ganz ausfallen.
Dann konnte ich zum Glück meine Eltern überreden, mich
wenigstens mit Freunden alleine in den Garten fahren zu lassen.
Als wir dann angekommen waren, packten wir zuerst

10 unsere Sachen aus und überlegten, was wir machen könnten.
Dann hörten wir ein Rascheln. Wir sahen uns um. Dann fragte
jemand: »Kennt ihr das Spiel Sachensucher?« Wer war das? Das
kann doch nur Pippi Langstrumpf sein, die das Spiel erfunden hat.
Sofort wollten wir mitspielen. Und schon ging's los. Wir gingen

15 durch den Garten, durch das Haus und übers Dach und suchten
Sachen. Die meisten Sachen fand natürlich Pippi. Aber nach
und nach konnte auch ich einige Sachen einsammeln. Ich hatte
einen Tannenzapfen gefunden und einen Stein, außerdem
eine Flasche und eine Feder gefunden. Den schönste Sache hatte

20 aber Hugo gefunden, einen Topf. Pippi sagte: »Das ist gut, jetzt
können wir süssen Brei kochen.« Und tatsächlich, wie im Märchen
gehorchte der Topf aufs Wort und kochte für uns, was wir wollten.
Am nächsten Tag wollten wir aber lieber baden, weil es ziemlich
heiß war. »Kein Problem«, sagte Pippi. »Ich habe Schaufeln

25 mitgebracht, wir Bauen uns einen Badeteich.« Wir schaufeln los
und es dauerte gar nicht lange, bis wir schwimmen konnten.
Am nächsten Tag war uns etwas langweilig, da fiel Pippi ein,
das Haus bunt zu streichen. Und am nächsten Tag spielten wir
Wörtererfinder. Außerdem ritten wir noch ins Dorf und kauften

30 jede Menge Süßigkeiten und Cola.

Es waren die schönsten Ferien, die ich je hatte. Kein Geschimpfe
und Gemecker! Den ganzen Tag nur spielen, baden und essen.
Und niemand sagte uns, wann wir ins Bett müssen.
Als am Wochenende die Eltern kamen, um uns abzuholen,
35   waren sie ganz erstaunt, wie sich das Haus und der Garten verändert hatten. Sie fanden es aber toll und waren froh, dass wir jetzt
einen Badeteich hatten.

b   Überlege, was dir an dem Text gut, weniger gut oder gar nicht gefällt.

Über die Aufgabe
nachdenken

c   Lies die Schreibaufgabe noch einmal und denke darüber nach,
ob Jonathan sie erfüllt hat. Begründe deine Meinung.

2   Überarbeite Jonathans Erzählung jetzt schrittweise.
Die folgenden Aufgaben helfen dir dabei.

TIPP
Nutze am besten
eine Kopie
des Textes.
Wenn du im
Buch arbeiten
möchtest, lege
eine Folie auf.

1.   Lies zuerst die Geschichte noch einmal und kennzeichne alles,
was deiner Meinung nach geändert werden sollte.

Benutze immer die gleichen **Korrekturzeichen**:
I   Inhalt prüfen
V   etwas fehlt
W   unpassende Wortwahl
WW unpassende Wortwiederholung
S   Satzbau überarbeiten
Z   falsche Zeitform
| Rechtschreib- und Zeichensetzungsfehler

Den Inhalt
überarbeiten

2.   Prüfe die Überschrift. Ist sie gut gewählt?
Notiere einige Überschriften, die auch geeignet wären.

3.   Sieh dir die Einleitung genauer an.
Würdest du die Einleitung ändern oder ergänzen?
Wenn ja, schreibe deinen Vorschlag auf.

TIPP
Überlege, was du
Jonathan gern
fragen möchtest.

4. Überlege, an welchen Stellen Jonathan ausführlicher und
   anschaulicher erzählen müsste, damit die Leserinnen/Leser
   alles verstehen.

   Mit Freunden allein im Garten – haben die Eltern das
   sofort erlaubt? …

5. Lies den Schluss der Geschichte gründlich.
   Kannst du dir ein anderes Ende vorstellen?
   Notiere deinen Vorschlag.

**Die Wortwahl
prüfen**

6. Lies den Text laut und achte dabei besonders
   auf die Wortwiederholungen.
   Unterbreite Vorschläge, welche Wörter Jonathan ersetzen
   oder weglassen sollte. Begründe deine Meinung.

TIPP
Nutze dazu
Wortfelder.
→ S.175

7. Probiere aus, an welchen Stellen die Geschichte durch
   anschauliche Verben lebendiger gestaltet werden könnte.

   Wir gingen durch den Garten …
   → *laufen, rennen, toben, huschen, hüpfen,*
      stöbern, tanzen, spazieren, hasten
      Pippi sagte: „Das ist gut …"
   → *…*

TIPP
Jonathan hat
zwei Verben
in der falschen
Zeitform
verwendet.

8. Überprüfe die verwendeten Zeitformen und korrigiere sie,
   wenn nötig.

9. Probiere aus, an welchen Stellen die Geschichte durch
   anschauliche Adjektive lebendiger gestaltet werden kann.
   Du kannst z.B. die folgenden Adjektive in den Text einfügen.

   leise – grün – alt – schön – schwarz – rostig – kunterbunt

   Dann hörten wir ein leises Rascheln.

**Den Satzbau
kontrollieren**

→ S.178 Satzbau und
   Zeichensetzung

10. Lies jetzt jeden Satz einzeln und prüfe,
    ob er vollständig und verständlich ist.
    Achte dabei auch auf die Satzschlusszeichen
    und die Kommasetzung.

TIPP
Vermeide zu viele gleiche Satz-anfänge.

11. Lies den gesamten Text halblaut und überlege, welche Sätze besser miteinander verbunden werden könnten. Dazu kannst du einige der folgenden Satzanfänge nutzen:

Schließlich…	Endlich…	Zuletzt…	Immerhin…	Plötzlich…
Manchmal…	Nachdem…	Bevor…	Außerdem…	Vor allem…

12. In den folgenden Beispielen kannst du die Satzverbindungen durch Weglassen und Umstellen von Wörtern verbessern. Schreibe die veränderten Sätze auf.

Dann fragte jemand: »Kennt ihr das Spiel Sachensucher?«
→ *Jemand*…
Dann konnte ich zum Glück meine Eltern überreden,… → *Zum*…
Wir gingen durch den Garten, durch das Haus und übers Dach und suchten Sachen. → …
Die meisten Sachen fand natürlich Pippi. → …

Die Rechtschrei-bung prüfen

13. Zuletzt kontrolliere die Rechtschreibung. Konzentriere dich auf die Schreibung der Wörter. Markiere oder notiere die Wörter, bei denen du unsicher bist, und schlage sie in einem Wörterbuch nach.

TIPP
Jonathan hat nur zwei Recht-schreibfehler gemacht!

So kannst du beim Überarbeiten eines Textes vorgehen
1. Nach dem Schreiben des Entwurfs lege eine Pause ein.
2. Bevor du mit dem Überarbeiten beginnst, bedenke noch einmal, welche Anforderung dein Text erfüllen soll. Frage dich, *für wen, warum* und *was* du schreiben wolltest oder solltest.
3. Lies dann deinen Textentwurf wie ein Fremder, am besten halblaut. Frage dich zunächst nur: Ist die Schreibidee gut? Wie liest sich der Text?
4. Überarbeite deinen Entwurf anschließend Schritt für Schritt:
   • Überarbeite den Inhalt.   • Überprüfe die Wortwahl.
   • Kontrolliere den Satzbau.   • Korrigiere die Rechtschreibung.
5. Schreibe die Endfassung.

Was habe ich gelernt?

❸ Überprüfe, was du über das Erzählen gelernt hast. Beantworte dazu die folgenden Fragen.

1 Was muss ich beim Erfinden einer Geschichte beachten?
2 Wozu benötige ich eine Stoffsammlung?
3 Warum sollte ich wörtliche Rede in meine Erzählung einbauen?

Ein Brainstorming durchführen

! **Brainstorming** (engl. *brain* – Gehirn, engl. *storm* – Sturm) ist eine Methode zur Ideenfindung. Du kannst sie bei der Vorbereitung einer Erzählung, einer Beschreibung, eines Berichts oder eines Vortrags nutzen. Ausgehend von einem Bild, einem Begriff, einer Fragestellung oder einem Problem werden möglichst schnell, ohne nachzudenken, damit verbundene Gedanken, Gefühle oder Erlebnisse geäußert und notiert. Sie werden nicht bewertet, weder durch Bemerkungen noch durch Körpersprache (z.B. Naserümpfen oder Kopfschütteln). Nach dem Abschluss des Brainstormings könnt ihr alle Ideen auf ihre Brauchbarkeit testen und unbrauchbare Ideen durchstreichen.

1

a Seht euch das folgende Foto an. Notiert alle Gedanken, die euch beim Betrachten einfallen. Tragt eure Ideen zusammen, ohne sie zu bewerten.

- Sommertag
- sich verstecken
- neugierig
- etwas entdecken
- jemanden beobachten
- …

b Entscheidet jetzt, ob eure Ideen für das Schreiben einer Geschichte brauchbar sind. Streicht unbrauchbare Ideen durch.

Texte verfassen

Wenn man gute, interessante, unterhaltsame Texte schreiben möchte, sind verschiedene **Arbeitsphasen** notwendig. Deshalb sollte man immer genügend Zeit einplanen, um einen Text gründlich **planen, gestalten und überarbeiten** zu können.

So kannst du beim Verfassen von Texten vorgehen:

1. Die Schreibaufgabe genau durchdenken

Für wen möchte ich schreiben?	→ für Mitschüler, Fremde, Bekannte, Verwandte, für mich
Warum möchte ich schreiben?	→ unterhalten, informieren, aus Spaß am Schreiben
Was/Worüber möchte ich schreiben?	→ ein wahres oder erfundenes Geschehen, ein Erlebnis, eine Beobachtung

2. Den Text planen und gestalten

Ideen, Stoff, Informationen sammeln, ordnen und gliedern

• Bilder als Anregung nutzen	
• Ein Brainstorming durchführen	Außerirdische, Schnee, Unglück, Glück/Pech gehabt, Angst, träumen
• Reizwortketten nutzen	Urlaub – Reise – Eltern – langweilig – Freunde – Abenteuer
• W-Fragen stellen: *Wer? Wann? Wo? Warum? Wie? Womit?*	Tom, Tina, Pippi und ich in den letzten Sommerferien ...
• Gedanken in Übersichten darstellen	

ich

...

Pippi

Personen   Zeit

Ferien mit Pippi

Orte   besondere Ereignisse

allein zu Hause   Spiele   ...

TIPP
Beachte, für wen und warum du schreibst.

Textteile formulieren	
• Anfang und Schluss formulieren	An einem schönen Sommernachmittag geschah etwas Seltsames…/ … Ende gut, alles gut.

3. Einen Textentwurf schreiben

TIPP
Lass genügend Platz für spätere Überarbeitungen.

Den gesamten Text schreiben	VILLA GARTENBUNT

4. Den Textentwurf überarbeiten

TIPP
Nach dem Schreiben des Entwurfs mache eine Pause.

Schreibaufgabe bedenken	*Für wen*, *warum* und *was* will oder soll ich schreiben?
Den Textentwurf wie ein Fremder lesen	Lies den Text halblaut. Frage dich: *Ist die Schreibidee gut? Wie liest sich der Text?*

Den Entwurf schrittweise überarbeiten	

TIPP
Benutze immer die gleichen Korrekturzeichen.

• den Inhalt überarbeiten	Ist die Einleitung gelungen? Was würde ich gern genauer wissen? Passt die Überschrift?…
• die Wortwahl überprüfen	Welche Wörter sollten ersetzt werden? Kenne ich Wörter aus dem Wortfeld?
• den Satzbau kontrollieren	Sind die Sätze vollständig und gut verbunden?
• die Rechtschreibung korrigieren	Welche Wörter sollte ich nachschlagen?

5. Die Endfassung schreiben

Schreibe den ganzen Text neu und nimm alle Überarbeitungen auf. Beachte bei der Gestaltung des Textes, für wen und zu welchem Zweck du schreibst.	*Liebe Frau Herrmann, nachdem wir aus London zurück sind, möchte ich kurz vom Auftritt unseres Chores berichten.*

Berichten aus der Heimatregion

a Lies den folgenden Zeitungsartikel.

Am Montag, dem 07.01.20.., wurde ein 10-jähriger Junge bei einem Unfall verletzt. Der Schüler überquerte gegen 14:00 Uhr vor einem parkenden Auto auf Höhe der Annenschule die Brauhausstraße. Er beachtete das von links kommende Fahr-
5 zeug nicht, sodass es zu einem Zusammenstoß kam. Das Kind wurde zur Behandlung in das städtische Krankenhaus gebracht.

Einen Bericht untersuchen

b Beantworte die folgenden Fragen.

  1 Wer hat den Artikel geschrieben?
  2 Warum hat der Verfasser ihn geschrieben?
  3 An wen ist dieser Zeitungsbericht gerichtet?

c Fasse zusammen, worüber du in diesem Text informiert wirst.

 d Suche eine passende Überschrift für den Artikel.

 Ein **Bericht** soll Leser oder Hörer möglichst knapp, sachlich und in der richtigen Reihenfolge über ein Ereignis informieren.
Die Auswahl der Informationen hängt vom Zweck, vom Anlass und vom Empfänger ab.
In den meisten Berichten werden folgende **W-Fragen** beantwortet:
- **Was** geschah?
- **Wann** geschah es?
- **Wo** geschah es?
- **Wer** war beteiligt?
- **Warum** geschah es?
- **Welche Folgen** ergaben sich?

2 Stelle dir vor, du hast einen Unfall deines Mitschülers Max
auf dem Schulhof beobachtet.
Dein Klassenlehrer, der eine Unfallanzeige schreiben muss,
braucht deine Hilfe.

Über die Aufgabe
nachdenken

a Bedenke zuerst genau, wem und zu welchem Zweck
du berichten sollst.

b Überlege danach, wie du dich auf diesen Bericht vorbereiten könntest.
Tausche dich mit den anderen aus.

Den Inhalt planen

c Lies die folgenden Notizen.

– Ich war so empört über Pauls Verhalten.

– Das Knie wurde dick.

– Ich brachte Max zur Sekretärin.

– Max fiel auf das rechte Knie.

– Es geschah gegen 11:45 Uhr.

– Max weinte sehr, das tat mir so leid.

– Paul stellte Max ein Bein.

– Paul lief einfach weg.

– Nora und Justin halfen Max beim Aufstehen.

– Wir rannten um die Wette.

d Entscheide, welche der Informationen für den Bericht wichtig sind.
Schreibe sie stichpunktartig in einer sinnvollen Reihenfolge auf.
Beachte dabei die *W*-Fragen.

e Kontrolliert eure Stichpunkte noch einmal.
Überprüft mithilfe der *W*-Fragen, ob alle wichtigen Informationen
enthalten sind und ob die Reihenfolge sinnvoll ist.

Den Inhalt
gestalten

f Erprobt eure mündlichen Berichte.
Hört euch gegenseitig genau zu und gebt Hinweise,
was noch verbessert werden könnte.

g Berichte jetzt mündlich vor der Klasse.

3 Passiert einer Schülerin / einem Schüler in der Schule oder auf dem Weg ein Unfall, dann muss die Schule eine Unfallanzeige aufgeben.

Über die Aufgabe nachdenken

a Sieh dir das Formular einer Unfallanzeige an.

Unfallanzeige für Kinder in Kindergärten, Schüler, Studierende

Name und Anschrift der Einrichtung (Kindergarten, Schule, Hochschule):

Familienname und Vorname des Verletzten: geb. am: Geschlecht:

Anschrift des Verletzten (PLZ, Wohnort, Straße): Staatsangehörigkeit:

Name und Anschrift des gesetzlichen Vertreters:

Krankenkasse des Verletzten: pflicht- freiwillig- familien- privatversichert
☐ ☐ ☐ ☐

Wochentag Datum Jahr Uhrzeit des Unfalls
. . : Uhr

Verletzte Körperteile:

Art der Verletzungen:

Zuerst behandelnder Arzt: Jetzt behandelnder Arzt:

Krankenhaus, in das der Verletzte aufgenommen wurde:

Unfallstelle (bei Wegeunfällen genaue Ortsangabe):

Unfallhergang:

Zeugen des Unfalls:

Hat der Verletzte wegen des Unfalls den Besuch der o. a. Einrichtung unterbrochen?
Wenn ja, seit wann? bis wann?

(Ort, Datum)

Kenntnis genommen

(Sicherheitsbeauftragter) (Leiter der Einrichtung)

Den Inhalt planen

b Überlege, welche Angaben du sofort zum Unfall von Max machen kannst und welche dir fehlen.

4

Berichte untersuchen

a Lies die beiden folgenden Berichte.

Am 30.01.20.. ereignete sich gegen 11:45 Uhr auf dem Schulhof der Annenschule ein Unfall, bei dem ein Schüler verletzt wurde. Paul M. stellte Max K. ein Bein, sodass dieser hinfiel. Max K. verletzte sich am Knie, welches gleich dick wurde. Seine beiden
5 Mitschüler, Nora S. und Justin L., die den Unfall beobachteten, brachten Max in das Sekretariat der Schule, wo die Erstversorgung vorgenommen wurde.

Also, es war in der großen Hofpause. Wir standen an der Bank und haben uns unterhalten. Max, Paul und zwei andere Jungen sind über den Schulhof gerannt. Plötzlich hat Paul Max ein Bein gestellt. Max fiel hin und schrie laut auf. Mir hat das so leidgetan.
5 Paul ist einfach davongerannt. Das war gemein! Meine Freunde und ich haben Max beim Aufstehen geholfen und ihn ins Sekretariat gebracht. Unsere Schulsekretärin hat das Knie verbunden und die Mutti von Max angerufen.

b Überlege, wer wem zu welchem Zweck berichtet haben könnte.

c Sieh dir die beiden Texte noch einmal genau an.
Untersuche, wodurch sie sich unterscheiden.

> **!** **Schriftliche Berichte** werden meist im Präteritum verfasst.
> In **mündlichen Berichten** kannst du das Präteritum oder das Perfekt verwenden.

→ S.32 Texte verfassen

5 Damit alle auf dem Schulhof aufmerksamer sind, sollten auch die anderen Schülerinnen/Schüler über den Unfall informiert werden. Verfasse dafür einen schriftlichen Bericht für die Schulwandzeitung.

Über die Aufgabe nachdenken

a Überlege, für wen und zu welchem Zweck der Bericht geschrieben werden soll.

Den Inhalt planen

b Überprüfe deine Stichpunkte aus Aufgabe 2 d (S. 35) und ergänze sie bei Bedarf.

Einen Entwurf schreiben

c Entwirf deinen Bericht für die Schulwandzeitung.
Lass auf deinem Blatt einen breiten Rand frei für Korrekturen.

Den Textentwurf
überarbeiten
→ S.33

d Überarbeite deinen Textentwurf. Achte dabei besonders
auf die Verwendung der richtigen Zeitform (Präteritum).
Vermeide Wortwiederholungen, besonders am Satzanfang.

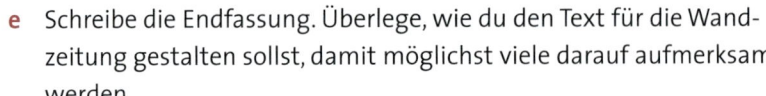

Die Endfassung
schreiben

e Schreibe die Endfassung. Überlege, wie du den Text für die Wandzeitung gestalten sollst, damit möglichst viele darauf aufmerksam
werden.

6 Die Klasse 5 a führte eine Wanderung durch. Ziel war ein beliebtes
Naherholungsgebiet bei Chemnitz – der Totenstein. Es ist die höchste
Erhebung des Rabensteiner Waldes. Vom 30 m hohen Turm hat man
bei schönem und ganz klarem Wetter eine herrliche Aussicht bis nach
Leipzig, Zwickau oder Gera.

a Die Schülerinnen / Schüler hatten den Auftrag, über diesen Tag einen
Bericht für die Schülerzeitung zu schreiben.
Lies die entstandenen Texte.

Totensteinturm

Vor langer Zeit gab es eine Klasse, die wandern wollte. Es war
damals Herbst. Sie wollte den Totenstein besuchen. Um 9:00 Uhr
trafen sich die Schüler am Bahnhof, um mit dem Zug nach Grüna
zu fahren. Dort angekommen, liefen sie durch den Wald und
5 sangen fröhlich ein Lied. Plötzlich waren Schüler weg. Der Lehrer
rief: »Wo seid ihr?« »Wir sitzen in der Hütte.« Als die Jungen
wieder da waren, sind wir zu einem Turm gelaufen und hoch-
gegangen. Das war ganz schön gefährlich, weil der Turm so
wackelte...   *Adrian*

Die Klasse 5 a traf sich am 20. 11. 20.., um 9:15 Uhr, an der Schule.
Gemeinsam gingen wir zum Bahnhof. Der Zug nach Grüna fuhr
9:58 Uhr. Nach ca. 15 Minuten Fahrt kamen wir in Grüna an und
wanderten durch den Rabensteiner Wald. Wir besichtigten zwei
5 Schanzen, machten an einer kleinen Hütte Rast und tollten bei
einer Schneeballschlacht herum. Dann gingen wir zum Totenstein. Das ist die höchste Erhebung im Rabensteiner Wald. Beim
Totenstein befindet sich auch ein 30 m hoher Turm, den wir hoch-
klettern durften. Ein bisschen Angst hatte ich schon, weil es so
10 wackelte. Anschließend konnten wir in der Gaststätte noch etwas
essen oder trinken. Der Wirt war nur wegen uns da... Schließlich
fuhren wir nach Chemnitz zurück. Es war ein schöner und erleb-
nisreicher Tag.   *Nico*

Wir, die Schüler der Klasse 5 a, wanderten am 20. 11. 20.. zum Totenstein bei Chemnitz. Das ist ein sehr beliebtes Naherholungsziel. Wir trafen uns um 9:15 Uhr an der Schule und liefen zum Hauptbahnhof. Der Zug fuhr 9:58 Uhr nach Grüna. Dann liefen wir
5 durch den Rabensteiner Wald und sahen uns zwei Schanzen an. Danach haben wir eine Schneeballschlacht gemacht. Dann sind wir auf den Totensteinturm hoch. Er ist 30 m hoch. Danach sind wir alle runter und in eine Gaststätte gegangen. Der Wirt war nur wegen uns da. Und dann sind wir wieder nach Chemnitz gefahren.

Olivia

b Untersuche, wodurch sich die Texte unterscheiden.

c Olivias Bericht muss überarbeitet werden. Kontrolliere den Satzbau und schreibe den veränderten Text in dein Heft.

7 Vergleiche eine Erzählung mit einem Bericht.

a Übertrage die Tabelle in dein Heft und setze die Kreuze in der rechten Spalte.

Merkmale	Erzählung	Bericht
Der Text ist im Präteritum geschrieben.		
Der Text enthält wörtliche Rede.	X	
Der Text ist sachlich.		
Der Text ist im Perfekt geschrieben.	X	
Der Text ist sehr anschaulich.	X	
Der Text enthält nur wichtige Informationen.		

TIPP
Beachte, für wen und warum du berichtest.

b Vergleiche nun die Schülertexte (S. 38/39, Aufgabe 6 a) mit deiner Tabelle. Welcher Text ist eine Erzählung, welcher ein Bericht? Begründe.

c Sieh dir Adrians Text genauer an. Er sollte einen Bericht schreiben. Welche Sätze müssen geändert werden?

d Schreibe jetzt die Erzählung in einen Bericht um. Verfasse zuerst einen Entwurf und überarbeite ihn anschließend.

Was habe ich gelernt?

8 Überprüfe, was du über das Berichten gelernt hast. Erkläre deinem Lernpartner, worauf man beim Berichten achten muss.

Präsentieren: »Dresden – ein Besuch lohnt sich«

1 Im Rahmen eines Schüleraustauschs wird eine Gruppe ausländischer Schüler eure Schule besuchen. Deshalb wurdest du gebeten, den Gästen die sächsische Landeshauptstadt vorzustellen.
Bereite einen Vortrag zum Thema »Dresden – ein Besuch lohnt sich« vor.

Informationen sammeln und ordnen

a Schreibe Fragen auf, die dir beim Lesen des Themas sofort einfallen.

Wo liegt Dresden? _____ *Wann wurde es gegründet?*

Dresden

... ...

• Fragen notieren

 b Tauscht euch aus und ergänzt eure Fragen.

• Stichpunkte machen

c Beantworte die Fragen in Stichpunkten. Schreibe auf Karteikarten und lass dabei die erste Zeile frei.

Wo liegt Dresden?
– im Südosten Deutschlands
– im Bundesland Sachsen
– am Fluss Elbe
– ...

• Informationen ordnen

→ S.173 Ober- und Unterbegriffe

d Suche einen passenden Oberbegriff für jede Karteikarte und schreibe ihn auf.

> *Lage*
>
> *Wo liegt Dresden?*
>
> *– im Südosten Deutschlands*
>
> *– im Bundesland Sachsen*
>
> *– am Fluss Elbe*
>
> *– Nachbarbundesländer: Bayern…*
>
> *– Nachbarstaaten: …*

2 Erich Kästner (1899–1974), der in Dresden seine Kindheit verbrachte, hat das Buch »Als ich ein kleiner Junge war« geschrieben.

a Lies den folgenden Textausschnitt.

Dresden war eine wunderbare Stadt, voller Kunst und Geschichte und trotzdem kein von sechshundertfünfzigtausend Dresdnern zufällig bewohntes Museum. [...]
Wenn es zutreffen sollte, dass ich nicht nur weiß, was schlimm
5 und hässlich, sondern auch, was schön ist, so verdanke ich diese Gabe dem Glück, in Dresden aufgewachsen zu sein. Ich musste, was schön sei, nicht erst aus Büchern lernen. Nicht in der Schule und nicht auf der Universität. Ich durfte die Schönheit einatmen wie Försterkinder die Waldluft. Die katholische Hofkirche, George
10 Bährs Frauenkirche, der Zwinger, das Pillnitzer Schloss, das Japanische Palais [...] und gar, von der Loschwitzhöhe aus, der Blick auf die Silhouette der Stadt mit ihren edlen ehrwürdigen Türmen.

b Suche aus dem Text weitere Informationen über Dresden heraus und ergänze sie auf deinen Karteikarten.

> *Sehenswürdigkeiten*
>
> *Was ist sehenswert?*
>
> *– Frauenkirche*
>
> *– katholische Hofkirche*
>
> *– …*

→ S.102
Im Internet Infor-
mationen suchen

→ S.59 Sachtexte
erschließen

c Suche in Nachschlagewerken, z. B. im Lexikon oder in einem Stadtführer, und im Internet nach den im Text genannten Bauwerken. Schreibe ergänzende Fakten, z. B. ihre Entstehungszeit, auf die Karteikarten.

Den Vortrag gliedern

❸ Überlege, wie du deinen Vortrag über Dresden gliedern könntest, und ordne die Karteikarten sinnvoll.

Lage
Sehenswürdigkeiten
...

TIPP
Nenne die allge-
meinen Informa-
tionen zuerst.

❹ Die Einleitung deiner Präsentation solltest du ausformulieren.

Eine Einleitung entwerfen

a Lies die folgende Einleitung und überlege, was geändert werden müsste. Begründe deine Meinung.

Also, ich möchte etwas über Dresden erzählen
und hoffe, dass ihr neugierig seid. Also, es geht los ...

b Lies die folgende Einleitung. Wie gefällt sie dir?
Begründe deine Meinung.

Sehr verehrtes Publikum,
ich freue mich, heute vor Ihnen einen Vortrag halten zu dürfen
über die wunderschöne Stadt Dresden. Außerdem hoffe ich, dass
Sie auch eine Stadtführung geplant haben, damit Sie sich von dem,
5 was Sie hören, ein Bild machen können. Gute Unterhaltung
wünsche ich Ihnen schon jetzt und würde mich sehr freuen,
wenn Sie mir auch Fragen zum Thema stellen würden.
Zunächst werde ich Ihnen die Gliederung meines Vortrags
nennen, die Sie auf Folie auch mitlesen können ...

c Schreibe die Einleitung aus Aufgabe b ab und trage Sie dann laut vor.

d Schreibe nun für deinen Vortrag über Dresden eine passende Einleitung. Denke daran, wer deine Zuhörer sind, danach richtet sich auch deine Anrede.

e Überlege, wie die Einleitung beginnen müsste, wenn du einen Vortrag vor Eltern halten sollst. Schreibe sie in dein Heft.

Einen Schluss entwerfen

5 Auch der Schluss des Vortrags sollte ausgearbeitet sein.

a Lies das folgende Beispiel. Was ist dem Schüler gut gelungen? Begründe.

Ich bedanke mich herzlich für eure Aufmerksamkeit und bitte nun um eure Fragen zu meinem Vortrag.

 b Welche Formulierungen sind geeignet und welche sind weniger geeignet? Wähle aus.

– Ich hoffe, mein Vortrag war interessant für euch.
– O.k., das war's.
– Ich könnte noch Vieles erzählen, aber die Zeit ist um.
– Ihr könnt mich gern noch etwas fragen.
– Gut, dass ich es hinter mir habe.

c Schreibe einen Schluss für deinen Vortrag über Dresden vor den Gastschülern.

d Überlege, wie dein Schluss lauten würde, wenn du den Vortrag vor Eltern halten müsstest. Begründe deine Meinung.

> **So kannst du einen Vortrag vorbereiten**
> 1. Schreibe Fragen auf, die dir zu dem Thema einfallen. Notiere erste Ideen zur Beantwortung in Stichpunkten.
> 2. Suche z. B. in Bibliotheken oder im Internet Texte, die dir Informationen über das Thema geben.
> 3. Ordne die gefundenen Informationen Oberbegriffen zu und schreibe sie stichwortartig auf Karteikarten.
> 4. Ordne die Karteikarten in einer logischen Reihenfolge.
> 5. Formuliere Einleitung und Schluss in knappen Sätzen. Nenne in der Einleitung das Thema und fasse am Schluss das Wesentliche kurz zusammen.

Was habe ich gelernt?

6 Überprüfe, was du über das Präsentieren gelernt hast. Beantworte dazu die folgenden Fragen.

1 Wie wähle ich die Informationen aus?
2 Wie gliedere ich einen Vortrag sinnvoll?
3 Warum sollte ich Einleitung und Schluss ausformulieren?

Einen Vortrag richtig präsentieren

1 Betrachte die beiden Fotos und trage zusammen, worin sich beide Präsentationen unterscheiden.

2 Du sollst einen Vortrag über eine Landeshauptstadt halten. Wie könntest du etwas veranschaulichen?

a Überlege dir geeignete Hilfsmittel und stelle eine Liste zusammen.

Wandkarte

…

b Du hast deinen Vortrag folgendermaßen gegliedert:
1. Lage, 2. Sehenswürdigkeiten, 3. Geschichte.
Überlege, welche Gliederungspunkte du besonders anschaulich gestalten kannst. Notiere dir Hinweise.

Lage
Wo liegt Dresden?
– im Bundesland Sachsen
– im Südosten Deutschlands
– …
–> auf der Wandkarte zeigen

3 Notiere dir Gliederungspunkte zu einem selbst gewählten Thema auf Karteikarten oder verwende schon erstellte Karten zu einer Landeshauptstadt. Übe das freie Sprechen mithilfe deiner Karteikarten.

 a Lest euch gegenseitig mehrmals laut und deutlich die einzelnen Stichpunkte vor. Gebt euch Tipps, was man verbessern könnte.

b Formuliere deine Stichpunkte zu kurzen, einfachen Sätzen aus und übe, den Vortrag nur mit dem Stichpunktzettel zu halten. Betone Wichtiges.

c Halte den Vortrag zu Hause mehrmals vor dem Spiegel oder vor deinen Eltern, um im freien und deutlichen Sprechen sicher zu werden.

d Nimm beim Üben deinen Vortrag auf. Höre die Aufnahme anschließend an und überlege, was du verbessern könntest.

> **So kannst du die Körpersprache bei deinem Vortrag einsetzen**
> 1. Ändere immer wieder deinen **Gesichtsausdruck (Mimik)**.
>   Schaue z.B. interessiert, freundlich, überrascht.
> 2. Unterstreiche durch **Bewegung**
>   deine Worte, v.a. durch Kopf-, Arm- und Handbewegung **(Gestik)**.

4

a Sieh dir die Bilder genau an. Beschreibe, was die Kinder fühlen.

b Tauscht euch darüber aus, was man mit folgender Mimik und Gestik ausdrücken könnte.

1 Du rümpfst die Nase.
2 Du hebst den Zeigefinger.
3 Du zuckst mit den Schultern.

So kannst du einen Vortrag richtig präsentieren
1. Nutze Anschauungsmöglichkeiten, z. B. Folien, Tafelbild, Plakat, Bilder, Kopien, Tabellen, eigene Skizzen.
2. Übe das freie Sprechen mehrmals mithilfe der Karteikarten.
3. Beim Halten des Vortrags solltest du
   • möglichst frei sprechen,
   • langsam, deutlich und betont sprechen,
   • vor allem kurze und einfache Sätze verwenden,
   • das Publikum anschauen,
   • Mimik und Gestik bewusst einsetzen.

5 Übe jetzt deinen Vortrag. Achte besonders auf deinen Gesichtsausdruck und deine Körperbewegung.
Mache dir dazu Notizen auf deinen Karteikarten.

Wo liegt Dresden?
–> fragend in die Klasse schauen,
Hände nach außen drehen
– im Bundesland Sachsen
– im Südosten Deutschlands
–

6 Halte deinen vollständigen Vortrag. Nutze dazu deine vorbereiteten Stichpunkte und Anschauungsmaterialien.

7 Bevor ihr euch in der Klasse einige Vorträge anhört, besprecht gemeinsam, worauf ihr beim Zuhören besonders achten wollt.
Entwerft einen übersichtlichen Bewertungsbogen.

Name des Schülers	
– freies, deutliches Sprechen	
– ...	

Mitteilungen verfassen

Eine Karte schreiben

1 Sicher hast du schon einmal Mitteilungen an andere geschrieben.

a Überlege, an wen du aus welchem Anlass wie geschrieben hast.

b Trage zusammen, zu welchen Gelegenheiten Mails, SMS, Briefe oder Karten geschrieben werden können.

! Es ist wichtig, beim Schreiben bestimmte Regeln einzuhalten.
Überlege also genau, **an wen** die Mitteilung gerichtet ist,
aus welchem **Anlass** du schreibst und welches **Ziel** du verfolgst.
Danach richtet sich:
- ob du mit der Hand oder mit dem Computer schreibst,
- ob du eine SMS verschickst,
- ob du die Person mit *du* oder *Sie* anredest,
- ob du ausführlich und anschaulich oder kurz und sachlich schreibst,
- wie du dich ausdrückst.

2 Lies die beiden folgenden Karten. Worin unterscheiden sie sich?

Hallo, liebe Sandra,
viele Grüße aus dem Berliner
Tierpark. Die Zugfahrt war
okay, die Jungs sind voll
cool, auch Herr Kunz.
Schade, dass du krank
bist. Wetter ist prima.
Hab auch schon das
Elefantenbaby gesehen,
es ist sooo niedlich...
Bis später –
Tschüs! Deine Jule

Leipzig, 18.02. 20..
Liebe Oma Mary, lieber Opa Werner,
ich lade euch herzlich zu mei-
nem Geburtstag ein.
Wir feiern wieder am 4. März
ab 16:00 Uhr bei uns zu Hause.
Ich habe mir diesmal eine
Überraschung einfallen lassen.
Bitte übernachtet wieder
bei uns, damit wir abends
länger spielen können.
Ich freu mich auf euch.
Liebe Grüße sendet
euer Tom

bitte
frei
machen

a Lies die folgende Einladung von Karl. Was sollte er verändern?
Begründe deine Meinung.

> Hi Jakob!
>
> Haste Bock auf 'ne Party?
> Wenn ja, komm einfach am 4. mal rum!
> Also überleg's dir gut.
> Ich hoffe du kommst.
>
> Tschau! Karl

! Die äußere Form von **Karten**, die du schreibst, sagt etwas über dich
aus. Achte deshalb immer auf ein gut lesbares, sauberes Schriftbild.
Auch wenn du Karten am Computer verfasst, musst du sie mit der
Hand unterschreiben. Bei Freunden und Verwandten genügt der
Vorname, sonst unterschreibt man mit Vor- und Familiennamen.

b Überarbeite Karls Einladung, schreibe sie in dein Heft
und gestalte sie passend zum Anlass.

! Beim Schreiben von **Karten** musst du Folgendes beachten:
- Rechts oben stehen Ort und Datum.
- Auf der ersten Zeile links oben steht die Anrede. Sie sollte immer
  zur angesprochenen Person passen, z. B.:
  Liebe(r) …, Hallo, …,
  Nach der Anrede steht ein Komma.
- Die Schreibung der Anredewörter ist genau geregelt:
  – Freundschaftliche, familiäre Anredewörter für Menschen, die du
    persönlich kennst, schreibt man klein: *du, dir, dich, dein; ihr, euer.*
    (Du kannst sie auch großschreiben: *Du, Dir, Dich, Dein; Ihr, Euer.*)
  – Anredewörter für Personen, die du mit *Sie* ansprichst, schreibt
    man groß: *Sie, Ihnen, Ihr, Ihre, Ihres, Ihrer, Ihrem, Ihren.*
- Am Schluss einer Karte steht eine passende Grußformel, z. B.:
  Herzliche Grüße / Mit liebem Gruß / Bis bald

→ S. 219
Schreibung der
Anredepronomen
im Brief

TIPP
Beachte, wie viel
Platz du auf
deiner Karte hast.

4 Schreibe nun eine eigene Einladungskarte. Verfasse zunächst einen
Entwurf und überarbeite ihn. Gestalte die Karte anschließend.

a Sieh dir den Briefumschlag genau an. Zu welchem der Beispiele in Aufgabe 2 (S. 47) könnte er passen? Begründe deine Meinung.

Abs.:
Tom Weißbach
Sophienstraße 5
12345 Berlin

Familie
Mary und Werner Beier
Beethovenstr. 12 b
01099 Dresden

b Erkläre, wann für eine Karte ein Umschlag benötigt wird.

c Beschrifte nun selbst einen Briefumschlag. Trage deine Adresse als Absender ein, für den Empfänger denke dir eine Adresse aus.

Eine E-Mail schreiben

1 Du weißt bereits, wie du einen Brief schreibst. Eine E-Mail ist auch ein Brief – ein elektronischer, der im Internet verschickt wird.

a Sieh dir die folgende Mail an.

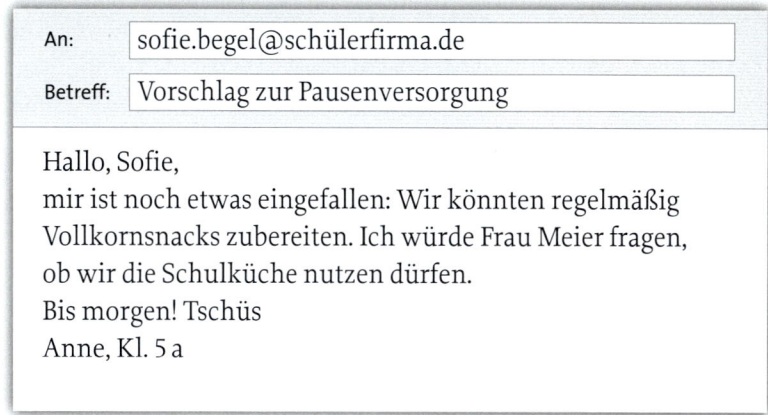

An:	sofie.begel@schülerfirma.de
Betreff:	Vorschlag zur Pausenversorgung

Hallo, Sofie,
mir ist noch etwas eingefallen: Wir könnten regelmäßig Vollkornsnacks zubereiten. Ich würde Frau Meier fragen, ob wir die Schulküche nutzen dürfen.
Bis morgen! Tschüs
Anne, Kl. 5 a

b Schreibe in dein Heft, welche Angaben die Mail enthält.

– Empfängerin der Mail ist Sofie Begel.
– Ihre Mailadresse lautet: …
– Inhalt der Mail: …

Zum Schreiben einer **Mail** benötigst du
- eine eigene E-Mail-Adresse,
- die E-Mail-Adresse des Empfängers.

c Lies die Betreffzeile der Mail auf S. 49. Welche Aufgabe hat sie?

d Formuliere für die folgende Mail eine geeignete Betreffzeile.

An:	leon.bachmann@schüler.de
Betreff:	

Lieber Leon,
kann morgen leider nicht beim Training zuschauen, muss
noch Mathe lernen. Entschuldige bitte! Viele Tore wünscht
dein Alex

So kannst du beim Schreiben von E-Mails vorgehen
1. Schreibe ins Adressfeld die E-Mail-Adresse des Empfängers, z. B.:
   sofie.begel@schülerfirma.de.
2. Fülle das Feld »Betreff« aus. Dazu musst du kurz zusammenfassen, worum es in deiner Mail geht, z. B.: *Pausenversorgung.*
3. Schreibe dein Anliegen in das Textfeld. Beachte die Regeln für das
   Briefeschreiben, wie Anrede, Grußformel, sprachliche Gestaltung.
4. Prüfe alles noch einmal und klicke dann auf »Senden«.

TIPP
Denke dir eine
Mailadresse für
deinen Schüler-
sprecher aus.

❷ Du wirst vom Schülerrat eingeladen, über das Faschingsprogramm
zu sprechen, das du organisiert hast. Bestätige dein Kommen mit einer
Mail an den Schülersprecher deiner Schule.

**Was habe ich
gelernt?**

❸ Überprüfe, was du über das Verfassen von Mitteilungen gelernt hast.
Beantworte dazu die folgenden Fragen.

1 Was muss ich beim Schreiben einer Karte beachten?
2 Welche Übungstexte konnte ich problemlos schreiben? Warum?
3 Für welche Aufgabe habe ich lange gebraucht?

Sagen lesen und verstehen

a Lies den folgenden Text und finde heraus, durch welche Angaben
er sich von einem Märchen unterscheidet.

Die Weiber von Weinsberg

Weinsberg ist nur eine kleine Stadt dort in dem Lande, wo der
Neckar fließt. Sie hatte früher feste Mauern und eine starke Burg.
Aber der Kaiser Konrad hatte vor achthundert Jahren ein starkes
Heer. Nach sechswöchiger Belagerung besiegte Konrad III.,
5 der Stauferkönig, seinen Widersacher und Verwandten, Herzog
Welf VI., in offener Feldschlacht. Die Burg und die Stadt Weinsberg
mussten sich ergeben.
Durch einen Herold ließ er den Burgbewohnern sagen, dass er,
wenn er in die Stadt hineinkäme, keinen Mann und Krieger mehr
10 würde leben lassen.
Da entstand ein großes Wehklagen in der Stadt. Das Korn und Brot
und alles, was zu essen aufgespeichert worden war, war aufgezehrt,
und was blieb den Leuten, wenn sie nicht verhungern wollten,
anders übrig, als die Stadt zu übergeben? Aber wenn sie das taten,
15 mussten alle Männer sterben.
Da war eine junge Frau, die sagte: »Wir Frauen bitten den Kaiser
um eine Gnade. Und wenn er uns zu sich kommen lässt, dann lasst
mich nur machen!«
Der Kaiser ließ die Frauen zu sich kommen, aber er blieb hart und
20 wollte sich nicht erweichen lassen.
Da sagte das junge Weib: »Herr Kaiser, wenn Ihr schon die Stadt
verderben wollt, dann lasst doch wenigstens uns Frauen leben.
Denkt an unsere Kinder! Und wir Weiber können Euch doch
nichts Übles tun. Und wenn Ihr uns abziehen lasst, dann lasst uns
25 wenigstens etwas für den weiten Weg und die Flucht mitnehmen,
wenigstens das, was uns am liebsten und am kostbarsten ist.«
Darauf willigte der Kaiser schließlich ein. »Nun ja«, sagte er, »dann
sei euch das gewährt. Morgen früh wird das Tor geöffnet und ihr
zieht mit euren Kindern ab, und was euch am kostbarsten ist und
30 was ihr auf dem Rücken tragen könnt, das könnt ihr mitnehmen.«
Am anderen Morgen stand der Kaiser mit einigen seiner Ritter auf
dem Hügel vor dem Stadttor. Als er den Befehl gegeben hatte, das
große Tor zu öffnen, strömte der Zug der Weiber heraus.
Aber was war denn das?

35 Was trugen die Frauen denn da alle auf ihrem Rücken?
Das sah ja wirklich zum Lachen aus! Und der Kaiser lachte. Jede
Frau hatte ihren Mann auf den Rücken gepackt. Huckepack trugen
sie so ihre Männer aus der Stadt hinaus. Die Männer waren ja doch
das Kostbarste und Liebste, was sie hatten, und das durften sie
40 nach den Worten des Kaisers mitnehmen. Die Ritter waren böse
darüber, aber der Kaiser lachte weiter.
»Gewiss war es so nicht gedacht, aber die Weiber waren wieder
einmal klüger als wir Männer. Und an einem Kaiserwort darf nicht
gedreht und gedeutelt werden!«

Weinsberg. Burgruine
Weibertreu

45 Er schenkte so den treuen Frauen und ihren Männern die
Freiheit. Es wird erzählt, er habe sie alle wieder zurück-
gerufen und ein großes Fest veranstaltet. Sie durften nun
alle in der Stadt bleiben und die Männer auch. Und bei
dem Fest hätten der Kaiser selbst und die Ritter mit den
50 Frauen getanzt. Die Burg, die schon seit langer Zeit Ruine
ist, erhielt den Namen »Weibertreu«.   *Erich Bockemühl*

b Suche die Stadt Weinsberg auf einer Karte Deutschlands.

c Lies die folgenden Informationen aus der Kölner Königschronik zu
einer Begebenheit in der Stadt Weinsberg im 12. Jahrhundert.

Treue Weiber und Herren von Weinsberg

1140 war die Burg im Besitz der Welfen, die sich mit den Staufern
um die Macht im Reich stritten. König Konrad III., in seinem
Gefolge sein Bruder Friedrich II. von Schwaben und mehrere
Bischöfe und Fürsten (u. a. Markgraf Hermann III. von Baden),
5 belagerte die Burg mehrere Wochen lang und schlug am
21. Dezember 1140 in offener Feldschlacht den zum Entsatz[1]
heraneilenden Welf VI. Kurz darauf ergab sich die Burg. Dem
Bericht der Kölner Königschronik zufolge versprach der König den
Frauen auf der Burg Weinsberg freien Abzug und gab die
10 Erlaubnis, »dass jede forttragen dürfte, was sie auf ihren Schultern
vermöchte«. Auf die Männer wartete der Tod. Die Frauen nahmen
den König beim Wort und trugen ihre Männer auf dem Rücken
herab, denen sie so das Leben retteten, da der König sein Wort
hielt. Die Frauen wurden als *Treue Weiber von Weinsberg* bekannt
15 und die Burg kam aufgrund dieser Begebenheit zu ihrem Namen
Weibertreu (vermutlich im Lauf des 18. Jahrhunderts).

[1] Verteidigung

d Schreibe stichpunktartig geschichtliche Informationen heraus.

– Burg Weinsberg
– 1140 im Besitz der Welfen
– . . .

e Vergleiche die Sage mit dem Auszug aus der Chronik. Welche Gemeinsamkeiten und welche Unterschiede erkennst du?

> **!**
> **Sagen** wurden ebenso wie Märchen von Generation zu Generation weitererzählt. Der Unterschied besteht darin, dass Sagen einen wahren historischen Kern (geschichtliche Begebenheiten, Personen, landschaftliche Eigenheiten, Gebäude und Naturerscheinungen) enthalten. Man unterscheidet Orts-, Götter- und Heldensagen.

2 Lies die folgende Sagenfassung der Brüder Grimm.

a Stelle zuerst fest, was dem geschichtlichen Eintrag in der Chronik entspricht. Nimm dazu deine Stichpunkte aus Aufgabe 1 d zu Hilfe.

Weinsberg. Weibertreu-Denkmal

[1] *hier:* vielsagend lächeln

Die Weiber zu Weinsperg

Als König Konrad III. den Herzog Welf geschlagen hatte (im Jahr 1140) und Weinsperg belagerte, so bedingten die Weiber der Belagerten die Übergabe damit, dass eine jede auf ihren Schultern mitnehmen dürfte, was sie tragen könne. Der König gönnte das
5 den Weibern. Da ließen sie alle Dinge fahren und nahm eine jegliche ihren Mann auf die Schulter und trugen den aus. Und da des Königs Leute das sahen, sprachen ihrer viele, das wäre die Meinung nicht gewesen, und wollten das nicht gestatten. Der König aber schmutzlachte[1] und tät Gnade dem listigen Anschlag
10 der Frauen. »Ein königlich Wort«, rief er, »das einmal gesprochen und zugesagt ist, soll unverwandelt bleiben.«   *Brüder Grimm*

b Fasse mit eigenen Worten zusammen, was im Text der Brüder Grimm im Vergleich zur Chronik hinzugefügt wurde.

c Wähle eine der beiden Sagen aus (Aufgabe 1a oder 2a) und übe das ausdrucksstarke Vorlesen. Versuche einzelne Textstellen unterschiedlich vorzulesen, z.B. besonders betont, deutlich, langsam, laut oder leise.

→ S.88 Ein Gedicht vortragen (Lesehilfen)

d Lest euch die Sagen gegenseitig vor und beurteilt, welche Vorträge besonders gut gelungen sind. Begründet eure Meinung.

→ S. 96, 102 Informationen sammeln

3 Um viele Orte, Landschaften und interessante Bauwerke ranken sich Sagen.

a Verschaffe dir eine Übersicht über die Sagen auf S. 55 – 58.

b Wähle eine Sage aus und übe das Vorlesen.

→ S. 40 Präsentieren

c Wähle einen der folgenden Orte aus und finde heraus, welche Sagen es dazu gibt. Stelle deine Suchergebnisse in einem kurzen Vortrag vor.

Kölner Dom – Leipzig – Vineta – Spreewald – Wartburg (bei Eisenach)

d Bereitet in der Klasse einen »sagenhaften Nachmittag« vor, an dem jeder seine Sage vorträgt. Ihr könnt dazu in Sagenbüchern oder im Internet nach weiteren Sagen suchen, die sich um euren Landstrich, euren Ort, eure Kirche usw. ranken.

→ S. 55 – 58 Lesestoff

4 Findet möglichst viele Sagen zu eurer Region. Fasst die Ergebnisse auf Plakaten zusammen, die ihr in eurem Schulhaus ausstellen könnt. Achtet darauf, die geschichtlichen Grundlagen besonders hervorzuheben.

Was habe ich gelernt?

5 Überprüfe, was du über Sagen gelernt hast.
Folgendes Dokument wurde zerfetzt in der Kugel einer Kirchturmspitze gefunden. Die Schnipsel enthalten drei verschiedene Sagenmerkmale. Schreibe sie in vollständigen Sätzen auf.

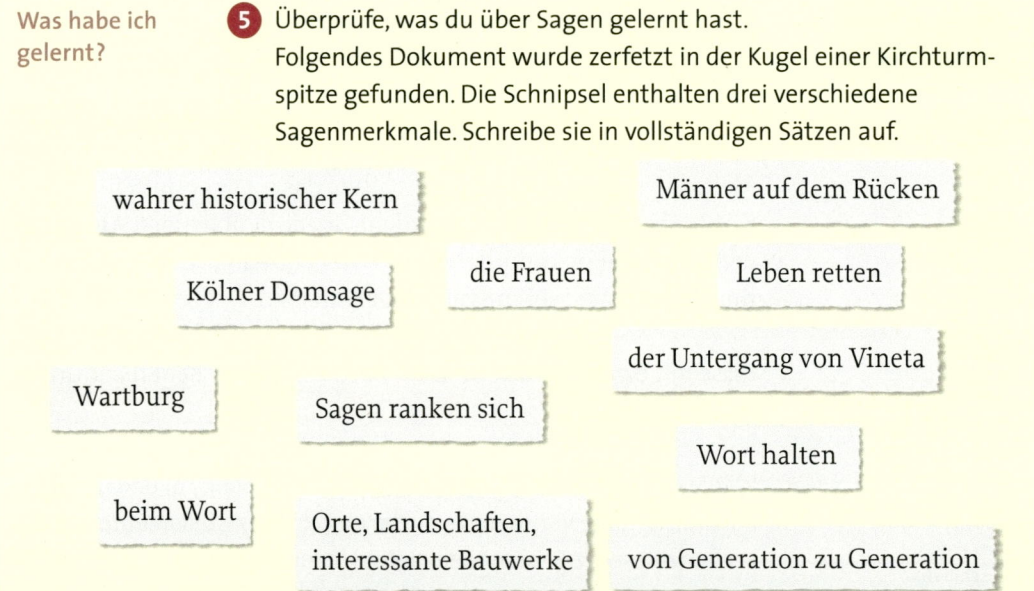

wahrer historischer Kern

Männer auf dem Rücken

Kölner Domsage

die Frauen

Leben retten

der Untergang von Vineta

Wartburg

Sagen ranken sich

Wort halten

beim Wort

Orte, Landschaften, interessante Bauwerke

von Generation zu Generation

Die Entstehung der Insel Rügen

Kurz vor Feierabend der Schöpfungsarbeit stand der Herrgott
auf der Insel Bornholm und schaute zum Festland hinüber.
Die pommersche Küste erschien ihm noch zu kahl. Er nahm von
der letzten Erde aus seiner Molle[1] und klackte sie mit der Kelle
5 hinüber. So ungefähr eine halbe Meile davor fiel das bisschen ins

[1] *norddeutsch*
Mulde, Backtrog

Wasser. Der Herrgott strich die Kanten schön glatt, und
der Hauptteil der Insel war fertig. Inzwischen war die
Sonne fast untergegangen; deshalb kratzte er die Reste
zusammen und warf sie hinterdrein. So entstanden die
10 Halbinseln Wittow und Jasmund. Das sah zwar ein bisschen uneben aus, aber der Herrgott dachte: »Es ist Feierabend, und nun bleibt es so, wie es ist!«

Der Hünenstieg

Im Beetzsee, unweit von Brandenburg, befindet sich eine nur fünf
Meter breite, doch über fünfzig Meter lange Landzunge, gerade an
der tiefsten Stelle des Sees [...]. Diesen schmalen Einschnitt kennen
die Fischer nur unter dem Namen »der Hünenstieg«.
5 Ein Riesenfräulein nämlich soll ihn geschaffen haben; sie wohnte
mit ihren Eltern am andern Ufer des Sees in den »Fosbergen«
(Fuchsbergen).
Die Eltern machten sich oft jenseits des Sees zu schaffen, wobei sie
das Wasser mit einem einzigen Schritt hinter sich brachten. Dieser
10 Schritt gelang aber der jungen Riesin noch nicht, wenn sie ihren
Eltern nachkommen wollte; sie trat immer ein wenig zu kurz und
bekam nasse Füße. Da ging sie nach dem Marienberg, nahm eine
Schürze voll Sand und schüttete sie dort, wo jetzt der Hünenstieg
sich befindet, in den See. Von der Spitze der so geschaffenen Land-
15 zunge aus trat ihr Fuß ohne Mühe an das jenseitige Ufer hinüber [...].

TIPP
Ihr könnt zur
Veranschauli-
chung eine Zeich-
nung machen.

→ S. 102
Im Internet
Informationen suchen

1 In manchen Sagen werden die Ursprünge besonderer geografischer
Gegebenheiten »erklärt«. Wählt eine Sage aus und erklärt euch gegen-
seitig mit eigenen Worten die Entstehung der Insel Rügen oder des
»Hünenstiegs«.

 2 Sammelt Fotos zu einem der zwei Sagenorte.
Schreibt die Sage ab und gestaltet mit eurem Material ein Plakat.

Harras, der kühne Springer

Zwischen Frankenberg und Lichtenwalde am Fluss Zschopau befindet sich ein hoher Fels, der Haustein genannt wird.

Am 28. Mai des Jahres 1499 ist der Ritter von Harras, Besitzer von Lichtewalde in einer Fehde[1] von seinen Feinden in der Nähe dieses

5 hohen Felsen überfallen und verfolgt worden. Es blieb ihm kein anderer Weg zur Rettung übrig, als mit seinem Rosse von der Spitze des Hausteins in den unten vorbeiströmenden Zschopau-

fluss zu springen. Dieser kühne Sprung von einer Höhe von mehr als 100 Ellen[2] ist ihm auch geglückt,

10 und da das Wasser eine Tiefe von 10 Ellen hatte, brachte der Sprung weder ihm noch dem Rosse Schaden. Beide haben das gegenüberliegende Ufer glücklich erreicht und später im Schlosse zu Lichtewalde Schutz gefunden. Der Ritter aber hat zur

15 Kapelle in Ebersdorf und dem dort befindlichen Gnadenbilde eine Wallfahrt gemacht und er hat dort zum Andenken ein großes, silbernes Hufeisen hinterlassen. Dieses wurde in der Kapelle aufgehangen, aber um 1529 gegen ein eisernes vertauscht.

20 Im Mai des Jahres 1801 ist am Rande der Zschopau dem Haustein gegenüber bei einer sehr alten Eiche ein Denkstein errichtet worden. Er trägt folgende Inschrift auf den beiden Hauptseiten: »Dem tapferen Springer, Ritter von Harras«. Auf den Nebenseiten des Denksteins

25 wurden ein Sporn[3] und ein Hufeisen abgebildet.

[1] *im Mittelalter* Streit, Feindschaft

[2] *altes Längenmaß* 100 Ellen = ca. 70 m 10 Ellen = ca. 7 m

[3] spitzer Vorsprung

1 Ritter Harras hat aus Dankbarkeit in einem kleinen Kirchlein ein silbernes Hufeisen aufhängen lassen. Was ist dem Ritter zuvor passiert?

2 Was verbirgt sich hinter folgenden Namen? Erkläre mit eigenen Worten.

der Haustein – der Harras – die Zschopau – Ebersdorf

3 Der Sprung des Ritters wäre im wirklichen Leben tödlich. Wieso berichtet die Sage von einem solchen unmöglichen Ereignis? Macht Vorschläge.

Die Entstehung von Schöneck

[1] Waldarbeiter, der Holz zu Kohle verarbeitet

[2] *Fachsprache*
Stange; Handwerkszeug des Köhlers

[3] *Dialekt*
»Oh! Das ist ein wirklich schönes Plätzchen, da kann man weit herumschauen, das ist ein wirklich schönes Plätzchen, dort müssen wir bauen!«

[4] *Fachsprache*
Holzstapel mit luftdichter Erdabdeckung zur Herstellung von Holzkohle

Das zum Amte Voigtsberg gehörige Städtchen Schöneck, der höchstgelegene Ort des Vogtlands, soll seinen Namen folgender Ursache verdanken.

Einst soll der kaiserliche Landvogt Heinrich Reuß (um 1150?) auf
5 der Jagd von seinem Gefolge getrennt worden sein. Dabei stieß er auf ein Bärenlager. Die Bärin war um ihre Jungen besorgt und sprang auf sein Ross los. Dieses stürzte durch ihren wütenden Angriff zu Boden. Beim Sturze zerbrach das Schwert des Landvogts und es würde um ihn geschehen sein, wäre nicht ein junger
10 Köhler[1] auf sein Hilferufen herbeigeeilt und hätte das wütende Tier von hinten mit seinem Schürbaum[2] erschlagen. Der Vogt erlaubte nun seinem Retter, sich eine Gnade auszubitten. Der junge Köhler gestand ihm, er habe eine Geliebte, die er aber nicht heiraten könne, weil er zu arm sei. Er bitte nur um einen Platz, wo
15 er ein Häuschen bauen könne, und um Holz dazu. Da lachte der Reuß und sagte ihm, er möge in seinem Lande jeden Platz aussuchen, den er wolle, um sich dort ein Haus zu bauen; Holz möge er aus dem nächsten Walde nehmen und Steine brechen, so viel er brauche. Wenn ihn jemand nach seinem Rechte frage, dem solle er
20 diesen seinen Ring und sein zerbrochenes Schwert, welches er ihm gab, vorzeigen.

Darauf zog der Köhler lange mit seinem Liebchen im Vogtlande herum und nirgends wollte ihnen ein Ort passend scheinen.
Endlich kamen sie auf einen hohen Berg voll Wald und üppigem
25 Graswuchs, da rief die junge Frau: »O je! Doos is ä gor schü Eckel, do ko mer weit ausscha, doos is ä goor schü Eckel, do, du, do müss' mer ba!«[3]
Und so geschah es auch, der Köhler baute sich ein Häuschen und brannte einen Meiler[4] an, und nach und nach
30 zogen auch andere Leute dahin und bauten um das Häuschen herum, und so entstand nach und nach ein Flecken, den hieß man zum Andenken Schöneck.

1 Erzähle, wie das Städtchen Schöneck zu seinem Namen kam.

2 Stellt die Geschehnisse der Sage in einem Rollenspiel dar.
Folgende Personen treten auf:
der Landvogt, der junge Köhler, die Bärin (Bärenkinder),
die junge Frau des Köhlers.

→ **S.141** Trainieren für die Bühne

Der Bauerhase von Freiberg

In einem Café auf der Korngasse in Freiberg wird eine besondere Spezialität angeboten – der Bauerhase.

Einer Legende nach soll sich im 13. Jahrhundert in diesem Gebäude, das bis 1556 die Münzprägestätte war, Folgendes

5 zugetragen haben:

Wilhelm Walther. Der Fürstenzug.
Friedrich der Gebissene ist der Erste von links.

Markgraf Friedrich der Gebissene hielt sich gerade zur Fastenzeit in Freiberg auf. Es galt als Sünde, Fleisch in dieser Zeit zu verspeisen. Dennoch lud der Markgraf den

10 Kaplan, also den Kirchenvorsteher von St. Marien, dem heutigen Freiberger Dom, zum Mittagsmahl ein. Er bestellte einen knusprigen Hasenbraten. Doch der Koch mit dem Namen Bauer war ein frommer Christ

15 und wollte nichts Verbotenes tun. Aber seine Landesherren wollte und durfte er auch

nicht verärgern. Er überlegte verzweifelt, wie er sich dieser schwierigen Situation entziehen konnte. Da kam ihm der rettende Einfall.

20 Er formte einen Hasen aus einem Gebäckteig. Mit Mandeln bespickt, wurde er goldbraun gebacken und aufgetischt. Friedrich und der Kaplan waren verdutzt, als sie den »falschen« Hasenbraten erkannten. Aber sie waren von dem Gebäck so entzückt, dass sie den armen Koch nicht bestraften.

25 Noch heute wird nach dem alten Rezept in Freiberg der Bauerhase gebacken und vor allem um die Fastenzeit viel gegessen.

1 Ihr sollt Gästen aus einem anderen Land erklären, wieso es in Freiberg ein Gebäck namens »Bauerhase« gibt.
Bezieht euch auf die Sage.

2 Im Text ist von Friedrich dem Gebissenen die Rede.
Wie könnte dieser Name entstanden sein? Erfindet eine Sage dazu.

3 Erkundige dich in Geschichtsbüchern oder im Internet über die historische Gestalt des Markgrafen.

→ S. 102 Im Internet Informationen suchen

Sachtexte erschließen

Auf den Inhalt eines Textes schließen

1 In der Schule und in deiner Freizeit stößt du manchmal auf Fragen, die du nicht sofort beantworten kannst. Du musst dir Informationen beschaffen. Diese findest du oft in Sachtexten.

a Lies die Begriffserklärung im Merkkasten und fasse anschließend mit deinen Worten zusammen, was Sachtexte sind.

> **!** **Sachtexte** sind Texte, die über ein Thema informieren. Sie dienen der Wissensvermittlung und liefern sachliche Informationen, z. B. über Gegenstände, Ereignisse, Sachverhalte oder Probleme.

b Erklärt, worin sich ein literarischer Text (z. B. Gedicht, Erzählung, Kinderbuch) von einem Sachtext unterscheidet. Notiert dazu einige Stichpunkte.

> **!** Um Antworten auf eine Frage oder Informationen zu einem Thema zu finden, brauchst du geeignete Sachtexte. Da du nicht alle immer gründlich lesen kannst, musst du dir schnell einen Überblick über ihren Inhalt verschaffen. Oft kannst du bereits **aus der Überschrift auf den Textinhalt schließen**.

2

Vermutungen über den Textinhalt anstellen

a Lies die Überschrift des Textes auf S. 60 und sage, welchen Textinhalt du erwartest.

b Sieh dir auch die Abbildung zum Text an. Bestätigt sie deine Vermutung, worum es in dem Text gehen wird?

c Sieh dir den Text genauer an. Woran kannst du dich außerdem schnell orientieren?

d Lies nun den Text und überprüfe, ob deine Vermutungen richtig waren.

Warum stehen Heizungen immer unter dem Fenster?

Ist dir das schon mal aufgefallen? Egal ob im Bad, im Wohnzimmer oder in der Küche – Heizungen stehen meistens unter dem Fenster. Das erscheint auf den ersten Blick ein bisschen unlogisch: Die Luft am Fenster ist schließlich kalt. Man könnte vermuten, dass die
5 kuschelige Wärme der Heizung dort schnell verlorengeht. Das stimmt aber nicht!

Warum die Heizung unter dem Fenster stehen sollte
Die Heizung muss sogar dort stehen, wo es am kühlsten ist, damit sich die Wärme schnell verteilt. Das hat damit zu tun, dass warme
10 Luft stets nach oben steigt und kalte Luft nach unten fällt. Dadurch bleibt die Luft im Zimmer immer in Bewegung. […]

Wie die Luft in Bewegung kommt
Der Heizkörper strahlt Wärme ab. Die kühle Luft am Fenster erwärmt sich und steigt in Richtung Zimmerdecke. Dort oben
15 kühlt sie sich wieder ab und sinkt zu Boden. Weil stets von der Heizung erwärmte Luft nachkommt, entsteht ein Kreislauf. So verwandelt die Heizung immer wieder die kalte Luft vor dem Fenster in warme Luft. Diese steigt dann wieder auf, kühlt sich oben ab, sinkt zu Boden und wird dort wieder von der Heizung
20 erwärmt. Wie eine Walze kreist die Luft so durch den Raum und es wird im ganzen Zimmer schön warm.

Ohne Luft-Kreislauf kein warmes Zimmer
Dieser Kreislauf käme nicht zustande, wenn die Heizung nicht unter dem Fenster stünde. Die warme Luft würde dann über der
25 Heizung aufsteigen, sich oben abkühlen und dort wieder »herunterfallen«, wo es am kältesten ist, nämlich an der Fensterseite. Wenn hier kein Heizkörper die Luft wieder erwärmt, bleibt sie hängen und staut sich. Dann wäre nur die Luft an der Zimmerdecke warm. Wenn du nicht gerade ein Hochbett hast, könnte das
30 im Winter also ziemlich ungemütlich werden.

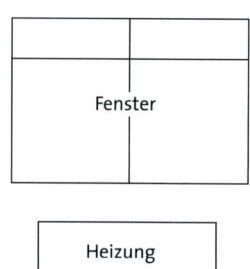

> **!** Um bereits vor dem Lesen Vermutungen über den Textinhalt anstellen zu können, suche nach folgenden **Orientierungshilfen**:
> - Verrät dir die Überschrift, worum es in dem Text geht?
> - Gibt es Teilüberschriften, die Hinweise auf den Textinhalt geben?
> - Sind Wörter hervorgehoben, die die Orientierung im Text erleichtern?
> - Gehören Fotografien oder Abbildungen zum Text, die Vermutungen über den Inhalt zulassen?

3

a Lest die Überschrift des Textes in Aufgabe 4 a (S. 62).
Welche Erwartungen an den Inhalt habt ihr?
Tauscht euch darüber aus.

> **!** Nicht immer ist der Inhalt eines Textes aus seiner Überschrift erkennbar. Dann musst du dir einen Überblick über den Textinhalt verschaffen, indem du ihn **mit den Augen überfliegst**, ohne jedes Wort zu lesen.

Den Text überfliegen

b Sieh dir die folgenden Abbildungen an.
Sie zeigen dir, wie du einen Text überfliegen kannst.

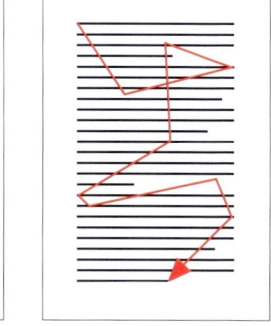

Diagonallesen   Slalomlesen   Zickzacklesen

c Probiere alle drei Arten des Überfliegens aus.
Nutze dazu den Text in Aufgabe 2 d (S. 60).
Welche Art des Überfliegens fällt dir am leichtesten?

4

a Um genauere Vermutungen über den Inhalt des Textes anstellen zu können, überfliege nun den folgenden Text mit den Augen.

Wüsten – schrecklich und schön

Wüsten bedecken auf unserer Erde riesige Gebiete. Die ältesten Wüsten sind fünf Millionen Jahre alt. Das ist im Verhältnis zum Alter der Erde nicht viel. Als die Erde entstand, gab es die heutigen Wüsten noch nicht. Sie haben sich erst später aus einer anderen
5 Landschaftsform entwickelt. Das belegen viele Hinweise: So haben Forscher in Wüsten Gesteine mit Abdrücken längst ausgestorbener Pflanzen und versteinerte Pflanzenteile gefunden. Außerdem hat man Felsmalereien von Menschen der jüngeren Steinzeit entdeckt, die zeigen, dass die Wüste zunächst eine
10 Savanne war, also eine von Gras und Bäumen bewachsene und von vielen Tieren bewohnte Landschaft. Eine Landschaft kann zur Wüste werden, wenn sich das Erdklima verändert. Das geschieht über einen sehr langen Zeitraum: Zuerst fällt immer weniger Regen. Dadurch verändern sich die Pflanzen
15 dieser Region. Ohne die notwendige Nahrung verlassen die Tiere das Gebiet. Je weniger Pflanzen wachsen, also je weniger Wurzeln die ausgedörrte Erde festhalten, desto eher kann der Wind die Erde wegblasen. Bald ist die fruchtbare oberste Bodenschicht verschwunden: Die Sandwüste breitet sich aus.

b Welche Art des überfliegenden Lesens hast du benutzt?

TIPP
Kläre unbekannte Begriffe mithilfe des Textes oder schlage sie nach.

c Lies den Text jetzt genau. Fasse kurz zusammen, was über die Wüsten mitgeteilt wird.

d Schreibe mindestens zwei passende Überschriften zum Text auf.

5

a Bemühe dich, beim Lesen lange Wörter und umfangreiche Wortgruppen auf einen Blick zu erfassen. Orientiere dich an der Mittellinie.

Hasel · Angel
Haselnuss · Angelschein
Haselnusskuchen · Angelscheinprüfung
Haselnusskuchenbäcker · die Angelscheinprüfung bestehen
Haselnusskuchenbäckermeister · Ich habe die Angelscheinprüfung bestanden.

b Bemühe dich, beim Lesen Bedeutungseinheiten zu erfassen. Bedeutungseinheiten sind Gruppen von Wörtern, die in ihrer Bedeutung eng miteinander verbunden sind.

Kann man unter Wasser riechen?

Im Wasser gibt es einiges zu riechen – nur für uns Menschen nicht. Dazu müssten wir nämlich einatmen. Und das ist keine gute Idee, wie wahrscheinlich jeder noch vom letzten Besuch im Schwimmbad weiß. Fische haben damit natürlich kein Problem, denn die
5 atmen durch Kiemen. Trotzdem haben sie auch Nasen, die ausschließlich dazu dienen, Gerüche wahrzunehmen. Zum Beispiel: Wo gibt es etwas zu fressen? Haie können auf eine große Entfernung Blut riechen. Die Nase ist für Fische aber auch ein wichtiges Warnsystem. Bei dem Geruch eines verletzten Tieres flüchten die
10 Fische aus Angst, angegriffen oder gefressen zu werden. Allerdings: Ganz ohne Wasser könnten auch wir Menschen keinen Geruch erkennen. Jeder Duft, der uns durch die Luft erreicht, ist eine chemische Verbindung. Und die wird erst einmal gelöst in einer hauchdünnen wässrigen Schicht an der Nasendecke.

Den Inhalt eines Textes erfassen

Wenn du beim Lesen **Antwort auf eine bestimmte Frage** suchst, überfliege den Text zuerst und kennzeichne die Stelle, die die Antwort enthält (z.B. am Rand oder mit einem Textmarker). Bevor du mit dem Überfliegen des Textes beginnst, solltest du dir überlegen, auf welche **Schlüsselwörter** du achten willst. Schlüsselwörter sind wichtige Wörter zum Thema.

Schlüsselwörter bestimmen

1 Du suchst Informationen zur Entstehung von Wüsten.

a Stelle eine Liste mit Schlüsselwörtern zusammen, die du suchen willst.

Antworten auf Fragen suchen

b Suche im Text von Aufgabe 4 a (S. 62) den Abschnitt heraus, der Antwort auf die Frage »Wie entstehen Wüsten?« gibt. Nutze dazu deine Schlüsselwörter.

c Lies den Abschnitt genau. Schreibe Stichpunkte zur Beantwortung der Frage heraus.

2 Du suchst Antwort auf die Frage »Welche Bedeutung hat die Arbeit der Archäologen?« und hast folgenden Text gefunden.

Schlüsselwörter bestimmen

a Stelle vor dem überfliegenden Lesen Schlüsselwörter zusammen, nach denen du suchen willst.

Den Text überfliegen

b Überfliege den Text und suche nach den Schlüsselwörtern. Markiere die Stellen, die dir helfen, die Frage zu beantworten.

Graben in der Vergangenheit

Auf der ganzen Welt gibt es Geschichten über vergrabene Schätze. Denn seit die Menschen Häuser bauen, finden sie Gegenstände, die ihre Vorfahren verloren oder vergraben haben. Gewöhnlich werden diese Dinge zufällig gefunden und viele
5 davon sind so uninteressant, dass man sie früher einfach weggeworfen hat. Das Einzige, was die Menschen aufbewahrten, waren Gold und Silber oder andere offensichtlich wertvolle Sachen. Auch Archäologen sind Schatzsucher. Wenn sie Gold und Silber oder schöne Kunstgegenstände finden, freuen sie sich. Aber für sie
10 ist auch alles andere, was Menschen verwendet haben und was ihr Alltagsleben prägte, wertvoll. Manchmal kann nämlich eine einzige Tonscherbe dem Archäologen mehr sagen als ein goldener Ring. Wenn man zum Beispiel an der Keramik erkennt, dass es sich um einen Import aus einem anderen Land handelt, dann kann das
15 ein Hinweis darauf sein, dass es Beziehungen zu diesem Land gegeben haben muss, friedlicher oder kriegerischer Art. Ebenso wichtig sind die Überreste von Gebäuden, Häusern, Tempeln, Palästen und Festungen, die man in der Vergangenheit baute, oder alte Gräber. Aufschlussreich sind aber nicht nur
20 die Funde selbst, sondern auch, wo die Dinge liegen, welche Farbe und welche Beschaffenheit der Boden besitzt und wie die Dinge in der Erde gelagert sind. Das Beobachten und Registrieren all dieser Einzelheiten mithilfe von Notizen, Fotos und Zeichnungen ist für den Archäologen
25 ebenso wichtig wie die Beschreibung der gefundenen Gegenstände und Bauwerke. Denn bei jeder Ausgrabung werden Erdschichten zerstört, und es ist unmöglich, die Dinge nachher wieder so herzustellen, wie sie zuvor waren. Was der Archäologe übersieht, ist dann verloren.

> **TIPP**
> Wenn das Buch nicht dir gehört, lege zum Arbeiten eine Folie über den Text.

> **TIPP**
> Kläre unbekannte Begriffe mithilfe des Textes oder schlage sie nach.

Antworten auf Fragen suchen

c Lies die markierten Stellen gründlich. Beantworte die oben gestellte Frage, indem du Stichpunkte aus dem Text herausschreibst.

3

Den Text
überfliegen

a Überfliege den folgenden Text und nenne das Thema, um das es geht.

Angefangen hat alles vor langer Zeit am Nordpol bei den Eskimos
oder Inuit, wie sie sich selbst nennen. Dort im ewigen Eis gab es
keine Pferde, Ochsen oder Esel, die den Menschen bei der Arbeit
helfen konnten – die wären bei der Kälte nämlich auf der Stelle
5 erfroren! Es gab aber wilde Hunde mit dickem Fell. Diese Hunde
wurden von den Ureinwohnern wie Pferde vor die Schlitten
gespannt. Die Schlittenhunde waren schnell, kräftig, ausdauernd
und fraßen das, wovon es im ewigen Eis viel gab: Robbenfleisch.
Dann kamen Europäer auf der Suche nach neuem Land und Gold.
10 Zum Zeitvertreib veranstalteten sie die ersten Rennen mit Schlit-
tenhunden.
Mit der Zeit lösten die Eisenbahn, die Motorschlitten und
die Flugzeuge die Hundeschlitten als Transportmittel ab. Also
wurden Schlittenhunde eigentlich überflüssig.
15 Wären da nicht die Rennen gewesen. Von nun an wurden
die Hunde aus sportlichen Gründen vor den Schlitten gespannt,
damit ehrgeizige Männer und Frauen um die Wette fahren
konnten. Und das nicht nur in Alaska oder Sibirien. Jedes Jahr
finden auch in Europa Wettrennen über unterschiedliche
20 Entfernungen statt. Ein Schlittenhund muss für so ein Rennen
sehr fit sein. So schaffen es gut trainierte Hunde, innerhalb von
24 Stunden einen Schlitten über 200 Kilometer weit zu ziehen.

Rennen in Elend (Harz)

b Beschreibe das Leben der Hunde am Nordpol vor
langer Zeit (Zeilen 5–11).

Schlüsselwörter
bestimmen

c Stelle Schlüsselwörter zu jeder Frage zusammen und suche
die Textstellen heraus, die die Antwort geben.

1 Warum konnten den Menschen am Nordpol keine Pferde,
Ochsen oder Esel bei der Arbeit helfen?
2 Wie weit kann ein gut trainierter Hund den Schlitten
in 24 Stunden ziehen?
3 Wo finden heute Schlittenrennen statt?
4 Wie nennen sich die Menschen, die am Nordpol wohnen?
5 Wodurch wurden die Schlittenhunde abgelöst?

Antworten auf
Fragen suchen

d Beantworte die Fragen aus Aufgabe c mithilfe des Textes.
Notiere Stichpunkte in deinem Heft.

4 Du suchst Antwort auf die Frage »Warum werden in Deutschland Ende Februar oder Anfang März Scheiterhaufen angezündet?« und hast einen Text gefunden.

Schlüsselwörter bestimmen

a Stelle Schlüsselwörter zusammen, überfliege den Text und markiere die Stellen, die die Frage beantworten.

TIPP
Wenn das Buch nicht dir gehört, lege zum Arbeiten eine Folie über den Text.

»Biikebrennen« in Nordfriesland

Na gut, ganz so einfach ist es nicht, den Winter auszutreiben. Doch es gibt einige Bräuche, mit denen die Menschen seit vielen Jahrhunderten versuchen, den Frühling herbeizulocken. In vielen Gegenden in Deutschland werden dazu Ende Februar oder Anfang
5 März große Scheiterhaufen abgebrannt. Alte Christbäume, Treibholz oder Sperrgut werden übereinandergeschichtet und in Brand gesteckt.
In Süddeutschland sind das die Funkenfeuer, in Norddeutschland spricht man von Biikebrennen und in Hessen gibt's die so
10 genannten Hutzelfeuer. In manchen Regionen wird ganz oben an die Spitze der Funkentanne eine Puppe gebunden, die dann mitverbrennt. Damit die Funken so richtig sprühen und es ordentlich knallt, ist diese Winterhexe mancherorts mit einer Ladung Schwarzpulver gefüllt.
15 Wo der Ursprung dieses Feuerbrauchs liegt, ist bis heute nicht genau geklärt. Wahrscheinlich mischen sich verschiedene alte Bräuche. Man nimmt an, dass die Feuerfeste mit einem germanischen Frühlingskult aus vorchristlicher Zeit zusammenhängen. Die bösen Geister des Winters sollten mit Licht und Wärme
20 vertrieben und die Götter um günstige Bedingungen für die Bestellung der Felder gebeten werden. Es ist aber auch bekannt, dass im Mittelalter die Menschen beim Frühjahrsputz ihre Häuser aufräumten und die alten Sachen anschließend verbrannten. Mit den Biikefeuern an der Nordsee dankte man den Göttern,
25 dass man den harten Winter überstanden hatte, und verabschiedete die Männer ins neue Seefahrtsjahr.

Antworten auf Fragen suchen

b Lies die markierten Stellen gründlich und beantworte die Frage in deinem Heft.

c Übertrage die Tabelle in dein Heft und ergänze sie. Suche dazu aus dem Text nur die Informationen heraus, die du benötigst.

Einzelne Informationen suchen

TIPP
Lies nicht jede Einzelheit.

Name der Scheiterhaufen		
in Süddeutschland ...	in Norddeutschland ...	in Hessen ...

! Um einen Sachtext genauer zu verstehen, ist es oft wichtig, seinen
Aufbau zu **erfassen**. Das heißt, du musst herausfinden, welche
Gedanken der Autor aneinanderreiht. Oft beginnt ein neuer Gedanke
mit einem neuen Abschnitt. Die Inhalte der Abschnitte ergeben
dann den Gedankengang.
Den Inhalt der Abschnitte kannst du gut erfassen, indem du
Teilüberschriften findest oder selbst formulierst.

5

Den Text
überfliegen

a Über welches Thema informiert der folgende Text? Überfliege ihn.
Notiere eine Überschrift, die bereits auf das Thema hinweist.

Die Menschen wohnten im Rom der Antike in unterschiedlich
gebauten Häusern und Wohnungen. Die meisten Römer lebten in
überfüllten Wohnblocks oder kleinen Räumen hinter ihren Läden
oder Werkstätten. Die Sklaven einer römischen Familie hatten oft
5 keine eigenen Unterkünfte: Sie mussten sich irgendwo zum
Schlafen hinlegen. Manche Sklaven waren in kleinen Räumen
im Keller untergebracht.
Die Häuser der Reichen waren meist sehr luxuriös, mit kühlen,
geräumigen Zimmern, schönen Möbeln und schattigen Gärten.
10 Die Häuser der Reichen waren gewöhnlich nur ein oder zwei
Stockwerke hoch.
In der Mitte des Hauses lag der Hof, das Atrium. Hier erledigte der
Besitzer des Hauses jeden Morgen seine Geschäfte. Das Atrium ließ
Licht in das Haus dringen und hielt es kühl. Es war überdacht,
15 mit Ausnahme einer Öffnung in der Mitte. Durch dieses Loch lief
Regenwasser in ein darunterliegendes Becken und wurde in einer
Zisterne (ein Behälter) unter dem Atrium gesammelt.
Die Schlafzimmer lagen meist im Erdgeschoss und führten auf das
Atrium hinaus. Auch Räume, die als Esszimmer oder als Empfangs-
20 raum für Gäste benutzt wurden, öffneten sich zum Atrium hin.
Hinter dem Haus lag ein Garten. Er wurde zum Teil durch ein
niedriges, von Säulen getragenes Dach überschattet. Hier konnten
die Familienmitglieder die Kühle eines Sommerabends genießen.
Im Garten gab es manchmal auch einen Springbrunnen und eine
25 Essecke.

Teilüberschriften
finden

b Lies den Text abschnittweise und formuliere für die einzelnen
Abschnitte Teilüberschriften in Form einer Frage.

Textinhalte zusammenfassen

Oft ist es nötig, den **Inhalt eines Textes zusammenzufassen**.
Dabei hilft dir die Beantwortung folgender Fragen:
- Welches Thema wird im Text behandelt?
- Sind Teilthemen erkennbar?
- Welche Hauptinformation liefert der Text?
- Welche wesentlichen Informationen werden dazu gegeben?

Den Text
überfliegen

a Überfliege den folgenden Text und nenne das Thema.

Es gibt nur wenige Strände auf unserer Erde, an denen so viele
verschiedenartige Steine vorkommen wie an der Ostsee. An den
Stränden unserer heimatlichen Ostseeufer findet man tatsächlich
eine ganz ungewöhnlich bunte Vielfalt unterschiedlicher
5 Gesteine. Es lohnt sich unbedingt, einen der vielen Geröllstrände
an unserer Küste zu besuchen und etwas genauer zu betrachten.
Am besten geschieht das bei nebelfeuchtem Wetter. Dann zeigen
die Steine nämlich ihre Verschiedenartigkeit am deutlichsten. Am
Anfang erscheint diese Vielfalt an Steinen etwas verwirrend. Daher
10 ist es gut, zuerst nach etwas Bekanntem Ausschau zu halten,
beispielsweise nach Feuerstein, den ja fast jeder Strandwanderer
kennt.

b Notiere eine passende Überschrift für den Text, die bereits auf das
Thema hinweist.

Wichtige Informationen finden

c Lies den Text genau und notiere nur die wichtigsten Informationen
in Stichpunkten.

Die Hauptinformation formulieren

d Schreibe die Hauptinformation des Textes in einem Satz auf.

e Schreibe eine Zusammenfassung des Textes. Nutze dazu die Angaben
aus dem Merkkasten oben.

 **2** Im folgenden Text geht es darum, worauf man beim Sammeln und Zubereiten von Pilzen achten muss.

 a Lest den Text abwechselnd Abschnitt für Abschnitt laut und sagt jeweils, welcher Hinweis zum Pilzesammeln gegeben wird.

Textabschnitte
zusammenfassen

Viele Menschen verzichten auf den Genuss selbst gesammelter Pilze, weil sie eine Vergiftung befürchten. Tatsächlich erkranken auch jedes Jahr Menschen nach dem Genuss giftiger Pilze. Deshalb sind beim Pilzesammeln einige Dinge zu beachten.

5 Ursache der Pilzvergiftungen ist fast immer die Unkenntnis der giftigen Arten. Pilzvergiftungen werden vermieden, wenn man nur die Pilze sammelt, die einem bekannt sind.

Die Pilze sollten nur in festen Behältern wie Körben oder stabilen Plastikgefäßen gesammelt werden. In Rucksäcken, Taschen oder
10 Beuteln werden die Pilze gedrückt, schwitzen und verderben rasch. Alte und durchnässte Pilze sollte man stehen lassen. Die alten Pilze sorgen durch ihre Sporen für den Nachwuchs, und die durchnässten Pilze sind wenig haltbar. Gesammelt werden sollten nur junge und festfleischige Pilze.

15 Die am Boden wachsenden Pilze werden leicht aus der Erde gedreht. So kann man die unteren Stielenden besser erkennen. Nur die Pilze, die an Bäumen wachsen, werden abgeschnitten. Es ist darauf zu achten, dass die Laubschicht im Wald nicht zerwühlt wird. Das schadet dem Wald und der im Boden lebenden
20 Pilzpflanze mehr, als man glaubt.

Ratsam ist es, die Pilze an Ort und Stelle zu säubern. Sie verschmutzen sich sonst gegenseitig. Madige Teile an Pilz und Stiel sollten entfernt werden.

Das Sammelgut sollte bald zubereitet werden. Auch wenn man die
25 Pilze erst am nächsten Tag isst, sollte man sie bald durchschmoren. Ist eine sofortige Verwendung nicht möglich, müssen die Pilze in kühlen und trockenen Räumen flach ausgebreitet werden, am besten auf Holzrosten oder einer Papierunterlage.

b Fasse die Hinweise in kurzen Ratschlägen zusammen.

1. Sammle nur Pilze, die dir bekannt sind!
2. . . .

Den Text
überfliegen

1 Überfliege den folgenden Text und erfasse das Thema.
Notiere eine Überschrift, die auf das Thema des Textes hinweist.

Sicher sind dir Menschen bekannt, die unter einer Allergie leiden.
Vielleicht bist du aber auch selbst davon betroffen? Dann sind
die folgenden Informationen für dich besonders interessant.
Sie sollen das Wissen und das Verständnis für diese Erkrankung
5 erweitern.
Bei einer Allergie weicht die Reaktion des Körpers auf bestimmte
körperfremde Stoffe vom normalen Verhalten ab. Die allergieauslösenden Stoffe nennt man Allergene. Diese befinden sich
zum Beispiel in Gräserpollen, in verschiedenen Nahrungsmitteln
10 oder im Kot der Hausstaubmilben. Der Körper hält diese Allergene
für eine Bedrohung und wehrt sich. Die Allergie ist also
eine krank machende Überempfindlichkeit des Körpers
auf bestimmte Allergene.

Eine Allergie zeigt sich am häufigsten mit
15 tränenden Augen und laufender Nase. Auch die
Atmungsorgane können betroffen sein und in
schweren Fällen droht Atemnot. Die Haut kann
mit Ausschlägen, Schwellungen und Juckreiz
reagieren. Vor allem dieser Juckreiz macht den
20 Betroffenen sehr zu schaffen, da sie nicht zur
Ruhe kommen können. Auch andere Körperteile
sind betroffen.
So können die Gelenke mit Schwellungen
reagieren oder auch mit Schmerzen. Auch der
25 Magen, Darm oder der ganze Bauch können
wehtun, dem Betroffenen ist übel oder er neigt
zu Durchfällen. Nicht selten treten bei einem Allergiker mehrere
Allergieformen gleichzeitig auf.
Wurde eine Allergie erkannt, sollte diese unbedingt behandelt
30 werden. Die wichtigste Methode ist das Vermeiden. Das heißt, die
oder der Betroffene muss verhindern, mit dem Allergen in Kontakt
zu kommen. Da das nicht immer funktioniert, ist es gut, dass es
viele hilfreiche Medikamente gibt. Auch kann man eine »Allergieimpfung« vornehmen lassen. Sie bewirkt, dass die allergische
35 Reaktionsbereitschaft geschwächt oder sogar ganz aufgehoben
wird.

Teilüberschriften finden

2 Erfasse den Gedankengang des Textes.

a Lies den Text dazu abschnittsweise. Stelle zu jedem Abschnitt eine Frage, die durch den Text beantwortet wird. Formuliere daraus eine Teilüberschrift.

 b Überlege, warum der Autor seinen Text nicht gleich mit dem zweiten Abschnitt begonnen hat. Notiere mindestens einen Grund.

Einzelne Informationen finden und Fragen beantworten

3 Beschäftige dich jetzt genauer mit dem Inhalt des Textes.

a Ein Schlüsselwort im Text ist das Wort *Allergie*. Unterstreiche im Text alle Wortgruppen, die den Begriff erklären.

b Entscheide dich für eine Erklärung des Wortes *Allergie* und schreibe sie in dein Heft.

c Was ist ein Allergen? Suche den Satz im Text, der diesen Begriff erklärt, und schreibe ihn in dein Heft.

TIPP
Wenn das Buch nicht dir gehört, lege zum Arbeiten eine Folie über den Text.

4

a Suche den Abschnitt, der beschreibt, welche Beschwerden Allergien hervorrufen können.

b Unterstreiche alle genannten Körperteile, die betroffen sein können.

c Übertrage die folgende Tabelle in dein Heft. Schreibe die Körperteile untereinander in die linke Spalte.

Körperteile	Beschwerden
…	…

d Ergänze in der rechten Spalte der Tabelle, wie sich die Allergie bemerkbar macht.

e Suche aus dem Text heraus, wie man Allergien behandeln kann. Schreibe die Behandlungsmethoden in dein Heft.

Mit Kinderzeitschriften umgehen

1 »GEOlino«, »Was ist was« und »Stafette« sind bekannte Kinder- und Jugendzeitschriften.

a Kennst du diese Zeitschriften?
Welche Zeitschriften würdest du gerne lesen?

 In Deutschland gibt es fast für jede Altersgruppe der Kinder und Jugendlichen extra **Zeitschriften**. Sie erscheinen in unterschiedlichen Abständen: wöchentlich, alle zwei Wochen, monatlich oder sechsmal im Jahr. Du kannst sie am Zeitungsstand oder im Buchladen kaufen oder nach Hause bestellen, das heißt abonnieren.

TIPP
Legt dazu eine Tabelle an.

b Stellt eine Zeitschriften-Hitliste eurer Klasse auf. Findet auch heraus, welche Zeitschriften abonniert und welche nur ab und zu gekauft werden. Einigt euch zuerst, wie ihr dabei vorgehen wollt.

 c Seht euch zwei Zeitschriften aus der Hitliste genauer an. Übertragt die folgende Tabelle in euer Heft und ergänzt sie.

	Zeitschrift 1	Zeitschrift 2
Titel Erscheinungsweise Altersgruppe Preis Farben Themen Aufbau Werbung		

d Tragt eure Ergebnisse zusammen. Tauscht euch darüber aus, was euch an den Zeitschriften gefällt bzw. was ihr kritisiert.

 2 Führt in größeren Gruppen jeweils eine Redaktionssitzung durch und bereitet eure eigene Klassenzeitschrift vor.

a Überlegt, welche Themen in eurer Zeitschrift Platz finden sollen, und teilt sie auf.

Was?	Wer?
Mode	Janine, Leo
Sport	Lara, Tim
…	…

b Sucht einen Namen für eure Zeitschrift.

c Verständigt euch darüber, zu welchem Thema ihr einen Artikel schreiben oder eine Bilderseite gestalten wollt.

 3

a Recherchiert das Material für euer Thema im Internet oder schneidet es aus verschiedenen Zeitschriften aus. Schreibt, wenn nötig, selbst einen kurzen Artikel.

b Findet passende Fotos/Bilder oder illustriert eure Zeitschriftenartikel.

 So könnt ihr eine Kinderzeitschrift gestalten
Die Zeitschrift soll zum Anschauen und Lesen einladen. Gestaltet sie deshalb interessant und anschaulich. Ihr könnt Ideen, Arbeitsergebnisse und Meinungen darstellen.
1. Ordnet euren Texten passende Bilder zu.
2. Gestaltet die Texte und Bilder übersichtlich auf einer Seite, lasst Platz zwischen den einzelnen Elementen. Die Seiten dürfen nicht zu voll sein.
3. Schreibt große und auffallende Überschriften.
4. Ihr könnt auch Bildunterschriften verfassen.
5. Die erste und letzte Seite können für die Begrüßung bzw. den Ausblick genutzt werden.
6. Fasst die Seiten z. B. in einem Ordner zusammen und gestaltet ein Titelblatt.

4 Lea ist Redakteurin einer Klassenzeitschrift. Sie möchte herausfinden, für welche Themen sich die Leserinnen und Leser besonders interessieren.

a Betrachte das Schaubild, das Lea im Internet gefunden hat. Notiere, welche vier Themen an erster Stelle stehen.

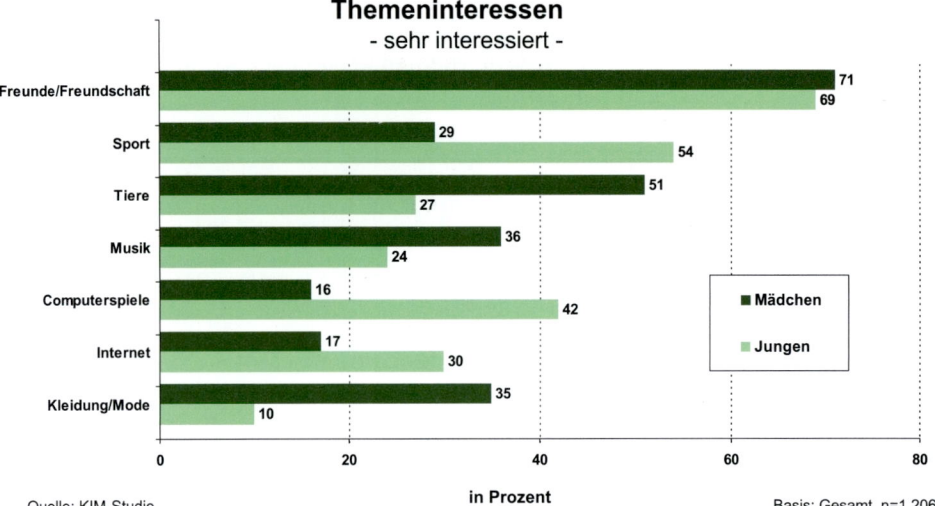

Themeninteressen
- sehr interessiert -

Thema	Mädchen	Jungen
Freunde/Freundschaft	71	69
Sport	29	54
Tiere	51	27
Musik	36	24
Computerspiele	16	42
Internet	17	30
Kleidung/Mode	35	10

in Prozent

Quelle: KIM-Studie   Basis: Gesamt, n=1.206

b Untersuche, wie viele Mädchen / wie viele Jungen diese Themen interessieren.

c Notiere, bei welchen Themen sich die Interessen der Jungen und Mädchen stark unterscheiden. Belege mithilfe der Zahlen im Schaubild.

5 Findet heraus, für welche der im Schaubild genannten Themen sich die Schülerinnen und Schüler eurer Klasse interessieren.

a Führt dazu eine Abstimmung durch. Notiert zu jedem Thema die Zahl der Jungen / Mädchen und vergleicht sie mit den Zahlen aus Aufg. 4.

b Fasst eure Ergebnisse zusammen und berichtet kurz, für welche Themen sich die Schülerinnen und Schüler eurer Klasse interessieren.

c Halte einen kurzen Vortrag über die Interessen von Schülerinnen und Schülern. Beziehe dabei die Ergebnisse von Aufgabe 4 ein.

Was habe ich gelernt?

6 Überprüfe, was du über Kinderzeitschriften gelernt hast. Beantworte dazu folgende Frage: Was musst du beim Gestalten beachten?

Gesprächsregeln einhalten

1 Die Klasse 5a der Bertha-von-Suttner-Schule führt ein Projekt zum Thema »Sich verständigen« durch. Erste Ideen wurden gesammelt:

Buchstaben

Gesten

Sich verständigen

Sprechen

Bilder

Sprecht über das Cluster. Ergänzt weitere Verständigungsmöglichkeiten.

2 Die Klasse 5a diskutiert laut darüber, was sie zum Thema »Sich verständigen« machen will.

Lest den Ausschnitt aus der Diskussion mit verteilten Rollen.

Kathrin »Ich will, dass wir eine Szene aus dem Alltag ohne Worte entwerfen, dann kannst du mich nicht mehr anbrüllen…«

Thomas *(schneidet ihr das Wort ab)* »Von wegen brüllen, ich sage nur laut und deutlich meine Meinung und hetze nicht hintenrum!«

Oliver »Du meinst wohl mich – nur weil ich deinen Vorschlag, eine Zeichensprache zu lernen, total blöd finde!« *(verzieht das Gesicht)*

Swenja *(beschwichtigend)* »Warum seid ihr nur so aggressiv? Wir sollten vielleicht erst mal über Verhaltensregeln sprechen. Wir wollen ein Projekt auf die Beine stellen und können uns nicht mal vernünftig unterhalten!«

3 Schülerinnen/Schüler *(laut durcheinander)* »… Die blöde Kuh ist ja übergeschnappt!« … »Verhaltensregeln – super spannend!… Warum eigentlich nicht?«

Maxi »Wir können nichts besprechen, das artet jedes Mal aus. Das nervt! Vielleicht bringt uns Swenjas Vorschlag weiter. Sonst schaffen wir es nie, was auf die Beine zu stellen.«

a Übertrage die folgende Tabelle in dein Heft.

Notiere, was an Gesprächsverhalten der einzelnen Schülerinnen/ Schüler auffällt.

	Gesprächsverhalten
Kathrin	äußert einen Vorwurf
Thomas	lässt Kathrin nicht ausreden
...	...

b Wie könnte es besser ablaufen? Sammelt Verbesserungsvorschläge. Bezieht dazu eure eigenen Erfahrungen ein.

4 Übertrage die folgende Tabelle in dein Heft. Ordne die Äußerungen in die richtige Spalte ein.

1 Wie kann man denn nur auf so eine bescheuerte Idee kommen?
2 Willst du vielleicht als Erste(r) deine Meinung dazu sagen?
3 Das ist ja totaler Quatsch!
4 Das kann man bestimmt auch so machen, aber ich würde lieber…
5 Ich kann dich gut verstehen, doch ich finde…
6 Ich sag euch gleich, ich will, dass wir…, da gibt es gar keine Diskussion, basta!
7 Was denkst du dazu?

guter Beginn einer Diskussion	ermutigende Äußerung	schlechter Beginn einer Diskussion	entmutigende Äußerung
...	...	...	...

! **So kannst du die wichtigsten Gesprächsregeln einhalten**
1. Bringe deine Sichtweise ein und begründe sie sachlich.
2. Lass die anderen zu Wort kommen und unterbrich sie nicht.
3. Höre aufmerksam zu, frage nach und gehe auf das ein, was der andere gesagt hat.
4. Verletze den anderen nicht durch Schimpfwörter oder Vorwürfe.
5. Bleibe freundlich und höflich.
6. Sieh die anderen an.
7. Suche einen Kompromiss.

  5

a Schreibt fünf Gesprächsregeln aus dem Merkkasten auf, die für eure Klasse besonders wichtig sind.

b Stellt die Regeln der Klasse vor. Einigt euch gemeinsam in der Klasse auf fünf Gesprächsregeln.

c Findet für jede Regel ein anschauliches Symbol und eine Farbe. Fertigt fünf Karteikarten in den entsprechenden Farben an. Notiert auf der einen Seite jeweils die Regel, zeichnet auf die andere Seite das Symbol für die Regel. Wenn jemand gegen eine Regel verstößt, kann jeder gleich die passende Karte hervorziehen.

6 Überlegt, wie das Gespräch in der Klasse 5a (S.75, Aufgabe 2) besser ablaufen könnte.

 a Schreibt gemeinsam ein neues Gespräch.

b Spielt eure Gespräche in der Klasse vor.

c Beobachtet die Gespräche der anderen. Kontrolliert die Einhaltung der Gesprächsregeln.

d Besprecht anschließend, ob die Gesprächsregeln aus dem Merkkasten eingehalten wurden.

Beschreiben

Einen Gegenstand beschreiben

1 Kennst du das Teekesselspiel? Suche Nomen, die zwei unterschiedliche Bedeutungen haben, und beschreibe diese.

Mein Teekessel ist ein Sportgerät.
Mein Teekessel ist eine große Tanzveranstaltung. (Ball)

2

a Bei welcher Gelegenheit wurde dir etwas beschrieben?

b Hast du schon einmal jemandem einen Gegenstand beschrieben?
Was musst du dabei beachten?

! Beim **Beschreiben eines Gegenstandes** informierst du andere
über etwas, was sie nicht kennen oder was sie nach deinen Angaben
erkennen sollen. Welche Merkmale für die Beschreibung
besonders wichtig sind, hängt davon ab, für wen und warum du
den Gegenstand beschreibst.
Beschreibe allgemeine und besondere Merkmale eines
Gegenstandes.
Allgemeine Merkmale sind Merkmale, die Gegenstände der gleichen
Art gemeinsam haben, z. B.: *Alle Fahrräder haben Räder.*
Besondere Merkmale treffen nur auf einzelne Gegenstände zu
(Größe, Form, Material, Farbe, Besonderheiten), z. B.: *Mein Fahrrad
hat gelbe Reifen.*

3 Lies das folgende Gespräch. Was hätte Michelle gleich tun müssen?

Michelle: Ach, du Schreck, meine Federtasche ist weg! Und darin
war mein guter Füller, den ich zum Geburtstag bekommen
habe.
Patricia: Geh zum Hausmeister.
Michelle: Herr Neuhaus, meine Federtasche ist weg. Ist sie
bei Ihnen abgegeben worden?
Hausmeister: Nun, was hättest du denn gern für eine? Ich habe
eine gelbe, eine schwarze, eine rechteckige, eine längliche, eine
…

Den Inhalt planen

4 Trage alle Merkmale zusammen, die notwendig sind, um Michelles Federtasche genau zu beschreiben.

a Übertrage die folgende Tabelle in dein Heft und ergänze sie.

allgemeine Merkmale	besondere Merkmale
...	Größe:...

b Lege die Reihenfolge der Beschreibung fest.

5 Nimm aus deiner Federtasche einen Füller. Beschreibe ihn so genau, dass er unter vielen anderen leicht zu erkennen ist.

a Notiere zuerst die allgemeinen und besonderen Merkmale des Füllers und überlege, welche Merkmale für deine Beschreibung wichtig sind.

Einen Entwurf schreiben

b Schreibe einen Textentwurf.

c Ein Schüler sammelt wahllos drei Füller ein. Die Besitzer lesen ihre Beschreibung vor. Wer von ihnen hat am besten beschrieben? Begründe, warum du diese Beschreibung für gelungen hältst.

Den Textentwurf überarbeiten
→ S.27, 33

d Überarbeite deinen Entwurf und achte dabei besonders auf eine treffende Wortwahl. Schreibe die korrigierte Fassung in dein Heft.

So kannst du eine Beschreibung verfassen
1. Bedenke die Schreibaufgabe.
2. Ordne allgemeine und besondere Merkmale des Gegenstandes. Beschreibe Größe, Form, Material, Farbe und Besonderheiten.
3. Schreibe einen Entwurf. Lass einen Rand zum Korrigieren.
4. Überarbeite den Entwurf.
5. Schreibe die Endfassung.

6 Schaut euch den Briefkasten auf S.94 an. Welche Merkmale müssen in eine Beschreibung? Tauscht euch darüber aus.

7 Du hast trotz Belehrung deine Uhr vor dem Sportunterricht im Umkleideraum gelassen. Nun ist sie weg. Verfasse eine genaue Beschreibung für deinen Sportlehrer.

Ein Tier beschreiben

1 Nico hat einen Hund, aber vor Kurzem ist Cäsar weggelaufen.
Der Junge ist traurig. Er bittet seine Schulfreunde, ihm beim Suchen
zu helfen.

Eine Tierbeschrei-
bung untersuchen

a Lies Nicos Beschreibung.

Cäsar ist 5 Jahre alt. Er ist mittelgroß, stämmig gebaut und hat
kurzes Haar, welches hellbraun und ganz pflegeleicht ist.
An der Brust hat er einen weißen Fleck, es sieht aus wie ein
Lätzchen. Seine Pfoten sind ebenfalls weiß. Die Ohren hat er meist
5 spitz nach oben gerichtet. Wenn er bei mir im Kinderzimmer ist,
dann stupst er mich so lange mit seiner Nase an, bis ich mit ihm
spiele. Ich verstecke einen Ball oder einen anderen Gegenstand
und sage: »Such, Cäsar, such!« Cäsar findet immer das Spielzeug.
Sein Gesicht ist ganz faltenreich, der Unterkiefer steht leicht
10 nach vorn.
Manchmal sieht mein Cäsar ganz grimmig aus, aber er ist
ein freundlicher Hund, der sich auch mit Kindern gut versteht.
Nur ärgern oder reizen darf man ihn nicht.

b Zu welcher Hunderasse gehört Cäsar?

TIPP
Merkmale dieser
Hunderasse
findest du in der
Beschreibung.

c Nico will in seinem Wohngebiet eine Suchanzeige aushängen.
Welche Informationen müssen deiner Meinung nach zu Nicos
Beschreibung hinzugefügt werden, welche könnte er weglassen?
Begründe deine Auffassung.

! Beim **Beschreiben eines Tieres** können Informationen zum Aussehen,
zum Verhalten, zur Lebensweise, zum Lebensraum, zur Ernährung
und zu besonderen Fähigkeiten wichtig sein. Welche Angaben
notwendig sind, hängt davon ab, zu welchem Zweck du das Tier
beschreibst.
Verben, Adjektive und Vergleiche helfen beim genauen und
anschaulichen Beschreiben.

2 Patricia war mit ihrer Oma im Tierheim. Diese drei Hunde haben ihr besonders gut gefallen, aber nur einen darf sie mit nach Hause nehmen.

Eine Tier-beschreibung planen

a Wähle einen dieser Hunde aus. Stelle allgemeine und besondere Merkmale für seine Beschreibung zusammen.

b Entscheide, welche Merkmale zur Beschreibung des Hundes genannt werden sollen, und bestimme ihre Reihenfolge.

→ S.173
Wortfeld

c Stelle Wortfelder zusammen. Achte darauf, dass die Wörter zur Beschreibung eines Hundes genutzt werden können.

sich bemerkbar machen – knurren, …
sich bewegen – …
…

! Ein **Wortfeld** umfasst Wörter mit gleicher oder ähnlicher Bedeutung, z. B.: *sich bemerkbar machen – knurren, bellen, jaulen, kläffen.*

Eine Tier-beschreibung verfassen

d Beschreibe den Hund deinen Eltern, denn du möchtest ihn unbedingt aus dem Tierheim holen. Schreibe zuerst einen Entwurf und über-arbeite ihn gründlich.

Einen Vorgang beschreiben

Eine Vorgangs-
beschreibung
untersuchen

1 Wie Muffins hergestellt werden, wird im Folgenden beschrieben.

 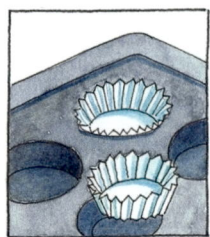 

1 Backofen auf 190 Grad vorheizen

2 Papierförmchen einsetzen

3 Mehl und Back-pulver verrühren

4 Ei leicht verquirlen, mit Zucker, Öl und Milch vermischen

5 Mehl und Obst unterrühren

6 Teig in Muffinblech einfüllen, 20–25 Minuten backen

 a Tauscht euch darüber aus, ob diese Backanleitung alle notwendigen Informationen enthält.

> 280 g Mehl
> 1 Päckchen
> Backpulver
> 2 Esslöffel Zucker
> 1 Ei, 4 Esslöffel Öl
> 1/4 l Milch
> 200 g (gefrorene)
> Beeren

b Schreibt auf, welche Informationen euch fehlen.
Was brauche ich …? Wie viel …?

c Schreibe das Rezept so auf, dass deine Mitschülerinnen und Mitschüler damit erfolgreich Muffins backen können. Nutze dazu die Angaben in der Randspalte.

2 Formuliert die Backanleitung jetzt so ausführlich und genau, dass sie in einem Kinderkochbuch stehen könnte.

Eine Vorgangs-
beschreibung
verfassen

a Verfasst zuerst einen Entwurf.

b Überarbeitet euren Text. Überprüft zuerst, ob ihr die einzelnen Hand-lungen in der richtigen Reihenfolge dargestellt habt.

! Beim **Beschreiben von Vorgängen** und Handlungen musst du die Abfolge der Teilvorgänge oder Handlungen genau darstellen, damit der Leser/Zuhörer die Reihenfolge richtig nachvollziehen kann. Besonders wichtig ist dies bei **Handlungsanleitungen**, wie z. B. bei Rezepten, Spiel- und Bastelanleitungen.

c Tragt Wörter zusammen, mit deren Hilfe man die zeitliche Abfolge der Handlungen ausdrücken kann.

d Überarbeitet euren Text. Achtet jetzt besonders auf die genaue und abwechslungsreiche Darstellung der Handlungsabfolge.

3

a Untersuche, wodurch sich die folgenden Formulierungen unterscheiden.

Ich nehme zuerst 1 kg Mehl. Man nehme zuerst 1 kg Mehl.
Nimm zuerst 1 kg Mehl. Zuerst nimmt man 1 kg Mehl.
Zuerst nimmst du 1 kg Mehl. Zuerst wird 1 kg Mehl genommen.

 b Tauscht euch darüber aus, wie diese Formulierungen auf euch wirken und für welche ihr euch entscheiden würdet.

! In **Vorgangsbeschreibungen** kannst du entweder die **persönliche Ausdrucksweise** oder die **unpersönliche Ausdrucksweise** verwenden, z. B.: *Zuerst lege ich alle Zutaten bereit. / Zuerst legst du alle Zutaten bereit.* Oder: *Zuerst legt man alle Zutaten bereit. / Zuerst werden alle Zutaten bereitgelegt.* Für welche Ausdrucksweise du dich entscheidest, hängt davon ab, für wen und worüber du schreibst.

c Für welche Ausdrucksweise würdest du dich entscheiden, wenn du
  • deiner Freundin beschreibst, wie sie den kaputten Reifen ihres Fahrrads reparieren soll,
  • in der Schülerzeitung beschreibst, wie man eine Wandzeitung herstellt,
  • in einem Bastelbuch beschreibst, wie man eine Einladung gestaltet?
Begründe deine Meinung.

 d Überprüft, welche Ausdruckweise ihr in eurer Backanleitung verwendet habt. Einigt euch, ob ihr in persönlicher oder unpersönlicher Ausdrucksweise schreiben wollt. Wenn nötig, überarbeitet den Text noch einmal.

Einen Weg beschreiben

① Nicole möchte mit Sandy ins Schauspielhaus gehen. Da Sandy noch nicht lange in Chemnitz wohnt, kennt sie den Weg dorthin nicht.

a Lies Nicoles Wegbeschreibung.

An:	sandy.frisch@schülerfirma.de
Betreff:	Wegbeschreibung

Hi, Sandy,
ich schicke dir schnell noch die Wegbeschreibung, damit
nichts schiefgeht. Du stehst vor der alten Post und wendest
dich nach links. Gehe den Fußweg so lange geradeaus, bis du
an die Zschopauer Straße kommst. Dort biegst du rechts ein.
Nach ca. 100 Metern siehst du rechts die Moritzstraße. Du
gehst weiter geradeaus, bis du an die Kreuzung Annenstraße /
Park der Opfer des Faschismus gelangst. Überquere nun die
Zschopauer Straße. Du stehst direkt vor dem Park der Opfer
des Faschismus. Gehe den Weg entlang. Nach ca. 200 Metern
siehst du einen Pfad, der nach rechts führt. Diesen Pfad
gehst du entlang und nach wenigen Metern stehst du schon
vor dem Schauspielhaus. Stadtplan hängt dran.
Ich freue mich schon riesig. Gruß, Nicole

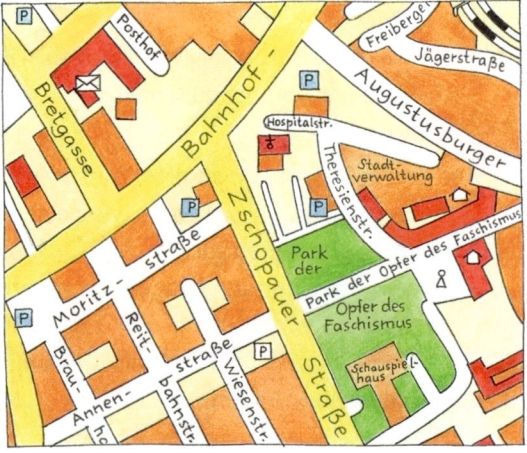

Eine Wegbeschreibung untersuchen

b Sieh dir den Plan genau an. Wird Sandy den Weg problemlos finden?

> **So kannst du eine Wegbeschreibung üben**
> 1. Gib Straßennamen, Richtungen und Entfernungen in der richtigen Reihenfolge an.
> 2. Nenne Besonderheiten an der Strecke, die als Orientierungspunkte dienen, z. B. auffällige Gebäude.
> 3. Formuliere kurze Aufforderungssätze.
> 4. Füge, wenn möglich, als Hilfe einen Stadtplan oder eine Skizze bei.

c Schreibe alle Wörter und Wortgruppen aus der Wegbeschreibung in Aufgabe a heraus, die eine Richtung oder Ortsangabe beinhalten.

→ S.173 Wortfeld

2 Bilde Wortfelder zu den folgenden Verben.

gehen – laufen, abbiegen, …　　　　　*sehen – …*
fahren – …

Eine Wegbeschreibung verfassen

TIPP
Überprüfe besonders, ob deine Angaben in der richtigen Reihenfolge angeordnet sind.

3 Suche dir auf der Karte (S. 84, Aufgabe 1a) einen Startpunkt und ein Ziel, ohne sie den anderen zu nennen. Beschreibe den Weg. Gehe dabei so vor:
- Überlege dir zuerst, worauf du besonders achten musst.
- Schreibe einen Entwurf und überarbeite ihn.

 **4** Dein neuer Freund aus dem Sportverein will dich und deinen Heimatort näher kennen lernen. Beschreibe ihm deinen Schulweg oder den Weg zu einem Museum, zum Kino oder zum Fußballplatz.

Was habe ich gelernt?

5 Überprüfe, was du über das Beschreiben gelernt hast. Beantworte dazu die folgenden Fragen.

1 Was musst du beachten, wenn du einen Gegenstand beschreibst?
2 Welche Merkmale sind bei einer Tierbeschreibung wichtig und wovon hängt das ab?
3 Was musst du beachten, wenn du eine Vorgangsbeschreibung schreibst?
4 Was solltest du bei einer Wegbeschreibung beachten?
5 Was ist dir in diesem Kapitel schwergefallen?
6 Welche der Beschreibungen (Gegenstand, Tier, Weg) fallen dir leicht?

Mit Gedichten umgehen

Ein Gedicht vortragen

1 Lies die folgenden Gedichte.

a Tauscht euch darüber aus, wie die Dichter die Natur erleben.

Eduard Mörike **Er ist's**

Frühling lässt sein blaues Band
Wieder flattern durch die Lüfte;
Süße, wohlbekannte Düfte
Streifen ahnungsvoll das Land.
5 Veilchen träumen schon,
Wollen balde kommen.
– Horch, von fern ein leiser Harfenton!
Frühling, ja du bist's!
Dich hab ich vernommen!

Eugen Roth **Der Baum**

Zu fällen einen schönen Baum,
braucht's eine Viertelstunde kaum.
Zu wachsen, bis man ihn bewundert,
braucht er, bedenkt es, ein Jahrhundert.

Theodor Fontane **Mittag**

Am Waldessaume träumt die Föhre,
Am Himmel weiße Wölkchen nur,
Es ist so still, dass ich sie *höre*,
Die tiefe Stille der Natur.

5 Rings Sonnenschein auf Wies' und Wegen,
Die Wipfel stumm, kein Lüftchen wach,
Und doch, es klingt, als ström ein Regen
Leis tönend auf das Blätterdach.

b Vergleiche die Aussagen der Gedichte mit deinen eigenen
Erfahrungen. Beschreibe, was für dich neu ist.

2 Fasse zusammen, was du bereits über Gedichte weißt. Was ist das Besondere an einem Gedicht? Wie ist es aufgebaut?

> **!** In einem **Gedicht** möchte der Autor seine Gedanken und Gefühle ausdrücken, dabei verwendet er oft sprachliche Bilder.
> Gedichte kann man in Strophen unterteilen, die aus mehreren Versen (Gedichtzeilen) bestehen. Gedichte haben einen bestimmten Rhythmus und können sich reimen.

3 Untersuche die Reime in den Gedichten auf S. 86 genauer.

a Beschreibe, wodurch sie sich unterscheiden.

b Es gibt verschiedene Reimschemata, z. B. Paarreime und Kreuzreime. Erkläre diese Bezeichnungen und ordne ihnen je ein Gedicht von S. 86 zu.

●●● **c** In einem der Gedichte auf S. 86 kommt ein umarmender Reim vor. Was stellst du dir darunter vor? Nenne den Titel des Gedichts.

> **!** Das **Reimschema** kannst du dir verdeutlichen, indem du jedem Vers einen Buchstaben gibst, Reime bekommen den gleichen Buchstaben.
>
> | **Paarreim:** zwei direkt aufeinanderfolgende Verse reimen sich | **Kreuzreim:** ein Vers reimt sich jeweils mit dem übernächsten | **umarmender Reim:** ein Paarreim wird von einem anderen umschlossen |
> |---|---|---|
> | … Haus.   a ⌐
 … Maus.   a ⌐
 … Geld.   b ⌐
 … Feld.   b ⌐ | … Haus.   a ⌐
 … Feld.   b ⌐
 … Maus.   a ⌐
 … Geld.   b ⌐ | … Haus.   a ⌐
 … Feld.   b ⌐
 … Geld.   b ⌐
 … Maus.   a ⌐ |

4 Das Gedicht »Er ist's« von Eduard Mörike wurde vertont.

TIPP
Es gibt ein Hörbuch mit dem gleichen Namen.

a Sucht in eurer Bibliothek oder im Internet nach einer Vertonung.

b Hört euch die Vertonung an und beschreibt die Grundstimmung des Gedichts, die durch den Vortrag zum Ausdruck kommt.

5 Bereite nun das Gedicht »Er ist's« für deinen eigenen Lesevortrag vor.

a Lies das Gedicht zuerst mehrmals nur für dich (laut, halblaut oder leise, wie du möchtest). Achte auf die Satzzeichen, z.B. Kommas, Punkte, Ausrufezeichen und den Gedankenstrich.

b Trage jetzt Lesehilfen ein, die deinen Gedichtvortrag unterstützen sollen. Nimm dazu den folgenden Rahmen zu Hilfe.

TIPP
Nutze am besten eine Kopie des Gedichts.
Wenn du im Buch arbeiten möchtest, lege eine Folie auf.

So kannst du deinen Gedichtvortrag mit Lesehilfen vorbereiten
1. Unterstreiche die Wörter und Wortgruppen, die du betonen willst.
2. Setze einen Schrägstrich für eine kurze Pause, /
zwei Schrägstriche für eine lange Pause. //
3. Zeichne die Satzmelodie ein:
Stimme senken ⌐   Stimme heben ⌐
4. Bringe die Grundstimmung des Gedichts durch deinen Tonfall zum Ausdruck: fröhlich, laut, leise usw.
5. Beachte dein Sprechtempo.

Eduard Mörike // **Er ist's**

Frühling lässt sein blaues Band /

Wieder flattern durch die Lüfte; // ⌐

 c Tragt euch das Gedicht gegenseitig vor. Gebt Hinweise, was noch verbessert werden könnte.

6

 a Überlegt euch, wie man das Gedicht »Mittag« (S.86) im Rollenspiel darstellen könnte. Jemand stellt die Föhre dar, die weißen Wölkchen usw.

 b Bereite das Gedicht »Mittag« (S.86) für deinen Lesevortrag vor.

Was habe ich gelernt?

7 Überprüfe, was du über das Vortragen eines Gedichts gelernt hast. Beantworte dazu folgende Frage.

Was muss ich beim Vortragen eines Gedichts beachten?

Ein Gedicht auswendig lernen

a Du sollst nun ein Gedicht auswendig lernen. Wähle eines aus.

b Überlege zuerst, ob dir der Inhalt des Gedichts verständlich ist. Kläre unbekannte Wörter oder Textstellen. Stelle dir den Inhalt bildlich vor.

TIPP
Du kannst auch eins der Gedichte auf S. 86 nutzen.

a Bereite den Gedichtvortrag mithilfe von Lesehilfen vor.

Eugen Roth // **Der Baum**

Zu fällen einen schönen Baum, /

braucht's eine Viertelstunde ⟍ kaum. //

Zu wachsen ⌣, bis man ihn bewundert, /

braucht er, / bedenkt es, / ein Jahrhundert. ⟍

b Lies das Gedicht mehrmals laut vor. Du kannst auch verschiedene Varianten aufnehmen und dir den besten Lesevortrag vorspielen.

TIPP
Du kannst die Strophen auch aus dem Gedächtnis aufschreiben und dich so kontrollieren.

 So kannst du ein Gedicht auswendig lernen
Du wählst zwischen **Teil-Lernmethode** und **Ganz-Lernmethode** aus.
Teil-Lernmethode:
1. Lerne das Gedicht in Abschnitten auswendig, Vers für Vers, Strophe für Strophe.
2. Beginne mit der ersten Strophe und wiederhole diese mehrmals.
3. Nun nimmst du dir die nächste, dann wieder die nächste vor, bis du alle Strophen auswendig kannst.
4. Sage das ganze Gedicht auf.
Ganz-Lernmethode:
1. Lerne das Gedicht als Ganzes auswendig.
2. Beginne wie bei der Teil-Lernmethode, sage aber immer das ganze Gedicht auf. Weißt du nicht mehr weiter, beginne von vorn.

a Lerne das Gedicht mithilfe der Teil-Lernmethode auswendig.

b Wiederhole das Gelernte mehrfach. Achte auf den Rhythmus und den Reim. Verteile das Lernen auf mehrere Tage.

Annette von Droste-Hülshoff

Der Frühling ist die schönste Zeit!

Der Frühling ist die schönste Zeit!
Was kann wohl schöner sein?
Da grünt und blüht es weit und breit
Im goldnen Sonnenschein.

5　Am Berghang schmilzt der letzte Schnee,
Das Bächlein rauscht zu Tal,
Es grünt die Saat, es blinkt der See
Im Frühlingssonnenstrahl.

Die Lerchen singen überall,
10　Die Amsel schlägt im Wald!
Nun kommt die liebe Nachtigall
Und auch der Kuckuck bald.

Nun jauchzet alles weit und breit,
Da stimmen froh wir ein:
15　Der Frühling ist die schönste Zeit!
Was kann wohl schöner sein?

Theodor Storm

April

Das ist die Drossel, die da schlägt,
Der Frühling, der mein Herz bewegt;
Ich fühle, die sich hold bezeigen,
Die Geister aus der Erde steigen.
5　Das Leben fließet wie ein Traum –
Mir ist wie Blume, Blatt und Baum.

1 Vergleiche, wie in beiden Gedichten der Frühling beschrieben wird.

2 Erkläre, warum die Menschen den Frühling besonders schätzen.

3 Beschreibe die Form der beiden Gedichte und vergleiche sie.

Ernst Jandl

auf dem land

rininininininininDER
brüllüllüllüllüllüllüllüllEN

schweineineineineineineineinE
grununununununununununZEN

5 hununununununununununDE
bellellellellellellellellEN

katatatatatatatatZEN
miauiauiauiauiauiauiauiauEN

katatatatatatatatER
10 schnurrurrurrurrurrurrurrurrEN

gänänänänänänänSE
schnattattattattattattattattERN

ziegiegiegiegiegiegiegEN
meckeckeckeckeckeckeckeckERN

15 bienienienienienienienEN
summummummummummummummummEN

grillillillillillillillillEN
zirirlrirlrirlrirlrPEN

...

1

a Ergänze weitere Tiere und die Geräusche, die sie machen.

b Trage das Gedicht vor.

● ● ● **2** Schreibe dein eigenes Lautgedicht mit dem Titel »in der stadt«.

a Notiere zunächst, welche Geräusche in der Stadt zu hören sind.

b Formuliere die Geräusche in Versen.

Jürg Schubiger

Herbstgedicht

Ich schreibe dir ein Herbstgedicht
Von überreifen Birnen.
Um Äpfel, Zwetschgen geht es nicht:
Dies ist ein reines Birngedicht,
5 so tief im Laub und gelb im Licht,
so schwer, dass hier die Zeile   b
                                  r
                                   i
                                 c
                                   h
                                    t.

Wolfgang Bächler

Der Nebel

Der Nebel ist unersättlich.
Er frißt alle Bäume, die Häuser,
die parkenden Autos,
die Sterne, den Mond.

5 Der Nebel rückt näher,
unförmig gemästet,
wird dicker und dicker,
drückt gegen die Mauer,
leckt an den Fenstern
10 mit feuchter Zunge,
mit grau belegter,
frißt alles,
frißt dich. Ⓡ

❶ Was erfährst du in den beiden Gedichten über den Herbst?

❷ Beschreibe die Stimmung, die du beim Lesen der Gedichte gefühlt hast.

❸ Der Nebel wird bei Wolfgang Bächler wie eine Person dargestellt.
Zähle auf, was er macht.

Irmela Brender

Wolkenbilder

Jennifer und Florian
schauen sich die Wolken an.
Dauernd ändert sich das Bild,
das da aus dem Himmel quillt:

5 Zuckerwatte, Sahneeis
wogen luftig, cremig, weiß.
Grauer Rauch ballt sich am Rand
zur enormen Rächerhand.

Riesen schlagen eine Schlacht
10 gegen eine Geistermacht,
die beim Angriff rasch verweht
und in zartem Dunst vergeht.

Florian, der Pflanzen liebt,
sieht, dass es da Engel gibt.
15 Rund, in wallendem Gewand
knien sie vor der Wolkenwand.

»Ob, wenn hier die Blumen welken,
dort die Engel Wolken melken?
Und ob aus den Wolkenkühen
20 manchmal Schnee und Hagel sprühen?«

Er hat Jennifer gefragt.
Sie denkt nach, bevor sie sagt:
»Kann schon sein. Ich seh dort drüben
Elefanten Weitsprung üben.

25 Einer ist jetzt hingefallen
und zerschmilzt in lauter Quallen,
wie sie sonst in Meeren treiben.
Gar nicht einfach zu beschreiben.«

Florian sieht keine Quallen,
30 sieht nur Wasserfälle fallen
und dazwischen Krokodile,
ganz vertieft in wilde Spiele.

»Alles ändert sich im Nu –
ich seh dies, und das siehst du.
35 Aber es ist wunderschön,
in den Wolken fernzusehn.«

1 Finde heraus, welche Wolkenbilder
Jennifer erkennen kann und was
Florian in den Wolken sieht.

2 Erkläre die letzte Strophe.

3 Untersuche die äußere Form
des Gedichts.
Bestimme das Reimschema.

Salvador Dalí: Paar, die Köpfe voller Wolken

Mascha Kaléko

Der Winter

Die Pelzkappe voll mit schneeigen Tupfen,
behäng ich die Bäume mit hellem Kristall.
Ich bringe die Weihnacht und bringe den Schnupfen,
Silvester und Halsweh und Karneval.
5 Ich komme mit Schlitten aus Nord und Nord-Ost.
– Gestatten Sie: Winter. Mit Vornamen: Frost.

Wolfgang Borchert

Winter

Jetzt hat der rote Briefkasten
eine weiße Mütze auf,
schief und verwegen.
Mancher hat bei Glatteis
5 plötzlich gelegen,
der sonst so standhaft war.
Aber der Schnee hat leis
und wunderbar
geblinkt auf Tannenbäumen.
10 Was wohl jetzt die Schmetterlinge träumen?

1 Welches der beiden Gedichte gefällt dir besser?
Begründe deine Meinung.

→ S.87 Reimschema
2 Vergleiche die Form der beiden Gedichte.
Liegt jeweils ein Reimschema vor?

3 Zähle auf, welche Merkmale der Jahreszeit Winter in beiden Gedichten
genannt werden.

→ S.253 Merkwissen
4 Verfasse zu einem der Gedichte ein Parallelgedicht und stelle es
deiner Klasse vor.

Erika Engel

Sind die Lichter angezündet

Sind die Lichter angezündet,
Freude zieht in jeden Raum;
Weihnachtsfreude wird verkündet
unter jedem Lichterbaum.
5 Leuchte, Licht, mit hellem Schein,
überall soll Freude sein.

Süße Dinge, schöne Gaben
gehen nun von Hand zu Hand.
Jedes Kind soll Freude haben,
10 jedes Kind in jedem Land.
Leuchte, Licht, mit hellem Schein,
überall soll Freude sein.

Sind die Lichter angezündet,
rings ist jeder Raum erhellt.
15 Weihnachtsfriede wird verkündet,
zieht hinaus in alle Welt.
Leuchte, Licht, mit hellem Schein,
überall soll Friede sein.

Nikolaus
lieber Gesell
fülle meine Stiefel
mit Süßkram und Nüssen
mmmh

1 Beschreibe die Stimmung des Gedichts von Erika Engel.

→ S. 252 Merkwissen   **2** Lies das Elfchen über den Nikolaus. Verfasse nach dem gleichen
Muster Weihnachtselfchen. Du kannst sie als Baumschmuck gestalten
und verschenken.

Weihnachten

 **3** Zu dem Gedicht »Sind die Lichter angezündet« gibt es eine Melodie
von Hans Sandig. Singt das Lied der Klasse vor.

In einer Bibliothek Informationen suchen

1 Du kennst bereits verschiedene Sagen, die entstanden, weil sich die Menschen in früherer Zeit viele Dinge nicht erklären konnten.

a Trage zusammen, an welche Sagen du dich erinnern kannst.

→ **S.51** Sagen lesen und verstehen

b Sicher ist deine Heimatregion auch reich an »Sagenhaftem«. Welche Ortssagen aus deiner Heimatregion kennst du?

→ **S.239** Orts- und Flurnamen

c Trage zusammen, welche Flurnamen es in deiner Region gibt, die man eventuell durch eine Sage erklären könnte.

d Überlege, wo du Sagen über deine Region finden könntest.

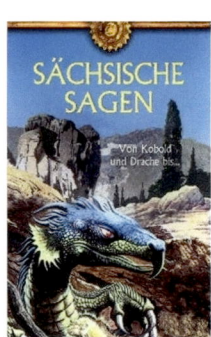

2 Eine Möglichkeit, Bücher mit Sagen zu finden, ist die Bibliothek.

a Um Leser/in einer Bibliothek zu werden, muss man ein Anmeldeformular ausfüllen. Sieh dir das folgende Beispiel an.

Anmeldeformular

Name

Kunden-Nr. (wird von der Stadtbibliothek eingetragen)

Vorname

Straße

Geburtsdatum

☐ . ☐ . ☐

PLZ, Wohnort

Telefon

Name d. Erziehungsberechtigten

Anschrift (nur, wenn sie nicht mit der oben genannten identisch ist)

Ich erkenne die Benutzungsordnung und Gebührensatzung der Stadtbibliothek … an und bin mit der elektronischen Speicherung der Daten zum Zweck der Ausleihverbuchung einverstanden. Meinem Kind gestatte ich die Nutzung des Internets.

Ort, Datum

Unterschrift des Erziehungsberechtigten

---

b Suche heraus, welche Angaben du unbedingt eintragen musst.

c Überlege, welche Unterlagen du zur Anmeldung brauchst.

d Besorge dir ein Formular der Bibliothek, die für dich am günstigsten zu erreichen ist, und fülle es aus.

3 Wenn du Leserin / Leser einer Bibliothek bist, kannst du nach Herzenslust in den Regalen herumstöbern. Allerdings gibt es in einer Bibliothek eine Benutzungsordnung.

a Lies die folgenden Nutzungsbedingungen und begründe, warum sie unbedingt eingehalten werden sollten.

Nutzungsbedingungen
- Die Ausleihfrist beträgt vier Wochen.
  Alle Materialien sind pünktlich zurückzubringen.
- Das Ausleihen ist grundsätzlich kostenlos.
- Werden entliehene Materialien nicht pünktlich zurückgegeben, dann muss eine Versäumnisgebühr bezahlt werden.
- Alle entliehenen Materialien sind sorgfältig zu behandeln.
- Das Essen und Trinken ist nur in den dafür vorgesehenen Räumen gestattet.
- Lärm und Unruhe sind zu vermeiden.

b Lies die Nutzungsbedingungen deiner Bibliothek und vergleiche sie mit den in Aufgabe a genannten. Was stellst du fest?

! Wenn du in der **Bibliothek** ein bestimmtes Buch ausleihen möchtest, suchst du es am besten im **alphabetischen Katalog**.
Auf der Karteikarte findest du Angaben zum Buch (Titel und Untertitel, Autor bzw. Herausgeber, Verlag und Erscheinungsjahr, ISBN u.a.).
Außerdem steht auf der Karte eine **Signatur**. Sie gibt an, wo das Buch in der Bibliothek zu finden ist.

4 Sieh dir die Karteikarte aus dem alphabetischen Katalog an.
Suche die folgenden Angaben zu dem Buch heraus.

- Autor
- Erscheinungsjahr
- ISBN
- Verlag
- Signatur
- Titel und Untertitel

Schmied, Hartmut: Geister, Götter, Teufelssteine:

Sagen- & Legendenführer Mecklenburg-Vorpommern;

161 geheimnisvolle Stätten in 115 Orten…

Rostock: Hinstorff Verl., 2005. – 223 S.: Ill. ISBN 3-356-01110-3

L 212

> **!** Wenn du nach einem Thema suchst und noch keinen genauen
> Buchtitel kennst, nutze den **systematischen Katalog**
> deiner Bibliothek.
> Überlege dir Schlagworte, nach denen du suchen kannst, z. B.:
> *Deutsche Literatur, Sage, Mecklenburg-Vorpommern*.

→ S.173 Ober- und Unterbegriffe

→ S.55 Lesestoff

5 Überlege dir Schlagworte für deine Suche im systematischen Katalog,
wenn du Bücher zu folgenden Themen suchst.

1 Wie die Insel Rügen entstanden ist
2 Woher das Dorf Neschwitz seinen Namen hat
3 Die besiegte Mittagsfrau

> **!** Die meisten großen Bibliotheken verfügen über einen **Onlinekatalog
> im Internet**. Hier kannst du sowohl nach Schlagworten als auch nach
> Autoren und Titeln von Büchern suchen.

6 Die Stadtbibliothek Leipzig bietet im Internet einen Onlinekatalog an.

a Suche in diesem Onlinekatalog nach Sagen, in denen etwas
über die Insel Rügen zu erfahren ist.

b Tauscht euch über eure Suchergebnisse aus.
Überprüft, welche der Bücher ihr entleihen könntet.

So kannst du in einem Onlinekatalog suchen
1. Über die Internetadresse gelangst du zum Onlinekatalog deiner Bibliothek.
2. Schreibe in das Eingabefeld folgende Angaben:
   • den gesuchten Buchtitel, z.B. *Sagen der Insel Rügen,*
   • den Autor, z.B. *Burkhardt, Albert,* oder
   • das Schlagwort, z.B. *Sagen.*
3. Klicke auf das Feld »Suchen«.
4. Klicke eines der Suchergebnisse an. Du erfährst, in welchem Regal das Buch steht und ob du es ausleihen kannst.

7 Probiere die Arbeit mit Bibliothekskatalogen aus. Suche nach Büchern zum Thema »Heimatsagen« deiner Region.

a Stelle fest, welche Kataloge es in deiner Bibliothek gibt.

b Probiere aus, in welchem Katalog du am schnellsten Bücher zum Thema »Heimatsagen« findest. Schreibe die Bücher auf, die du dir genauer ansehen möchtest.

c Tausche dich mit deinen Mitschülerinnen und Mitschülern über deine Ergebnisse und Erfahrungen aus.

So kannst du geeignete Bücher auswählen
1. Lies den Titel und gegebenenfalls den Untertitel des Buches.
2. Lies die Inhaltsangabe auf dem Umschlag.
3. Sieh dir das Inhaltsverzeichnis an.
4. Blättere im Buch und verschaffe dir einen ersten Eindruck.
5. Überfliege den gefundenen Text und überprüfe, ob er die gesuchte Information enthält.

→ S.63 Den Inhalt
eines Textes erfassen

Was habe ich gelernt?

8 Überprüfe, was du über das Suchen von Informationen in einer Bibliothek gelernt hast. Beantworte dazu die folgenden Fragen.

1 Worauf musst du achten, wenn du in einem alphabetischen Katalog suchst?
2 Worauf musst du achten, wenn du in einem systematischen Katalog suchst?

Ein Buch vorstellen

1 Tom findet in der Bibliothek ein Buch, das ihn neugierig macht.

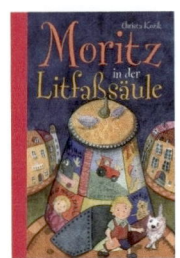

a Lies den Klappentext und schau dir den Umschlag an.

Moritz, der von zu Hause ausgerissen ist, versteckt sich in einer Litfaßsäule. Dort trifft er eine sprechende Katze, mit der er sich über viele Fragen des Lebens unterhält.

b Würde euch das Buch interessieren? Tauscht euch aus und begründet eure Meinung.

2 Tom leiht das Buch aus und nimmt es mit nach Hause.

a Lies den folgenden Ausschnitt aus dem Buch.

Christa Kožik

Moritz in der Litfaßsäule

Moritz blätterte in der Zeitung. »Die Ernte ist eingebracht, im Weitspringen haben wir einen neuen Weltrekord. Und auf den Schneckeninseln ist eine Überschwemmung.«
»Wo liegen die denn?«, fragte die Katze interessiert.
5 »Keine Ahnung. Vielleicht im Erdinnern. Hier, kannst selber weiterlesen.« Er warf ihr die Zeitung vor die Nase.
»Danke, ich habe jetzt keine Lust zu lesen.«
Moritz sah sie verschmitzt an. »Gib doch zu, du kannst gar nicht lesen.« Und er freute sich sehr, dass sie endlich mal was nicht
10 konnte. »Ich kann lesen«, behauptete sie. »Aber nur Schilder: KINO, EIS und PIZZA.« »Bücher nicht?« »Bücher interessieren mich nicht. Sie riechen langweilig, nach Staub. Und von Staub muss ich niesen.« Und sie nieste zur Anschauung gleich ein piepsiges Niesen.
15 »Ich finde Bücher gut. Man liest so ein Buch, und das Kind im Buch heißt zwar ganz anders, aber man denkt, man erlebt alles selber, für eine Weile jedenfalls. Das macht Spaß. Auf diese Weise kann man viele Leben leben«, erklärte Moritz.
»Das ist aber gefährlich. Kann man sich da nicht verwechseln?«,
20 fragte die Katze.
»Ach, Quatsch. Das meiste vergisst man bald wieder. Nur manche Bücher, die hat man immer in sich. Man vergisst sie nie.«

b Fasse zusammen, was Moritz über Bücher sagt.

c Welche Bücher hast du nicht vergessen? Begründe, warum.

3 Tom hat ein Plakat zum Buch »Moritz in der Litfaßsäule« gestaltet. Untersuche das Plakat.

a Beschreibe, was er gemalt hat.

b Gib wieder, was er geschrieben hat.

c Beschreibe, wie er die Informationen geordnet hat.

So kannst du ein Leseplakat gestalten
1. Schreibe den Autor und den Titel des Buches als Überschrift.
2. Fasse den Inhalt zusammen oder schreibe den Klappentext ab.
3. Zeichne eine oder verschiedene Figuren aus dem Buch. Ergänze eine Sprechblase mit einem charakteristischen Satz dieser Person. Schreibe die Namen der Figuren dazu.
4. Stelle die Hauptperson mit ihren Eigenschaften vor.
5. Zeichne ein Bild oder einen Comic zum Text.
6. Schreibe die schönsten Textstellen heraus.

Was habe ich gelernt?

4 Überprüfe, was du über die Buchvorstellung gelernt hast. Stelle dein Lieblingsbuch auf einem Leseplakat vor.

Im Internet Informationen suchen

> **!** Das **Internet** ist ein weltweites Netz von Computern. Mit seiner Hilfe kannst du dir Informationen über verschiedene Wissensgebiete besorgen. Zu diesem Zweck »surfst« du im World Wide Web (www), indem du verschiedene Internetseiten aufrufst.
> Suchmaschinen für Kinder sind z.B. http://www.blinde-kuh.de oder http://www.spielstrasse.de.

Adressfeld

Suchfeld

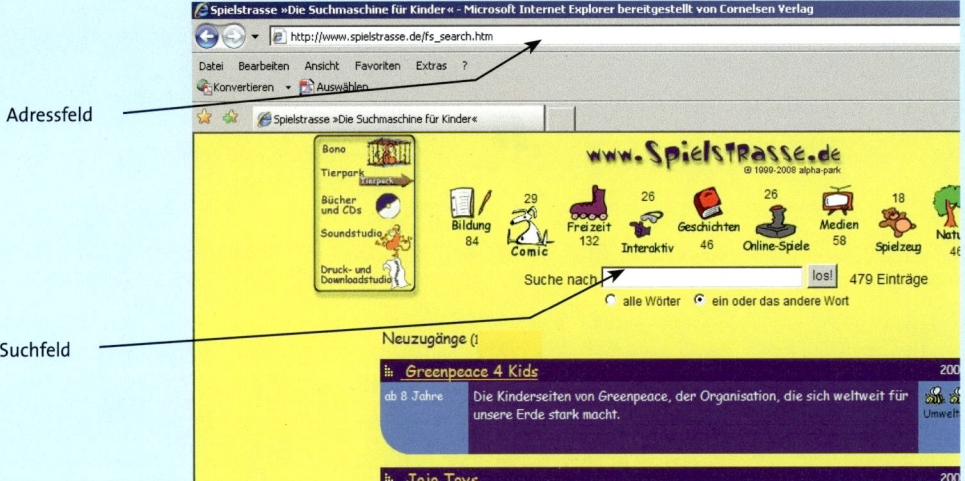

 So kannst du mit einer Suchmaschine arbeiten
1. Überlege dir, zu welchem Thema du Informationen brauchst.
2. Gib ein Suchwort / mehrere Suchwörter ein.
3. Klicke auf das Feld »Suchen«.
4. Wähle ein Suchergebnis aus und klicke es an.

1

a Wähle eine der beiden Suchmaschinen für Kinder aus. Gib die Adresse in das Adressfeld des Internetfensters ein. Beschreibe den Aufbau der Internetseite, die sich öffnet. Lies dir auch die Erklärungen durch, die sie enthält.

b Beschreibe jetzt die Internetseite der anderen Suchmaschine. Gehe dabei vor wie in Aufgabe a.

c Entscheide, welche Suchmaschine du zuerst verwenden würdest, um nach Informationen zu suchen. Begründe deine Entscheidung.

2 Um eine Suchmaschine erfolgreich nutzen zu können, benötigst du einen geeigneten Suchbegriff.

a Überlege, welchen Suchbegriff du am besten verwendest, wenn du im Internet z.B. Informationen zu einem Kinderbuch lesen möchtest.

b Probiere nacheinander beide Suchmaschinen aus, die im Merkkasten auf Seite 102 genannt werden. Schreibe deinen Suchbegriff in das jeweilige Eingabefeld und klicke auf »Suchen« bzw. »los!«.

c Beschreibe, was nach der Eingabe des Suchbegriffs passiert. Wie viele Ergebnisse haben die Suchmaschinen gefunden?

d Nimm das Ergebnis, das deiner Meinung nach am besten zur gesuchten Information passt, und klicke es an. Findest du das von dir Erwartete?

> **!** Viele Suchmaschinen bieten auch **Web-Kataloge** an. Das sind Sammlungen von Internetadressen, die bereits nach bestimmten Themen oder Sachgebieten sortiert sind.

3 Gehe auf die Seite der Suchmaschine http://www.spielstrasse.de, dort findest du viele Katalogeinträge. Die Zahl über oder unter den Symbolen zeigt dir an, wie viele Adressen zu einem Gebiet gefunden wurden.

Web-Katalog

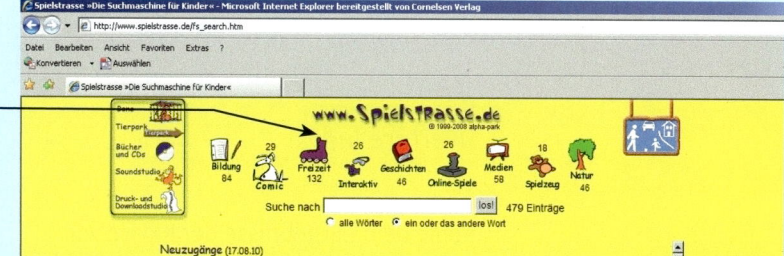

a Klicke auf das Feld »Geschichten«. Überprüfe, ob du in diesem Katalog auch Informationen zu Kinderbüchern findest.

b Tauscht euch darüber aus, welcher Weg schneller zur Information geführt hat: über die Suchmaschine oder über den Web-Katalog?

Mit Kinderbüchern umgehen

1 »Wer lesen und schreiben kann, hat vier Augen.«

a Erkläre dieses albanische Sprichwort.

b Sieh dir die abgebildeten Einbände von Kinderbüchern an.
Welche kennst du oder hast du bereits gelesen?
Wie haben sie dir gefallen?

c Entscheide dich für einen der folgenden Arbeitsaufträge.

TIPP
Preisgekrönte
Kinderbücher
findest du z. B. auf
der Internetseite
www.goethe.de
(Suchwort:
Kinderbücher).

1. Suche im Internet nach Kinderbüchern, die einen Preis bekommen
haben. Fasse deine Ergebnisse auf Karteikarten zusammen.

Autor/in:

Titel:

Seitenzahl:

Preis:

Weitere Infos:

Stelle deine Ergebnisse der Klasse vor.

→ S. 96 In einer
Bibliothek
Informationen
suchen

2. Gehe in die Bibliothek und informiere dich über das Angebot an
Kinderbüchern für deine Altersklasse. Kläre die folgenden Fragen:
   • Wie viele verschiedene Kinderbücher für deine Altersklasse
     gibt es?
   • Welche der Bücher werden am häufigsten ausgeliehen?
   • Wann wurden diese Bücher geschrieben?

3. Frage bei deinen Großeltern, Eltern, Geschwistern und Mitschülern nach, welche Kinderbücher sie am liebsten gelesen haben bzw. lesen. Stelle eine »Generationshitliste« zusammen.

Die Lieblingsbücher meiner…	
Großeltern	»Die rote Zora und ihre Bande«
Eltern	…
Tanten, Onkel	
älteren Geschwister	
jüngeren Geschwister	
Freundinnen, Freunde	

!

Die **Kinder- und Jugendliteratur** ist ein Teil der deutschen und der Weltliteratur. Bereits im 18. Jahrhundert wurden speziell für Kinder und Jugendliche Bücher geschrieben, in denen ihr Alltag, ihre Sorgen und Probleme, aber auch ihre Träume, Hoffnungen und Fantasien im Mittelpunkt standen. Bekannte Schriftsteller sind z. B. Wilhelm Busch, Mark Twain, Erich Kästner, Astrid Lindgren, Gerhard Holtz-Baumert, Christa Kožik, Michael Ende und Christine Nöstlinger.

2 Christine Nöstlinger schrieb das Kinderbuch »Dicke Didi, fetter Felix«.

a Lies den folgenden Textausschnitt vom Beginn des Buches.

Und dann gab es in der Siedlung »Frohe Eintracht« bis vor einem Jahr noch die dicke Didi und den fetten Felix.
Die dicke Didi wohnte am Amselweg. Der fette Felix wohnte am Nachtigallenweg. Trotzdem waren sie Nachbarn, weil
5 der Amselweg der Weg neben dem Nachtigallenweg war und Didis Garten dort aufhörte, wo der Garten von Felix anfing.
Didi und Felix waren gleich alt und gleich groß. Viele Leute hielten sie für Zwillinge. Das lag am Fett. Fette Bäuche sehen einander ähnlich. Fette Beine auch. Und Augen, eingezwängt zwischen
10 dicken Wangen und feisten Stirnen, schauen auch gleich aus.
Dabei hatte Didi blaue Augen und Felix braune. Und Didi, wäre das Fett nicht gewesen, hätte eine Spitznase gehabt – wie ihre Mutter. Und Felix, ohne Fett, eine Kugelnase – wie sein Vater.

b Fasse zusammen, was du aus diesem Textausschnitt erfährst.

c Tausche dich mit deinen Mitschülerinnen und Mitschülern darüber aus, wie es mit den beiden weitergehen könnte. Stelle mithilfe des folgenden Klappentextes des Buches Vermutungen an.

> Die dicke Didi und der fette Felix sind Freunde – notgedrungen, weil die anderen Kinder sie nur auslachen und nichts mit ihnen zu tun haben wollen. Das ist zwar ungerecht, aber Didi macht es nicht mehr so viel aus, seit sie in Felix verliebt ist. Als sich die
> 5 Situation schlagartig ändert, ist Didi zuerst verzweifelt. Doch dann entdeckt sie, was man alles mit Wut im Bauch statt mit Tränen in den Augen erreichen kann.

d Gestalte mithilfe des Textauszuges einen passenden Einband für das Buch.

TIPP
Beachte auch den Titel des Buches.

e Vergleicht eure Entwürfe in der Klasse und besprecht, welche am besten gelungen sind. Begründet eure Meinungen.

→ S.96 In einer Bibliothek Informationen suchen

3 Besorgt euch das Buch aus der Bibliothek.

a Seht es euch genau an und beantwortet die folgenden Fragen. Tauscht euch über eure Ergebnisse in der Klasse aus.

1 Welche äußere Form hat das Buch: Hat es einen festen Einband oder ist es ein Taschenbuch?
2 Wie ist der Einband gestaltet?
3 Welche Informationen findet ihr auf dem Einband?
4 Welche Angaben sind auf den ersten und den letzten Seiten enthalten?
5 Wer hat das Buch illustriert? Passen die Illustrationen zum Inhalt der Kapitel?
6 Gefällt dir die Gestaltung des Buches insgesamt?

b Nimm ein anderes Kinderbuch zur Hand und sieh es dir genau an. Gehe dabei vor wie in Aufgabe a. Übertrage die folgende Tabelle in dein Heft und notiere Angaben zu den Büchern. Finde Gemeinsamkeiten und Unterschiede heraus.

	»Dicke Didi,…«	…
äußere Form	fester Einband	…
Einbandgestaltung	…	…

→ S. 117 Lesestoff

 4 Comics stehen ganz oben auf der Liste der beliebtesten Bücher.

a Macht gemeinsam ein Brainstorming zum Thema Comics.
Sucht mögliche Gründe, warum Kinder oft lieber zum Comic als
zum Buch greifen.

– durch dazugehörige Bilder leichter zu verstehen ...

b Welche Comic-Helden kennst du? Suche dir einen aus, zeichne ihn auf
oder verfasse eine Beschreibung.

 c Bringt Zeitungen und Kataloge mit, aus denen ihr etwas
ausschneiden dürft. Entwerft einen eigenen Comic.

So könnt ihr einen eigenen Comic gestalten
1. Einigt euch auf einen euch bekannten Witz.
2. Stellt fest, wie viele Personen eine Rolle spielen und in welcher
   Umgebung sie sich befinden.
3. Teilt den Witz in mehrere Szenen auf.
4. Überlegt euch die Inhalte der Sprechblasen und Blocktexte bzw.
   Zwischentexte.
5. Sucht in den Zeitungen passende Köpfe, Hintergründe usw.
6. Klebt euren Comic auf und vervollständigt ihn mit Sprechblasen,
   Symbolen und den weiteren Merkmalen dieser Textsorte.
7. Gestaltet ihn, wenn nötig, noch farbig.

TIPP
Wer gut zeichnet,
kann natürlich
auch selbst einen
Comic gestalten
(z. B. nach einer
Sage).

Das Lesetagebuch

Ein Lesetagebuch ist ein persönliches Heft, in das du beim Lesen
eines Buches deine Gedanken, Fragen und Gefühle schreibst.
Außerdem notierst du wichtige Informationen zu Handlung
und Personen. Wie du ein Lesetagebuch führen kannst, zeigen dir
die folgenden Schritte:

1. Vor dem Lesen

Gestalte das Deckblatt deines
Lesetagebuchs. Schreibe auf, was
du über den Titel denkst und
welche Erwartungen der Klappentext bei dir weckt.

> Lesetagebuch von
> Leonard
> zu »Die Kurzhosengang«
> Begonnen am : 25. April
> Beendet am: 3. Mai

2. Beim Lesen

Beginne jeden neuen Eintrag in
deinem Heft mit Datum und
Seitenangaben. Schreibe auf,
- was in dem Kapitel passiert ist
  und wie du darüber denkst,
- was du über die Personen
  erfahren hast
  und wie sie auf dich wirken,
- was du nicht verstanden hast.

Du kannst einen Satz abschreiben und erklären,
warum er dir aufgefallen ist.
Gib jedem gelesenen Textabschnitt eine eigene Überschrift.

> 26. April
> Seite… bis Seite…
> Personen: Rudolpho…
> inkognito = unerkannt

3. Nach dem Lesen

Schreibe auf, wie dir das Buch
gefallen hat.
Begründe deine Meinung.
Gestalte dein Heft. Zeichne
etwas zu der Geschichte oder
füge eigene Texte hinzu.

> 2. Mai
> Meine Eindrücke:
> ☺   ☹
> witzige   schwierige
> Jungs   Wörter

1 Richte zu dem folgenden Textauszug (S. 109) oder einem Text / Buch
deiner Wahl dein persönliches Lesetagebuch ein.
Die Aufgaben auf den folgenden Seiten helfen dir dabei.

Victor Caspak, Yves Lanois

Die Kurzhosengang

Rudolpho erzählt als Erster seine Geschichte
zu dem Namen »Kurzhosengang«.

Die Leute fragen oft, was es denn Wichtiges über die Kurzhosengang zu wissen gibt. Hier sind die fünf wichtigsten Punkte:
1) Die Kurzhosengang sitzt im Kino immer in der siebten Reihe
auf den Plätzen 22, 23, 24 und 25. Wir gehen nur am Samstagnach-
5 mittag ins Kino. Die Kurzhosengang würde sich lieber die Filme
im Abendprogramm ansehen, das könnt ihr mir glauben. Filme
wie *Blutiges Massaker* oder *Tot und begraben und dreimal draufge-
hauen.* Da wir aber nun mal elf Jahre alt sind, haben wir keine
große Wahl.
10 2) Zwar feiern wir erst nächstes Jahr unseren zwölften Geburtstag,
dennoch wissen wir, wo der Bus abfährt. Einmal im Monat fahren
Snickers' Eltern übers Wochenende aufs Land und dann bekommt
Snickers von der ganzen Gang Besuch. Das ist dann was. Kaum
haben die Eltern die Wohnung verlassen, sprintet Snickers zum
15 Telefon und ruft uns an.
»Die Luft ist rein!«
Fünf Minuten später erklingt vor dem Haus ein Dröhnen. Island
bremst, kickt den Seitenständer seiner Maschine raus und prüft
seine Frisur im Chrom des Auspuffs. Gleichzeitig komme ich
20 quietschend um die Kurve und berühre mit einem Knie den
Asphalt. Zement folgt mit einer Minute Verspätung und weiß
eigentlich noch nicht, dass er schon losgefahren ist.
Im Wohnzimmer erwarten uns dann Fernseher und Videorekorder
und Tüten mit Chips. Die Kurzhosengang ist ein Riesenfan von
25 Horrorfilmen. Am liebsten etwas mit Vampiren und viel Blut und
einer Menge Geschrei. Snickers' Schwester besorgt uns die Filme
aus der Videothek. Sie ist neunzehn und das schönste Mädchen
in ganz Kanada. [...]
3) Die Namen der Mitglieder der Kurzhosengang sind natürlich
30 nicht unsere richtigen Namen. Niemand wird geboren und heißt
Snickers oder Island oder Zement. Auch würde keine Mutter ihr
Kind Rudolpho nennen. So was nennt man *inkognito sein.* Wenn
jeder wüsste, wer die Mitglieder der Kurzhosengang sind, dann
würde hier aber die Post abgehen, das lasst euch mal gesagt sein.

35 4) Wir leben in einer kleinen kanadischen Stadt, in der jeder schon mal mit dem anderen gesprochen hat. Wenn wir auf die Straße gehen, sehen wir anders aus als zu Hause. Wir gucken und laufen und reden anders. Wir sind dann lässig wie Eiswürfel am Strand von Tahiti. Unsere Eltern gehen an uns vorbei und denken:

40 *Da ist ja wieder die Kurzhosengang.* Sie denken nicht: *Da sind ja unsere Kinder.* Die Kurzhosengang hat keine Kinder als Mitglieder. Wir tun nur so, als ob wir Kinder wären.

5) Die Kurzhosengang wurde mitten im Winter zur Kurzhosengang. Dieser Tag stellt ein bedeutendes Datum in der Weltge-

45 schichte dar. [...]

1 Notiere dir die wichtigen Informationen zu den Personen in dein Lesetagebuch.

2 Erkläre den Satz: »So was nennt man *inkognito sein.*« (Z. 32)

Wir hatten Sportunterricht. Draußen schneite und stürmte es, während wir durch die Turnhalle liefen und einem Basketball hinterherjagten. [...]

Mittendrin muss es passiert sein.

50 Vielleicht bekam Zement gerade wieder den Ball zugespielt, vielleicht wurde Island eben eingewechselt, vielleicht öffnete sich Snickers' Schnürsenkel und er bückte sich…

Was wir auch taten, mit einem Schlag ging das Licht aus und es war stockduster in der Turnhalle. Stockduster und unheimlich

55 still. In dieser Stille bekamen wir das erste Mal mit, was für ein Sturm da draußen tobte. Ich meine, wir befanden uns ja einige

Meter unter der Schule, dennoch hörten wir, wie der Sturm über das Land fegte. Das Tosen drang durch die Lüftung herein. Es klang wie ein Drachen, der sein Maul gegen die Wände der Schule

60 drückte und laut fauchte.

»Da draußen will ich jetzt aber nicht sein«, sagte ein Junge neben mir.

»Ich auch nicht«, hörte ich einen anderen Jungen sagen.

Dann war wieder Schweigen.

65 Ein böses Knattern und Rauschen kam von allen Seiten.

»Das ist nur der Wind«, sagte ein Junge.

»Was ist da oben bloß los?«, sagte ein anderer Junge.

»Wir sollten vielleicht…«

»KEINER RÜHRT SICH VON DER STELLE, BIS DAS LICHT

70 WIEDER AN IST!«, brüllte Kniescheibe.

Sein Brüllen klang im Dunkeln noch viel lauter. Wir rührten uns nicht von der Stelle und warteten. Irgendwann sagte eine Stimme völlig überrascht:

»Hupps, das Licht ist ja aus.«

75 Und dann schrie das erste Mädchen. […]

3 Was passiert in dieser Sportstunde?

4 Gib diesem Abschnitt eine Überschrift.

5 Schreibe in dein Lesetagebuch, wie du dich in dieser Situation gefühlt hättest und was du machen würdest.

Der Sportlehrer, den die Schüler Kniescheibe nennen, verletzt sich bei dem Versuch, die Turnhalle im Dunkeln zu verlassen. Zusammen mit der Sportlehrerin suchen die Jungen und Mädchen den Hausmeister.

Auf dem obersten Treppenabsatz öffnete ich die Tür und wollte eben durch den Flur zum Hausmeister rübergehen – doch ich stand im Freien. Snickers, Island und Zement stellten sich neben mich. Innerhalb von Sekunden waren wir alle vier mit einer

80 feinen Schicht Schnee bedeckt. Die Sportlehrerin bekam auch eine Ladung ab, dann scheuchte sie die Mädchen und Jungen wieder runter in die Turnhalle.

Jemand fing an zu weinen, jemand rief, dass die Welt untergeht, dann hörten wir nichts mehr von unserer Klasse.

85 »Wo ist die Schule?«, sagte Snickers.

»Wo ist mein Fahrrad?«, sagte Island.

»Wo sind wir?«, sagte Zement.

Wer genau hinsah, konnte erkennen, wo die Schule früher gestanden hatte. Ein paar Ziegelsteine lagen herum und

90 die Umrisse der Mauern waren auf dem Boden zu erkennen. Nur ein Teil vom Treppenhaus und der Türrahmen, der in die Turnhalle hinunterführte, standen noch aufrecht im Wind.

»Die Schule ist weg«, sagte ich und dann kreischten wir alle vier laut und rannten zu den anderen in die Turnhalle hinunter.

95 Später erfuhren wir, dass die gesamte Schule wegen Orkangefahr evakuiert worden war. Während wir unten unsere Aufwärm-übungen machten, war eine Rettungsmannschaft den Hügel hoch-getrabt. Alle Schüler und Lehrer waren gerettet worden, bevor die Schule vom Orkan in ihre Einzelteile zerlegt wurde. Ich hätte

100 gerne gesehen, wie das vor sich ging, das war sicher irre spannend. Und wir spielten die ganze Zeit über in der Turnhalle Basketball. Es hätte uns eigentlich mal jemand Bescheid sagen können. Aber nein, man hat uns einfach vergessen. [...]

Die Jungen beschließen, Hilfe zu holen. Sie erkennen bald, dass sie sich nur selbst helfen können. Sie gelangen zu einer verlassenen Feuerwehr.

Unser größtes Problem war, dass wir nur kurze Hosen und T-Shirts trugen. Unsere richtigen Klamotten lagen in der Umkleidekabine, die mit der Schule im Nichts verschwunden war. [...] Wir hätten in der Antarktis stehen können, so ein Gefühl war das. Vier Jungen in kurzen Hosen mitten in der Antarktis. [...]
Ein Hupen erklang. Zement winkte uns aus einem der drei Feuerwehrwagen, die wie polierte Münzen glänzten.
»Der Feuerwehrwagen hilft uns nicht«, sagte Snickers und suchte nach dem Telefon. Er fand es an einer Wand, hob den Hörer ab und lauschte.
»Tot«, sagte er und legte wieder auf.
»Der Feuerwagen hilft uns vielleicht doch«, sagte ich und stieg zu Zement in die Fahrerkabine.

Jetzt glaubt ihr vielleicht, ich hätte schon mal bei meinem Vater auf dem Schoß gesessen und wäre mit dem Auto durch die Landschaft gefahren. Falsch. Mein Vater besitzt nicht einmal ein Auto.
Aber wir haben mal ein Seifenkistenrennen gemacht, und ich dachte mir, wie anders konnte das denn sein.
Es war sehr anders.
Ich kam nicht mal an die Pedale ran.
»Ich mach das schon«, sagte Zement und kroch runter.

125 In Zeitlupe fuhren wir aus der Garage raus und wurden sofort vom Wind durchgeschüttelt. Der Scheibenwischer war viel zu schwach für den Schnee. Snickers hängte den Kopf aus dem Beifahrerfenster und rief mir zu, wohin ich lenken sollte. Ohne Snickers wäre ich sofort gegen eins der Häuser gefahren. Island saß am Schalt-

130 knüppel und bewegte ihn auf und ab, wie es ihm in den Kopf kam, während ich mit geschlossenen Augen lenkte. Ich hatte so eine Angst, in die falsche Richtung zu fahren, dass ich die Augen lieber geschlossen hielt.

»JETZT NACH LINKS!«, rief Snickers.

135 Und ich lenkte nach links.

»JETZT GAS GEBEN!«, rief Snickers.

Zement gab natürlich erst mal kein Gas, also trat ich ihm in den Hintern, Zement rief »AU!« und drückte das Gaspedal durch.

»KUPPELN!«

140 Zement drückte die Kupplung, Island haute den Schaltknüppel in alle möglichen Richtungen, dass er ihn beinahe abbrach. Das Feuerwehrauto zuckte wie ein wildes Pferd. Manchmal hatte ich das Gefühl, wir fuhren im Kreis, manchmal war ich mir sicher, dass wir überhaupt nicht fuhren, sondern

145 wie ein Schlitten dahinglitten und gleich an der kanadischen Grenze ankommen würden.

»JETZT EINFACH GERADEAUS!«, rief Snickers.

Und ich umklammerte das Lenkrad, presste die Augen fest zusammen und versuchte, den Feuerwehrwagen auf Geradeaus

150 zu halten.

»GERADEAUS HABE ICH GESAGT!«, rief Snickers.

Wir rasten dahin, wir keuchten laut und uns war so heiß, als würden wir direkt unter einer Höhensonne sitzen. Und als dann Snickers »HALT!« rief, trat ich Zement in den Hintern, und

155 Zement rief »AU!« und drückte die Bremse, und ich nahm die Hände vom Lenkrad und hielt sie in die Luft, als würde mich jemand mit einer Pistole bedrohen.

»Wieso HALT?«, fragte Zement von unten.

»Ja, wieso HALT?«, fragte auch Island und ließ den Schaltknüppel

160 nicht los.

»Ja, wieso?«, fragte ich.

»Weil wir da sind«, sagte Snickers und sprang aus dem Beifahrerfenster mitten in den Schneesturm hinein.

Der Rest ging schnell.

165 Wir rasten in die Turnhalle und verfrachteten alle in das Feuerwehrauto. [...]

6 Erzähle mit eigenen Worten nach, wie die Fahrt mit dem Feuerwehrauto verläuft.

7 Gib diesem Abschnitt eine Überschrift.

Fragt mich nicht, wie wir es geschafft haben, wieder in die Garage
der Feuerwehr zu fahren. [...]
Nachdem wir wieder auf festem Boden standen, starrten uns
170 die Mädchen und Jungs an, als wären wir ein Weltwunder.
»Ich will einen Kakao«, sagte Zement.
»Ich will nur ein heißes Bad und dann schlafen«, sagte Snickers.
»Was gucken die so blöde?«, sagte Island.
Die Jungs und Mädchen guckten noch eine Weile lang blöd, dann
175 tauchte die ganze Stadt auf und eine Reporterin mit einem Kame-
ramann war auch dabei. [...]
»Ihr habt viele Menschen gerettet, bei Sturm und Wind!«, rief
die Reporterin und alle klatschten.
»Ihr habt gegen den Orkan angekämpft und sogar eure zwei
180 Lehrer vor dem Erfrieren bewahrt!«, rief die Reporterin und alle
klatschten.
»Ihr seid Helden!«
»Helden!«, riefen alle.
Zement schüttelte den Kopf. Sofort wurden sie still.
185 »Wir sind keine Helden«, sagte Zement und verstummte.
Alle warteten, dass er weitersprach. Nur Snickers, Island und ich
wussten, dass Zement nichts mehr sagen würde. Als er dann aber
doch was sagte, waren wir so überrascht, dass wir nur nicken
konnten.
190 »Wir sind die Kurzhosengang«, sagte Zement, »und wir sind
müde.«

8 Schreibe in dein Lesetagebuch, was du über die Kurzhosengang
denkst.

●●● **9** Wenn du erfahren möchtest, was Snickers, Island und Zement
über die Entstehung der Kurzhosengang erzählen, dann lies
das ganze Buch.

Lisa Jahsnowski

Bildgeschichte

1 Diese Bildgeschichte hat eine Schülerin im Rahmen eines Comic-Wettbewerbs der »Berliner Zeitung« gezeichnet. Erzähle die Geschichte nach.

2 Überlege dir einen lustigen Titel.

3 Diskutiert eure Titelvorschläge.

Christina Thomas

👥 **1** Diesen Comic hat eine Schülerin aus Dresden gezeichnet.
Tauscht euch über den Titel und das Ende der Geschichte aus.

2 Nenne Gestaltungsmittel, die Christina Thomas im Vergleich zu
Bildgeschichten in ihrem Comic eingesetzt hat.
Welche inhaltliche Veränderung ergibt sich daraus?

👥 **3** Spielt die Situation mit verteilten Rollen. Vergleicht die
verschiedenen Spielideen.
Denkt euch ähnliche Missverständnisse aus.
Tipps zum Spielen findet ihr auf S. 141.

Märchen lesen und verstehen

1 Kennst du diese Märchen?

a Lies die folgenden Textauszüge und nenne die Märchen,
aus denen sie entnommen sind.

A Und da sann und sann sie aufs Neue, wie sie es umbringen
wollte; denn solange sie nicht die Schönste war im ganzen Land,
ließ ihr der Neid keine Ruhe. Und als sie sich endlich etwas
ausgedacht hatte, färbte sie sich das Gesicht und kleidete sich
wie …

B Der Holzhacker musste sich unter das Bett legen und kaum
hatte er ein Weilchen da gelegen, da kam der Teufel nach Hause.
»Guten Abend, Frau.« Und fing an, sich auszuziehen und sagte
dann: »Wie ist mir in der Stube, ich rieche Menschenfleisch, da
muss ich einmal nachsehen.« »Was wirst du wohl riechen?«,
sagte die Frau, »Du hast den Schnupfen …«

C »Geh nur hin«, sagte der Butt, »sie hat sie schon.« Da ging der
Mann hin, und seine Frau saß nicht mehr in dem alten Pott, aber
es stand nun eine kleine Hütte da, und seine Frau saß vor der
Tür auf einer Bank. Da nahm ihn seine Frau bei der Hand und
sagte zu ihm: »Komm nur herein, siehst du, nun ist es doch viel
besser.«

D Ach, in dem Haus sitzt eine gräuliche Hexe, die hat mich ange-
haucht und mit ihren langen Fingern mir das Gesicht zerkratzt;
und vor der Tür steht ein Mann mit einem Messer, der hat mich
ins Bein gestochen; und auf dem Hof liegt ein schwarzes
Ungetüm, das hat mit einer Holzkeule auf mich losgeschlagen;
und oben auf dem Dache, da sitzt der Richter, der rief: »Bringt
mir den Schelm her.« Da machte ich, dass ich fortkam.

E Der Schneider verschloss Nadel und Zwirn, Elle und Bügeleisen
in einen Schrank und lebte mit seinen drei Söhnen in Freude
und Herzlichkeit. Wo aber ist die Ziege hingekommen, die
schuld war, dass der Schneider seine drei Söhne fortjagte?

→ **S.131** Eine
Geschichte
nacherzählen

b Suche aus A bis E ein dir bekanntes Märchen heraus
und erzähle es nach.

c Welche anderen Märchen kennst du?
Nenne ein Märchen und erzähle kurz, wovon es handelt.

2

a Lies das folgende Märchen der Brüder Grimm.

Der süße Brei

Es war einmal ein armes, braves Mädchen, das lebte mit seiner
Mutter allein, und sie hatten nichts mehr zu essen. Da ging das
Kind hinaus in den Wald und begegnete ihm da eine alte Frau, die
wusste seinen Jammer schon und schenkte ihm ein Töpfchen, zu
5 dem sollt' es sagen: »Töpfchen, koche«, so kochte es guten, süßen
Hirsebrei, und wenn es sagte: »Töpfchen, steh«, so hörte es wieder
auf zu kochen.
Das Mädchen brachte den Topf seiner Mutter heim und nun waren
sie ihrer Armut und ihres Hungers ledig und aßen süßen Brei, sooft
10 sie wollten.
Auf eine Zeit war das Mädchen ausgegangen, da sprach die Mutter:
»Töpfchen, koche«, da kocht es und sie isst sich satt; nun will sie,
dass das Töpfchen wieder aufhören soll, aber sie weiß das Wort
nicht. Also kocht es fort und der Brei steigt über den Rand hinaus
15 und kocht immerzu, die Küche und das ganze Haus voll und das
zweite Haus und dann die Straße, als wollt's die ganze Welt satt
machen, und ist die größte Not, und kein Mensch weiß sich da zu
helfen. Endlich, wie nur noch ein einziges Haus übrig ist, da
kommt das Kind heim und spricht nur: »Töpfchen, steh«, da steht
20 es und hört auf zu kochen und wer wieder in die Stadt wollte, der
musste sich durchessen.

b Suche heraus, was typisch für Märchen ist. Übertrage dazu
die folgende Tabelle in dein Heft und ergänze die linke Spalte.

Merkmale der Märchen	Beispiele aus dem Text
Spruch	Töpfchen,…
…	…

c Trage Beispiele für die Merkmale in die rechte Spalte ein.

!

Volksmärchen wurden mündlich überliefert. Dadurch entstanden oft verschiedene Varianten eines Märchens. Der Autor, die Entstehungszeit sowie der Entstehungsort lassen sich nicht mehr eindeutig feststellen.

Die bedeutendste deutsche Märchensammlung ist die der Brüder Jacob und Wilhelm Grimm.

Volksmärchen sind an den folgenden **Merkmalen** zu erkennen:
- gleicher oder ähnlicher Beginn, z. B.: *Es war einmal …*
- gleicher oder ähnlicher Schluss, z. B.: *Und wenn sie nicht gestorben sind, so leben sie noch heute.*
- Gegensatzpaare, z. B.: *gut – böse, schön – hässlich*
- magische Zahlen, z. B.: *drei Wünsche, sieben Zwerge, zwölf Schwäne*
- Fantasiewesen, z. B.: *Drachen, Feen, Zauberer*
- wiederkehrende Sprüche, z. B.: *Spieglein, Spieglein an der Wand, …*
- Verwandlungen, Zaubereien
- Meist siegt das Gute über das Böse.

3 Wähle dir aus einem Märchenbuch einen Text aus. Untersuche ihn auf typische Merkmale. Lege dazu in deinem Heft eine Tabelle nach dem Muster aus Aufgabe 2 b (S. 119) an.

 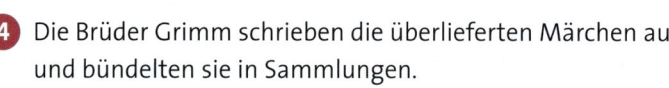

→ S. 96 Informationen sammeln

4 Die Brüder Grimm schrieben die überlieferten Märchen auf und bündelten sie in Sammlungen.

Suche weitere Informationen über das Leben und Schaffen der Brüder Grimm. Schreibe den Lückentext ab und ergänze ihn.

Jacob Grimm wurde am ▬▬ in ▬▬ geboren und starb im Jahre ▬▬ in Berlin. Er studierte ▬▬ in Marburg und nahm Anstellungen als ▬▬ an. Später wurde er in Göttingen als ▬▬ tätig. Als Mitunterzeichner eines politischen Protests geriet Jacob Grimm ▬▬ mit dem Gesetz in Konflikt. Sein Vater und der seines jüngeren Bruders Wilhelm war ▬▬ . Wilhelm erblickte am ▬▬ in Hanau das Licht der Welt und verstarb ebenfalls in Berlin ▬▬ Jahre früher als sein Bruder. Auch er arbeitete als ▬▬ und studierte ▬▬ in Marburg. Gemeinsam mit Jacob gab er ▬▬ die Sammlung Kinder- und Hausmärchen heraus, die in etwa ▬▬ Sprachen übersetzt wurde. Sie gehört zu den in deutscher Sprache am häufigsten gedruckten Büchern. Außerdem sammelten sie ab 1806 ▬▬ für »Des Knaben Wunderhorn«.

a Lies still das folgende Märchen von Hans Christian Andersen.

Die Teekanne

Es war einmal eine stolze Teekanne, stolz auf ihr Porzellan, stolz
auf ihre lange Tülle, stolz auf ihren breiten Henkel; sie hatte etwas
vorne an und hinten an, den Henkel hinten, die Tülle vorn, und
davon sprach sie; aber sie sprach nicht von ihrem Deckel, der war
5 zerbrochen, der war gekittet, der hatte einen Fehler, und von
seinen Fehlern spricht man nicht gerne, das tun die andern genug.
Tassen, Sahnekännchen und Zuckerdose, das ganze Teegeschirr
würden wohl mehr an die Gebrechlichkeit des Deckels denken
und von der sprechen als von dem guten Henkel und der ausge-
10 zeichneten Tülle, das wusste die Teekanne.
»Ich kenne sie!«, sagte sie zu sich selber. »Ich kenne auch wohl
meine Mängel, und ich erkenne sie, darin liegt meine Demut,
meine Bescheidenheit, Mängel haben wir alle, aber man hat doch
auch Begabung. Die Tassen erhielten einen Henkel, die Zuckerdose
15 einen Deckel, und ich erhielt noch ein Ding voraus, das sie niemals
erhalten, ich erhielt eine Tülle, die macht mich zur Königin auf
dem Teetisch. Der Zuckerschale und dem Sahnekännchen ward es
vergönnt, die Dienerinnen des Wohlgeschmacks zu sein, aber ich
bin die Gebende, die Herrschende, ich verbreite den Segen unter
20 der durstenden Menschheit; in meinem Innern werden die chinesischen Blätter mit dem kochenden, geschmacklosen Wasser
verbunden.«

All dies sagte die Teekanne in ihrer unternehmenden Jugendzeit.
Sie stand auf dem gedeckten Tisch, sie wurde von der feinsten
25 Hand erhoben: Aber die feinste Hand war ungeschickt, die
Teekanne fiel, die Tülle brach ab, der Henkel brach ab, der Deckel
ist nicht wert, darüber zu reden; es ist genug von ihm geredet. Die
Teekanne lag ohnmächtig auf dem Fußboden; das kochende
Wasser lief heraus. Es war ein schwerer Schlag, den sie erhielt, und
30 das Schwerste war, dass sie lachten; sie lachten über sie und nicht
über die ungeschickte Hand.
»Die Erinnerung kann ich nicht loswerden!«, sagte die Teekanne,
wenn sie sich später ihren Lebenslauf erzählte. »Ich wurde Inva-
lide genannt, in eine Ecke gestellt und tags darauf an eine Frau
35 fortgeschenkt, die um Küchenabfall bettelte; ich sank in Armut
hinab, stand zwecklos, innerlich wie äußerlich; aber da, wie ich so
stand, begann mein besseres Leben; man ist das eine und wird ein

ganz anderes. Es wurde Erde in mich gelegt; das heißt für eine
Teekanne, begraben zu werden; aber in die Erde wurde eine
40 Blumenzwiebel gelegt; wer sie hineinlegte, wer sie gab, das weiß
ich nicht; gegeben wurde sie, ein Ersatz für die chinesischen Blätter
und das kochende Wasser, ein Ersatz für den abgebrochenen Henkel
und die Tülle. Und die Zwiebel lag in der Erde, die Zwiebel lag in
mir; sie wurde mein Herz, mein lebendes Herz; ein solches hatte
45 ich früher nie gehabt. Es war Leben in mir, es war Kraft, viel Kraft;
der Puls schlug, die Zwiebel trieb Keime; es war, wie um zersprengt
zu werden von Gedanken und Gefühlen; sie brachen auf in einer
Blüte; ich sah sie, ich trug sie, ich vergaß mich selber in ihrer Herr-
lichkeit; gesegnet ist es, sich selber in anderen zu vergessen! Sie
50 sagte mir nicht Dank; sie dachte nicht an mich – sie wurde bewundert und gepriesen. Ich war froh darüber, wie musste sie es da sein!
Eines Tages hörte ich, dass gesagt wurde, sie verdiene einen
besseren Topf. Man schlug mich mitten entzwei; das tat gewaltig
weh, aber die Blume kam in einen besseren Topf – und ich wurde
55 in den Hof hinausgeworfen – liege da als ein alter Scherben – aber
ich habe die Erinnerung, die kann ich nicht verlieren.«

→ S.131 Eine
Geschichte
nacherzählen

b Erzähle das Märchen nach.

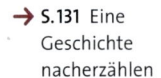

c Worin zeigt sich der Stolz der Teekanne?
Erkläre anhand von Textbeispielen.

d Vergleiche Andersens Märchen mit Grimms Märchen »Der süße Brei«
(S.119, Aufgabe 2a). Übertrage die Tabelle in dein Heft und ergänze sie.

Merkmale	»Der süße Brei«	»Die Teekanne«
Beginn ...	– Es war einmal ein armes, braves Mädchen…	– Es war einmal eine stolze Teekanne, stolz auf ihr Porzellan…
sprachliche Besonderheiten	– die wusste seinen Jammer schon – als wollt's die ganze Welt satt machen – der musste sich durchessen	– ich verbreite den Segen unter der durstenden Menschheit – ich sank in Armut hinab – ich vergaß mich selber in ihrer Herrlichkeit

! **Kunstmärchen** sind die Schöpfung eines Dichters. Sie weisen ähnliche Merkmale wie die Volksmärchen auf, enden aber nicht immer glücklich. Deswegen wurden sie teilweise speziell für Erwachsene geschrieben. Sprachlich sind sie anspruchsvoller formuliert.

Oft haben sie mehrere Handlungsstränge, die gleichzeitig ablaufen und in einen Schluss münden. Meist enthalten sie eine Art Lehre. Zu den bekannten Märchendichtern gehören Hans Christian Andersen (*Des Kaisers neue Kleider*), Wilhelm Hauff (*Der kleine Muck*) und E. T. A. Hoffmann (*Der goldene Topf*).

Über die Aufgabe nachdenken

6 Deine Klasse plant die Herausgabe eines eigenen Märchenbuchs. Überlege, für wen du schreiben willst und was du beachten musst.

Den Inhalt planen

a Wähle dir aus den folgenden »Märchenzutaten« drei aus.

drei Nächte und drei Tage	ein lebendiges Gemälde	drei Zauberpilze
eine verwunschene Mühle	gegen Mitternacht	sieben Stare

b Plane den Inhalt deines Märchens. Schreibe *W*-Fragen untereinander in dein Heft und denke dir passende Antworten aus.

Einen Textentwurf schreiben und überarbeiten

c Schreibe nun einen Entwurf deines Märchens und überarbeite ihn. Denke auch an eine spannende Überschrift.

→ S.32 Texte verfassen

d Stellt euch eure Märchen gegenseitig vor und sammelt sie in eurem Märchenbuch. Organisiert einen »märchenhaften Elternabend«, eine Märchennacht oder präsentiert das Buch auf der Schulhomepage.

Was habe ich gelernt?

7 Überprüfe, was du über Märchen gelernt hast. Das Lösungswort ist der Nachname bekannter deutscher Märchensammler.

1 Es besiegt fast immer das Böse. (1. Buchstabe)
2 So beginnen viele Märchen. (letzter Buchstabe des zweiten Wortes)
3 Drei Wünsche, sieben ... – das ist ein typisches Märchenmerkmal. (4. Buchstabe des ersten Wortes)
4 Sie wurden von Schriftstellern gedichtet. (6. Buchstabe)
5 Er war ein bekannter deutscher Märchendichter. (5. Buchstabe des Familiennamens)

Mit Märchen spielen

1 Du hast zu Hause und in der Schule viele Märchen kennen gelernt.
Versuche nun, spielerisch mit Märchen und ihren Figuren umzugehen.

● ● ● **a** Hier sind bekannte Märchen in Zeitungsschlagzeilen versteckt.
Um welche Märchen handelt es sich?

Tierischer Mörder im Haus der Großmutter

*Militärangehöriger steigt mittels
Brennwerkzeug in den Adelsstand auf*

Mister Namenlos
wird als Erpresser gestellt

Produkt des Schuhmacherhandwerks hilft,
die richtige Braut zu finden

Orientalischer Meilenläufer

UNBEQUEMER SCHLAF
EINER KÖNIGLICHEN TOCHTER

LEICHTE HANDVERLETZUNG
FÜHRT ZUM MASSENEINSCHLAFEN

Kräftiger Haarwuchs
verhilft zu Liebesglück

---

b Entwirf selbst eine Schlagzeile zu einem Märchen deiner Wahl.

→ S.141 Trainieren für die Bühne

2 Märchenfiguren haben immer typische Eigenschaften.
Sie können faul oder fleißig, hilfsbereit oder herzlos, gut oder böse
sein. Wähle eine Figur aus und stelle sie pantomimisch vor.

3 Ein »altes« Märchen kann neu erzählt werden.

a Wähle ein Märchen aus und lies den Originaltext aufmerksam.

b Überlege dir Antworten zu folgenden Fragen:
Wo soll das moderne Märchen spielen?
Wer handelt und welche Eigenschaften haben die Figuren?
Welche Wünsche sollen dargestellt werden?

So kannst du spielerisch mit Märchen umgehen

1. Fasse den Inhalt in Zeitungsschlagzeilen kurz zusammen.
   Lass die anderen raten, welches Märchen gemeint ist.
2. Stelle Figuren aus Märchen pantomimisch dar.
3. Gestalte ein bekanntes Märchen in eine heutige, moderne
   Geschichte um.

Brüder Grimm

Frau Holle

Frau Holle.

Eine Witwe hatte zwei Töchter, davon war die eine schön und fleißig, die andere hässlich und faul.

Sie hatte aber die hässliche und faule, weil sie
5 ihre rechte Tochter war, viel lieber, und die andere musste alle Arbeit tun und der Aschenputtel im Hause sein. Das arme Mädchen musste sich täglich auf die große Straße bei einem Brunnen setzen und musste so viel spinnen, dass
10 ihm das Blut aus den Fingern sprang. Nun trug es sich zu, dass die Spule einmal ganz blutig war, da bückte es sich damit in den Brunnen und wollte sie abwaschen: Sie sprang ihm aber aus der Hand und fiel hinab. Es weinte, lief zur Stiefmutter und erzählte ihr das Unglück.
15 Sie schalt es aber so heftig und war so unbarmherzig, dass sie sprach: »Hast du die Spule hinunterfallen lassen, so hol sie auch wieder herauf.« Da ging das Mädchen zu dem Brunnen zurück und wusste nicht, was es anfangen sollte: Und in seiner Herzensangst sprang es in den Brunnen hinein, um die Spule zu holen.
20 Es verlor die Besinnung und als es erwachte und wieder zu sich selber kam, war es auf einer schönen Wiese, wo die Sonne schien und viel tausend Blumen standen. Auf dieser Wiese ging es fort und kam zu einem Backofen, der war voller Brot; das Brot aber rief: »Ach, zieh mich raus, zieh mich raus, sonst verbrenn ich, ich bin
25 schon längst ausgebacken.«
Da trat es herzu und holte mit dem Brotschieber alles nacheinander heraus. Danach ging es weiter und kam zu einem Baum, der hing voll Äpfel und rief ihm zu: »Ach, schüttel mich, schüttel mich, wir Äpfel sind alle miteinander reif.«
30 Da schüttelte es den Baum, dass die Äpfel fielen, als regneten sie, und schüttelte, bis keiner mehr oben war; und als es alle in einen Haufen zusammengelegt hatte, ging es wieder weiter. Endlich kam es zu einem kleinen Haus, daraus guckte eine alte Frau; weil sie aber so große Zähne hatte, ward ihm angst und es wollte fortlaufen.
35 Die alte Frau aber rief ihm nach: »Was fürchtest du dich, liebes Kind? Bleib bei mir, wenn du alle Arbeit im Hause ordentlich tun willst, so soll dir's gutgehn. Du musst nur Acht geben, dass du mein Bett gut machst und es fleißig aufschüttelst, dass die Federn fliegen, dann schneit es in der Welt; ich bin die Frau Holle.«

40 Weil die Alte ihm so gut zusprach, so fasste sich das
Mädchen ein Herz, willigte ein und begab sich in
ihren Dienst. Es besorgte auch alles nach ihrer Zufrie-
denheit und schüttelte ihr das Bett immer gewaltig
auf, dass die Federn wie Schneeflocken umherflogen;
45 dafür hatte es auch ein gut Leben bei ihr, kein böses
Wort und alle Tage Gesottenes und Gebratenes.
Nun war es eine Zeit lang bei der Frau Holle, da ward
es traurig und wusste anfangs selbst nicht, was ihm
fehlte. Endlich merkte es, dass es Heimweh war; ob
50 es ihm hier gleich vieltausendmal besser ging als zu
Hause, so hatte es doch ein Verlangen dahin. Endlich
sagte es zu ihr: »Ich habe den Jammer nach Haus
gekriegt, und wenn es mir auch noch so gut hier
unten geht, so kann ich doch nicht länger bleiben,
55 ich muss wieder hinauf zu den Meinigen.«
Die Frau Holle sagte: »Es gefällt mir, dass du wieder nach Hause
verlangst, und weil du mir so treu gedient hast, so will ich dich
selbst wieder hinaufbringen.« Sie nahm es darauf bei der Hand
und führte es vor ein großes Tor. Das Tor ward aufgetan, und als
60 das Mädchen gerade darunterstand, fiel ein gewaltiger Goldregen,
und alles Gold blieb an ihm hängen, sodass es über und über
davon bedeckt war.
»Das sollst du haben, weil du so fleißig gewesen bist«, sprach
die Frau Holle und gab ihm auch die Spule wieder, die ihm
65 in den Brunnen gefallen war. Darauf ward das Tor verschlossen
und das Mädchen befand sich oben auf der Welt, nicht weit
von seiner Mutter Haus, und als es in den Hof kam, saß der Hahn
auf dem Brunnen und rief:
»Kikeriki, unsere goldene Jungfrau ist wieder hie.«
70 Da ging es hinein zu seiner Mutter, und weil es so mit Gold
bedeckt ankam, ward es von ihr und der Schwester gut aufgenommen. Das Mädchen erzählte alles, was ihm begegnet war, und
als die Mutter hörte, wie es zu dem großen Reichtum gekommen
war, wollte sie der andern hässlichen und faulen Tochter gerne
75 dasselbe Glück verschaffen. Sie musste sich an den Brunnen setzen
und spinnen; und damit ihre Spule blutig ward, stach sie sich in
die Finger und stieß sich die Hand in die Dornhecke. Dann warf sie
die Spule in den Brunnen und sprang selber hinein. Sie kam, wie
die andere, auf die schöne Wiese und ging auf demselben Pfade
80 weiter. Als sie zu dem Backofen gelangte, schrie das Brot wieder:
»Ach, zieh mich raus, zieh mich raus, sonst verbrenn ich, ich bin

schon längst ausgebacken.« Die Faule aber antwortete: »Da hätt
ich Lust, mich schmutzig zu machen«, und ging fort. Bald kam sie
zu dem Apfelbaum, der rief: »Ach, schüttel mich, schüttel mich,
85 wir Äpfel sind alle miteinander reif.« Sie antwortete aber: »Du
kommst mir recht, es könnte mir einer auf den Kopf fallen«, und
ging damit weiter. Als sie vor der Frau Holle Haus kam, fürchtete
sie sich nicht, weil sie von ihren großen Zähnen schon gehört
hatte, und verdingte sich gleich zu ihr. Am ersten Tag tat sie sich
90 Gewalt an, war fleißig und folgte der Frau Holle, wenn sie ihr
etwas sagte, denn sie dachte an das viele Gold, das sie ihr schenken
würde; am zweiten Tag aber fing sie schon an zu faulenzen, am
dritten noch mehr, da wollte sie morgens gar nicht aufstehen. Sie
machte auch der Frau Holle das Bett nicht, wie sich's gebührte, und
95 schüttelte es nicht, dass die Federn aufflogen. Das ward die Frau
Holle bald müde und sagte ihr den Dienst auf. Die Faule war das
wohl zufrieden und meinte, nun würde der Goldregen kommen;
die Frau Holle führte sie auch zu dem Tor, als sie aber darunterstand, ward statt des Goldes ein großer Kessel voll Pech ausge-
100 schüttet. »Das ist zur Belohnung deiner Dienste«, sagte die Frau
Holle und schloss das Tor zu. Da kam die Faule heim, aber sie war
ganz mit Pech bedeckt und der Hahn auf dem Brunnen, als er sie
sah, rief: »Kikeriki, unsere schmutzige Jungfrau ist wieder hie.«
Das Pech aber blieb fest an ihr hängen und wollte, solange sie
105 lebte, nicht abgehen.

1 Erzählt die Handlung mit eigenen Worten nach.
Jede/r erzählt einen Teil des Märchens, löst euch gegenseitig ab.

2 Teilt die Handlung in Sinnabschnitte ein und gebt jedem Abschnitt
eine Zwischenüberschrift. Notiert dazu die entsprechenden Zeilenan-
gaben.

Abschnitt	Überschrift	Zeile
1	Einleitung	1–6
…	…	…

3 Notiere zu jedem Abschnitt Stichpunkte zum Inhalt und erzähle mit
ihrer Hilfe das Märchen nach.

Märchen aus Vietnam

Die Fliege

Es war einmal ein reicher Mann, der den armen Leuten der Gegend
Geld lieh und viel zu viel Zinsen verlangte. Ein armer Bauer war
schwer verschuldet. Deshalb wollte der reiche Mann nachsehen,
ob es bei ihm etwas zu pfänden gab. Als er zur Hütte des Bauern
5 kam, traf er dessen Sohn an, der im Hof spielte. »Sind deine Eltern
da?«, fragte er. »Nein«, antwortete der Junge. »Mein Vater
ist gegangen, um lebende Bäume zu fällen und tote zu pflanzen.
Meine Mutter ist auf dem Markt; sie verkauft den Wind und kauft
den Mond.« Gleichgültig, ob der reiche Mann dem Jungen schmei-
10 chelte oder drohte, er gab immer die gleiche Antwort. Da sagte
der reiche Mann: »Wenn du mir erklärst, was du damit meinst,
erlasse ich euch eure Schulden. Der Himmel und die Erde sind
meine Zeugen.«
»Himmel und Erde können nicht sprechen«, entgegnete der Junge.
15 »Etwas Lebendes sollte unser Zeuge sein.« Der reiche Mann zeigte
auf eine Fliege, die auf dem Türrahmen saß. »Diese Fliege ist unser
Zeuge«, sagte er. Der Junge erklärte ihm: »Mein Vater ist gegangen,
um Bambus zu schneiden und einen Zaun daraus zu machen,
und meine Mutter verkauft am Markt Fächer, um Lampenöl für
20 uns zu kaufen.«

Der reiche Mann lachte. »Du bist ein kluger Kerl«, sagte er.
Ein paar Tage später aber kam der reiche Mann wieder und
verlangte sein Geld.

Der Junge sagte: »Vater, du brauchst nicht mehr zu bezahlen.«

25 Doch der reiche Mann leugnete, jemals solch ein Versprechen
gegeben zu haben. So kam der Fall vor den Richter. Der reiche
Mann behauptete, er hätte den Jungen noch nie gesehen,
geschweige ihm ein Versprechen gegeben. Der Junge widersprach.
»Hier steht Aussage gegen Aussage«, sagte der Richter. »Ich kann

30 kein Urteil sprechen, ohne einen Zeugen gehört zu haben.«
»Es gab einen Zeugen«, sagte der Junge. »Eine Fliege hat alles
gehört.« Zornig fragte der Richter, ob er sich über ihn lustig mache.
»Nein«, sagte der Junge. »Da war eine Fliege. Sie war schwarz und
fett und saß auf der Nase dieses Herrn.«

35 »Du kleiner Lügner!«, rief der reiche Mann. »Sie saß nicht auf
meiner Nase, sondern auf dem Türrahmen!«

»Nase oder Türrahmen macht keinen Unterschied«, sagte der
Richter. »Du hast das Versprechen gegeben. Also ist die Schuld
bezahlt.«

1 Stelle die Eigenschaften des armen Jungen und des reichen Mannes
in einer Tabelle gegenüber.

armer Junge	reicher Mann
– furchtlos	– ...

2 Erkläre, wie es dem Jungen gelingt, den Reichen zu überführen.

3 Dieses Märchen eignet sich zum Nachspielen. Gestaltet ein Rollenspiel.

→ S.134
Szenisches Spiel

a Verteilt die Rollen (reicher Mann, armer Junge, Vater, Richter, evtl. Fliege).

b Überlegt euch, aus wie vielen Szenen euer Rollenspiel bestehen soll.

c Sucht für jede Figur die passende wörtliche Rede aus dem Text heraus.

d Spielt eure Szenen.

Märchen aus Namibia

Der Wettlauf vom Strauß und der Schildkröte

Der Strauß traf im Felde die Schildkröte und sah, wie langsam sie sich fortbewegte. »Du läufst aber langsam!«, sagte er, »kannst du denn gar nicht schneller?«

»O ja«, antwortete die Schildkröte, »ich kann noch schneller
5 laufen als du!«

»Schneller als ich?« Das wollte der Strauß nicht glauben.

»Wollen wir wetten?«, fragte die Schildkröte.

»Ja«, sagte der Strauß, »da wette ich all mein Geld!«

»Gut, abgemacht! [...] Nächsten Montag, früh um acht Uhr!«
10 Die Schildkröte lief nun zu allen anderen Schildkröten in der Gegend [...]. Alle hundert Schritt musste sich eine am Straßenrand verstecken. Die aber, die mit dem Strauß gewettet hatte, traf sich mit ihm da, wo die Wettlaufstrecke anfing. Der Strauß zog seine Jacke zurecht, und los rannten sie beide. Die Schildkröte blieb
15 jedoch gleich am Straßenanfang stehen, der Strauß aber sauste weiter. Als er gelaufen und gelaufen war, schaute er sich um. Die Schildkröte war nicht mehr zu sehen. »Schildkröte?«, rief er.

»Hier!«, antwortete da die Schildkröte, die an dieser Stelle am Wege versteckt war. Der Strauß hörte mit Schrecken die Stimme
20 von vorn und strengte sich noch mehr an. Nach einer Weile rief er wieder: »Schildkröte?«, und die, die ihm am nächsten am Wege versteckt war, antwortete: »Hier!«

Der Strauß lief und lief, aber sooft er fragte, antwortete ihm die Schildkröte von vorn. Schließlich brach er erschöpft zusammen.
25 Von dem vielen schnellen Laufen hatte er seine Hose zerschlissen, dass er noch heute ganz kahle Beine hat. Die Schildkröte aber bekam das Geld, weil sie die Wette gewonnen hatte.

1 Gib den Inhalt des Märchens mit eigenen Worten wieder.

2 »Dass der Strauß verliert, ist ungerecht!« Sprecht über diese Meinung. Begründet eure Meinungen.

3 Vergleiche das Märchen mit »Hase und Igel« von den Brüdern Grimm.

● ● ● **4** Überlege, warum hier zwei andere Tiere im Mittelpunkt stehen.

Erzählen II

Eine Geschichte nacherzählen

→ **S.118** Märchen lesen und verstehen

→ **S.16** Aktiv zuhören

1 Manchmal möchtet ihr etwas, was ihr gehört, gesehen oder gelesen habt, nacherzählen.
Um das zu üben, probiert das folgende Spiel aus.

Wählt drei Schülerinnen und Schüler aus und schickt zwei von ihnen aus dem Klassenzimmer. Lest dem Ersten den Beginn eines Märchens vor. Der Zweite wird hereingerufen. Der Erste erzählt nun dem Zweiten nach, was vorgelesen wurde. Anschließend wird der dritte Schüler hereingerufen und hört vom zweiten die Nacherzählung des Märchenanfangs.

Hört gut zu, was nacherzählt wird, und beobachtet, wie sich der Märchenbeginn möglicherweise verändert. Was stellt ihr fest?

Das Nacherzählen vorbereiten

→ **S.51** Sagen lesen und verstehen

2 Die folgende Geschichte – eine Sage – eignet sich gut zum Nacherzählen.

a Lies sie zuerst still.

Elend

Der Bauer Hippel wollte nach Schierke fahren; er war dort zur Kindtaufe eingeladen. Der Sohn seines Bruders sollte getauft werden auf den Namen Ernestus [...]. Der Bauer Hippel fand [...] den Namen Ernestus unsinnig und hätte gewünscht, dass man
5 dem Jungen einen ordentlichen Namen gegeben hätte, vielleicht Otto oder Karl. Doch er konnte seinen Willen nicht durchsetzen und musste sich fügen. Um nun bei dem Taufschmause des hochfahrenden »Ernestus« wegen nicht gar so trübsinnig dasitzen zu müssen, hatte er einige Weinfässer auf seinen Wagen
10 geladen. [...]
Schon war man einige Stunden unterwegs und das Ziel der Reise nahe, da gelangten sie an einen Berg, der steil emporstieg und sich ihnen wie ein unüberwindliches Hindernis in den Weg stellte. Der Bauer Hippel stöhnte, das Pferd schnaufte – dann wagten
15 sie den Aufstieg. Zuerst ging alles gut. Das Pferd zog mit letzter Kraft, Bauer Hippel schob, dass ihm schier die Zunge aus dem Mund hing.

Als sie aber auf halber Höhe waren, löste sich ein Fass von den
Riemen und holperte zu Tal.
Der Bauer, als er das Unheil bemerkte, rief: »Ach, Elend!«
20 Er hielt das Pferd an und lief dem Fass nach und schob es mit vieler
Mühe wieder den Berg hinauf. Kaum hatte er es auf den Wagen
geladen, wieder festgebunden und das Pferd angetrieben, da löste
sich das zweite Fass und kollerte bergab. Wieder rief der Bauer:
»Ach, Elend!«, aber er holte auch dieses Fass zurück, lud es wieder
25 auf und trieb das Pferd an. Diesmal gelangten sie bis zum Gipfel
und schließlich bis nach Schierke, wo der Bauer Hippel
mit viel Gelärm empfangen wurde.
Als er später von dem Elend erzählte, das ihm widerfahren war,
bedauerten ihn alle, und sein Bruder meinte, einem solchen Wein,
30 der bergab zu Tal liefe, dürfe nicht vergönnt sein, noch länger im
Fass zu schlafen. So wurde ein Fass geöffnet und geleert,
und das zweite Fass wurde auch geöffnet und ausgetrunken.
Nur das dritte Fass hob man zum Taufschmaus auf. [...]
Nach Jahren baute sich Bauer Hippel am Fuß des Berges, den seine
35 Weinfässer herabgerollt waren, ein Haus, denn er wollte
in der Nähe seines Bruders leben. Und zur Erinnerung
an jene Taufe nannte er sein Haus »Elend«.
Später siedelten sich hier noch andere Familien an, der Name
»Elend« aber blieb bis zum heutigen Tag.

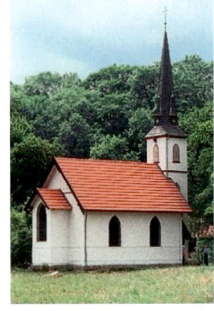

Berühmte Holzkirche in Elend

b Notiere dir Stichpunkte zum Ablauf der Handlung.

Ort: im Harz, auf dem Weg nach Schierke
handelnde Personen: Bauer Hippel, ...
1. Textabschnitt: Bauer Hippel nach Schierke zur Taufe
...

> **!** Wenn du eine **Geschichte nacherzählen** willst, musst du den Text
> genau lesen oder gut zuhören. Teile den Text in Abschnitte ein.
> Notiere dir zu jedem Abschnitt Stichpunkte zum Ablauf der
> Handlung. Achte dabei auf die zeitliche Reihenfolge, auf den Ort
> der Handlung und auf die handelnden Personen und ihre Gedanken
> und Gefühle. Erzähle die Geschichte anschließend mit eigenen
> Worten nach.

Das Nacherzählen
üben

c Erzähle nun die Sage nach. Halte dich dabei so genau wie möglich
an den Text. Nutze dazu deine Stichpunkte.

Aus einer anderen Perspektive erzählen

1 Stelle dir vor, Ernestus fragt einige Jahre später seinen Onkel, was damals auf dem Weg zu seiner Taufe passiert ist.

Den Inhalt einer
Erzählung planen

→ **S.32** Texte
verfassen

a Lies die Sage aus Aufgabe 2a (S.131–132) noch einmal und überlege, an welchen Stellen du etwas ändern musst.

b Überprüfe, ob du die Stichpunkte (S.132, Aufgabe 2b) nutzen kannst.

c Versetze dich in die Situation des Bauern, als die Fässer vom Wagen den Berg hinabrollten, und schreibe in wörtlicher Rede auf, was der Bauer in diesen Momenten gedacht oder gesagt haben könnte.

! Du kannst eine Geschichte so genau wie möglich nacherzählen. Du kannst sie aber auch verändern, z.B. **aus einer anderen Perspektive erzählen:** aus der Sicht des Ich-Erzählers oder der Sie-Erzählerin / des Er-Erzählers. Der **Ich-Erzähler** ist am Geschehen selbst beteiligt. Er erzählt aus seiner Sicht und gibt seine Gedanken und Gefühle wieder. Die **Sie-Erzählerin** / Der **Er-Erzähler** ist nicht selbst beteiligt, sondern beobachtet von außen.

2

Den Textentwurf
schreiben

a Schreibe die Sage nun aus der Perspektive des Bauern Hippel als Ich-Erzähler. Nutze dazu deine Vorarbeiten aus Aufgabe 1.

Den Textentwurf
überarbeiten

b Überarbeite deinen Textentwurf und schreibe die Endfassung. Stelle deinen Text in der Klasse vor.

Was habe ich
gelernt?

3 Überprüfe, was du über das Erzählen gelernt hast. Beantworte dazu die folgende Frage: Was muss man beim Nacherzählen beachten?

Bühne frei! – Szenen spielen

Einen szenischen Text kennen lernen

1

a Beschreibe die Schauspieler auf dem Foto.

b Worum könnte es in dem Stück gehen?

Einen szenischen Text lesen

2 Der folgende Text unterscheidet sich deutlich von Märchen, Sagen, Fabeln oder anderen Geschichten. Lies ihn und nenne die Unterschiede.

Heinz Schmalenbach

Hausaufgaben

Der Raum ist zweigeteilt. In der einen Hälfte sitzt ein Mann und liest Zeitung. In der anderen sitzt ein zweiter Mann und liest ein Buch.

Junge *(tritt von links auf und hat ein Heft und einen Füller in der Hand)* Du, Papa?

5 **1. Mann** *(lässt die Zeitung sinken)* Ja, was ist denn los, Jens?

Junge Ach, Papa, kannst du mir mal helfen, wir haben so blöde Hausaufgaben auf.

1. Mann Blöde Hausaufgaben?! Du wolltest wohl sagen, dass du in der Schule mal wieder nicht aufgepasst hast und jetzt

10 nicht weißt, was du machen sollst.

Junge Nein, ich habe aufgepasst! Aber das sind wirklich ganz blöde Hausaufgaben.

1. Mann Na, dann zeig mal her, was musst du denn machen?

Junge Ach, wir sollen erklären, was »höflich« und »unhöflich«

15 bedeutet.

1. Mann Aber das ist doch ganz einfach! Ich mache dir das vor. Hol doch mal das Telefonbuch. *(Junge holt das Telefonbuch.)* So, nun schlag irgendeine Seite im Telefonbuch auf.

Junge *(öffnet das Telefonbuch)* Hab ich.

20 **1. Mann** Nenn mir von dieser Seite irgendeine Telefonnummer.

Junge Hier habe ich eine, 7 34 25.

1. Mann *(steht auf und geht zum Telefon)* So, jetzt pass auf. Am besten, du stellst dich so, dass du direkt mithören kannst.
(Der Junge stellt sich so, dass er und sein Vater gemeinsam an der Hör-
25 *muschel lauschen können – der Vater wählt die Nummer und spricht dabei laut die Ziffern mit.)* 7-3-4-2-5. So, und jetzt hör genau zu.
2. Mann *(steht auf und geht zum Telefon)* Ja bitte, hier Schulte.
1. Mann Ich hätte gern Ihren Sohn Klaus-Dieter gesprochen.
2. Mann Bitte?
30 **1. Mann** Ich hätte gern Ihren Sohn Klaus-Dieter gesprochen.
2. Mann Ich habe keinen Sohn, der Klaus-Dieter heißt. Sie müssen sich verwählt haben. *(legt den Hörer auf und setzt sich wieder)*
1. Mann *(legt den Hörer auf)* Siehst du, Jens, das war höflich.
(nimmt den Hörer und wählt erneut) 7-3-4-2-5.

35 **2. Mann** *(steht auf, geht zum Telefon, nimmt den Hörer ab)* Schulte hier.
1. Mann Ich hätte gern Ihren Sohn Klaus-Dieter gesprochen.
2. Mann Ich habe keinen Sohn, der Klaus-Dieter heißt. Das habe ich Ihnen doch schon einmal erklärt! Sind Sie eigentlich dämlich, Sie Trottel? *(knallt den Hörer auf die Gabel und setzt sich wieder)*
40 **1. Mann** *(legt den Hörer auf)* Siehst du, Jens, das war unhöflich. Kennst du jetzt den Unterschied?
Junge Ja, aber jetzt werde ich dir mal zeigen, was stutzig macht.
1. Mann Was stutzig macht?
Junge Ja, was stutzig macht. *(hebt den Telefonhörer ab und wählt)*

45 7-3-4-2-5.
2. Mann *(geht zum Telefon und nimmt ärgerlich den Hörer ab)* Schulte.
Junge Hallo, Vati, hier ist Klaus-Dieter,
hat jemand für mich angerufen?

3 Untersuche, wozu die schräg gedruckten Hinweise dienen.

4 Lest den Text mit verteilten Rollen.

5 Überlegt euch ähnliche Situationen und spielt sie.

> **!** Ein **szenischer Text** besteht ausschließlich aus wörtlicher Rede. Er gibt die Äußerungen der Figuren wieder, die in der Szene vorkommen. Zusätzlich gibt es manchmal Anmerkungen zu Zeit und Ort der Handlung sowie zum Aussehen und der Stimmung der Figuren. Diese nennt man Regieanweisungen, sie sind kursiv gedruckt.

Einen szenischen Text spielen

1 In einem Projekt hat die Klasse 5 b der »Nordlicht«-Schule in Rostock die Eulenspiegelstreiche zur Vorlage für einen Theaterabend vor Schülern, Lehrern und Eltern genommen.

a Lest den szenischen Text mit verteilten Rollen. Achtet auf Regieanweisungen, Sprechpausen und Betonung.

Einen szenischen
Text lesen

Till Eulenspiegel rächt sich an seinen Mitbürgern

1. Bild: Auf der Straße
Till Eulenspiegel und seine Mutter sind in einen heftigen Streit geraten.
Till *(verärgert)* Warum hast du das Seil zerschnitten, auf dem ich über dem Stadtbach balancieren wollte?
Mutter *(ruhig)* Schäme dich herumzutanzen, anstatt ehrlicher
5 Arbeit nachzugehen. Solltest du nicht Eulen und Meerkatzen backen?
Till Das tat ich, doch es war dem Bäcker nicht recht. Mein Kunststück auf dem Hochseil sollte Freude bringen. Doch nach dem Sturz ins kühle Nass kann ich mich in der Stadt kaum noch
10 sehen lassen. Wohin ich auch gehe, überall lacht man mich aus.
Fischhändler *(ruft aus seinem Laden den beiden zu)* Ah, der Till. Bist du mit meinen Forellen um die Wette geschwommen?

Eulenspiegel-Denkmal in Mölln

Schneider *(mischt sich lachend ein)* Oh, hoffentlich ist dein Rock nicht
15 beim Tauchen eingelaufen.
Metzger *(geht mit einem Huhn oder Hasen an den beiden vorbei)* Eine warme Rinderbrühe wird dich wieder auf die Beine bringen.
20 **Mutter** Deine Mitbürger haben den Spaß verstanden, du wolltest sie belustigen und ich habe meinen Beitrag zur Unterhaltung geleistet.
Till Zum Gespött der Leute wollte
25 ich nicht werden. Jetzt muss ich mir etwas wirklich Originelles einfallen lassen, um meinen guten Ruf wiederherzustellen.

Ein Gespräch
zusammenfassen

b Worüber sind Till und seine Mutter in Streit geraten?
Fasse ihr Gespräch mit eigenen Worten zusammen.

c Lest mit verteilten Rollen über Tills nächsten Streich.

2. Bild: Auf dem Marktplatz vor der Kirche

Till *(auf einem festen Seil zwischen zwei Bäumen)* Diesmal werde ich
30 schon allein für die Unterhaltung sorgen.
Mutter *(beunruhigt)* Was er wohl nun wieder anstellt?
Bürgermeister Sagt, junger Till, welches Kunststück wollt Ihr uns
denn heute zum Besten geben?
Fischhändler Werden es diesmal fliegende Fische sein? Der Bach
35 liegt am anderen Ende der Stadt.
Metzger Hoffentlich ist der Teufelsbraten nicht auf Ärger aus.
Till Keine Sorge, heute biete ich euch etwas wirklich
Außergewöhnliches. Holt nur eure Frauen und Kinder aus den
Stuben und der Kirche, ich zeige euch etwas, das ihr euer Lebtag
40 nicht vergesst.
Mutter Übertreib's nur nicht, mein Sohn!
Till *(ruft der Menge zu)* Jeder von euch gebe mir seinen linken
Schuh.
(Die Bürger ziehen ihre linken Schuhe aus und geben sie Till.)
45 **Greta** Hurra, ein Zauberkunststück.
Anna Oder er ist ein Jongleur.
Hans Vielleicht kann er aus meinen alten Holzschuhen lederne
machen, dann kann auch ich zur Schule gehen.
Bürgermeister Wartet nur nicht zu lange mit dem Kunststück,
50 die Leute werden schnell ungeduldig.
Till Nur Geduld, liebe Bürger. Ihr werdet selbst die Hauptakteure
meiner Darbietung sein. Ich werde eure Schuhe auf meine
Zauberschnur fädeln.
Fischhändler Mach schneller, sonst werden meine Fische zu
55 Katzenfutter.
Schneider Eile dich, der Graf will endlich seinen maßgeschnei-
derten Umhang bewundern.
Metzger Lass uns nicht warten, sonst endest du am Fleischer-
haken.
60 *(Till tanzt mit den aufgefädelten Schuhen auf dem Seil.)*
Bürger *(aufgebracht)* Nun mach schon. Beginne mit deiner Vorstellung oder gib uns unsere Schuhe wieder.

Till Was, ihr wollt nicht warten? Beim Sturz in den
kalten Stadtbach habt ihr doch auch Zeit genug

65 gehabt zu gaffen und zu lachen. Aber ein Schelm
weiß, wann es Zeit für eine Lehre ist. *(wirft sämtliche Schuhe wieder in die Menge)*

Greta Das ist meiner. Er hat ganz schiefe Absätze.

Anna Der sieht aber nach meinem aus.

70 **Hans** Ich bin stärker, deshalb gehört er mir.

Fischhändler Dieser riecht nach ranzigem Fisch,
der muss mir gehören. Was, er ist zu klein?
Dann nehm ich besser noch zwei.

Schneider Ich stech mit meiner Schere zu, wenn

75 ihr mir meine Galoschen stehlt.

Metzger Lass das sein, sonst…

*(Es kommt zu einer wilden Rauferei. Die Leute beeilen
sich, so viele Schuhe wie möglich zusammenzuraffen.)*

Till Das geschieht euch recht, warum habt ihr mich auch ausge-

80 lacht? Jetzt lacht über euch selbst.

Bürgermeister Lachen? Das Lachen wird dir gleich vergehen.

Fischhändler Na warte, dir werde ich die Flausen austreiben!

Metzger Bleib stehen, ich will dir schon den Schinken ausklopfen.

Mutter Ach Till, das wird dir noch viel Unglück bringen.

85 **Bürgermeister** *(streng)* Du solltest schnell die Stadt verlassen, denn
Rache folgt sicher auf dem Fuße.

Till *(lässt seine Schelmenmütze bimmeln und zieht noch ein paar
Grimassen)* Ich hatte sowieso vor, mir meinen Lebensunterhalt
leichter zu verdienen, da trifft es sich gut, in die Welt zu ziehen.

90 Lebt wohl, aber denkt daran, wer zuletzt lacht, lacht am besten!
(Ab.)

**Den Inhalt
zusammenfassen**

d Gib den Inhalt des neuen Eulenspiegelstreichs wieder.
Beschreibe die Reaktionen der Bürger.

 2 Spielt die Szene nun in der Klasse. Überlegt euch vorher
Antworten auf folgende Fragen:
Welche Eigenschaften von Till Eulenspiegel wollt ihr zeigen?
Welche Personen sind am Spiel beteiligt?
Wie sprechen sie und wie bewegen sie sich?

→ S.141 Trainieren
für die Bühne

Einen Theaternachmittag gestalten

1 Wenn ihr einen Theaternachmittag gestalten wollt, müsst ihr
zunächst überlegen, was ihr spielen oder vortragen wollt.
Ihr habt folgende Spielmöglichkeiten:

a Ihr wählt einen szenischen Text aus und lest ihn mit verteilten Rollen
vor oder ihr spielt ihn.
Wenn ihr eine Eulenspiegel-Geschichte darbieten wollt, könnt ihr
eine der Szenen auf den Seiten 134–138 auswählen.

b Ihr gestaltet eine Szene pantomimisch.
Zum Beispiel könntet ihr folgende Geschichte darstellen:

Eulenspiegel und die Bienendiebe

Nach einem Kirchweihfest torkelte Till
Eulenspiegel zu einem leeren Bienenkorb,
um seinen Rausch auszuschlafen. Er kroch
in den größten, weil für ihn bequemsten.
5 Zwei Diebe wollten in dieser Nacht einen
möglichst prall gefüllten Bienenkorb
stehlen und trugen deshalb den schwersten
Korb, den mit Till, auf einem Tragegestell
davon.
10 Till erwachte und neckte die Diebe abwechselnd, indem er sie an den Haaren oder
Ohren zog, sodass diese dachten, der jeweils
andere hätte ihnen einen Streich gespielt.
Sie gerieten sich in die Haare, prügelten sich bald und entfernten
15 sich immer weiter vom Korb. So konnte Till vergnügt nach Hause
schleichen.

c Für eine pantomimische Vorführung könnt ihr auch auf Redewendungen zurückgreifen.
Zum Beispiel könnt ihr folgende Redewendungen darstellen, die von
Eulenspiegel wörtlich genommen werden.
• jemanden an der Nase herumführen;
• jemandem einen Bären aufbinden;
• jemanden auf den Arm nehmen.

d Ihr verwandelt einen Erzähltext, der euch gefällt und den ihr gerne
aufführen wollt, in einen szenischen Text mit Regieanweisungen.

→ S. 143, 144
Gestaltendes
Sprechen

→ S. 141, 142
Trainieren für
die Bühne

2 Wenn ihr wisst, was ihr spielen wollt, beginnt mit den Proben. Falls ihr eine Szene mit Text spielt, achtet auf eine klare, hörbare Aussprache. Falls ihr ohne Worte spielt, achtet auf Minenspiel und Bewegungen.

So könnt ihr einen Theaternachmittag vorbereiten
1. Verteilt die Rollen.
2. Besorgt die Requisiten.
3. Gestaltet das Bühnenbild und die Kostüme.
4. Wählt aus eurer Gruppe eine Regisseurin/einen Regisseur.
5. Erstellt einen Zeitplan und bestimmt eine/n Verantwortliche/n, die/der ihn regelmäßig überprüft.
6. Gestaltet Einladungen und/oder Werbeplakate.
7. Legt Zeit und Ort für Proben und Aufführung fest.
8. Bittet Eltern oder anderen Personen um Hilfe, falls nötig.
9. Sorgt für genügend Zuschauerplätze.
10. Kümmert euch um die Technik (Licht, Ton).

3 Während der Proben solltet ihr folgende Punkte beachten:

- Sorgt dafür, dass sich niemand ausgestoßen fühlt. Jeder von euch besitzt Fähigkeiten, die für die Gruppe wichtig sind.
- Überlegt genau, welches Publikum ihr mit eurer Aufführung erreichen wollt. Vor den Eltern aufzutreten, erfordert mehr Organisation als der Auftritt in der eigenen Schulklasse.
- Denkt darüber nach, welche Wirkung ihr erzielen wollt. Soll euer Publikum lachen, nachdenklich werden…?
- Bemüht euch, euer Publikum anzusehen und ihm nie den Rücken zuzukehren.

Was habe ich gelernt?

4 Überprüft, was ihr über das Spielen von Szenen gelernt habt. Beantwortet dazu folgende Frage:
Worauf müsst ihr beim Gestalten von Szenen besonders achten?

Trainieren für die Bühne

Theater kann man nicht nur mithilfe von Texten spielen, oft reicht es schon, den eigenen Körper so einzusetzen, dass die Zuschauer in den Bann gezogen werden. Hier findet ihr Tipps, wie ihr ausdrucksstark spielen könnt.

1 Wähle eine der folgenden Situationen aus und stelle dir vor, wie du dich fühlst. Deine Mitschüler sollten anhand deiner Mimik erkennen können, wie es dir geht.

– Du hast gerade einen Brief bekommen und liest ihn jetzt. In dem Brief steht, dass du eine Ballonfahrt gewonnen hast.
– Du hast einen traurigen Anruf bekommen: Der Hund, mit dem du immer gespielt hast, ist gestorben.
– In der Pause erfährst du, dass du bei der Schulaufführung die Hauptrolle spielen darfst. Das hast du dir so sehr gewünscht.
– Dein Fußballtrainer hat dir gerade gesagt, dass du bei einem wichtigen Spiel deiner Mannschaft nicht dabei sein darfst.

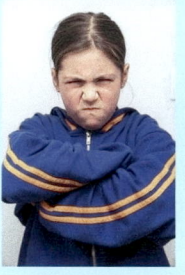

2 Beim Spielen nur mithilfe von Mimik und Gestik musst du besonders genau und langsam sein. Dies könnt ihr bei der Spiegelbildpantomime üben. Stellt euch zu zweit gegenüber. Einer führt morgendliche Tätigkeiten im Bad vor dem »Spiegel« auf. Der andere ist sein »Spiegelbild« und macht jede Bewegung spiegelverkehrt nach.

– Wische dir den Schlaf aus den Augen.
– Kämme dir die Haare.
– Putze dir gründlich die Zähne.
– Säubere am Schluss den Spiegel.

3 Nun könnt ihr schon kleine Stegreifspiele zu zweit oder in größeren Gruppen üben. Wählt dafür eine der folgenden Situationen aus.

- Im Park begegnen sich unterschiedliche Leute: eine alte Frau, ein Polizist bei der Verfolgung eines Taschendiebes, ein Mädchen, das Musik über Kopfhörer hört, spielende Kinder …
  Wie reagieren sie aufeinander?
- Bei einer großen Modenschau laufen Models über einen Laufsteg. Sie werden bejubelt oder ausgepfiffen, führen sportliche oder elegante Mode vor, stolpern…
  Teilt eure Gruppe in Models und Publikum ein.
- Ein schweres Paket soll in die neue Wohnung geschafft werden: Dies probieren ein kleines Mädchen, ein Muskelprotz, eine alte Frau, zwei Jungen…
  Verändert weder Form noch Größe des »unsichtbaren« Pakets.

 4 Von der Pantomime ausgehend, könnt ihr anschließend probieren, zusätzlich eure Sprache im Spiel einzusetzen. Wählt euch dafür eine der folgenden Situationen aus.

- Ein sehr voller Bus: Menschen stoßen aneinander, beschimpfen sich, jemand bittet um einen Sitzplatz.
- Eine Schulklasse: Der Lehrer hat für kurze Zeit den Raum verlassen, gleich soll eine Mathearbeit geschrieben werden.
- Euer Wohnzimmer: Du bist zu spät gekommen und deine Eltern warten schon auf dich.
- Das Wartezimmer eines Tierarztes: Besitzer verschiedener Tierarten treffen aufeinander.

 So könnt ihr für die Bühne trainieren
1. Führt kurze Stegreifspiele durch, d.h., ihr probiert ohne Vorbereitung.
2. Spielt zunächst pantomimische Szenen, in denen ihr euer Mienenspiel und eure Bewegungen trainiert, aber keinen Text sprecht.
3. Führt euer Mienenspiel und eure Bewegungen bewusst ganz langsam durch.
4. Ergänzt euer Training dann durch kleine Szenen mit Worten.

Gestaltendes Sprechen

1

a Lest folgenden szenischen Text mit verteilten Rollen.
Achtet auf die Regieanweisungen und betont eure Sätze entsprechend.

(Rotkäppchen tritt in die Stube. Der Wolf liegt als Großmutter verkleidet im Bett.)

Rotkäppchen *(freundlich)* Großmutter, die Mutter schickt mich.
Ich bringe dir einen Korb mit lauter leckeren Sachen.

5 **Wolf** *(spielt Freude)* Rotkäppchen, was für eine Freude!

Rotkäppchen *(besorgt)* Ich hoffe, es geht dir schon etwas besser.

Wolf *(jammernd)* Ach, ach ich fühl mich noch sehr schwach.
Komm doch etwas näher.

Rotkäppchen *(neugierig)* Großmutter, was hast du für große
10 Ohren!?

Wolf *(hinterlistig)* Damit ich dich besser hören kann.

Rotkäppchen *(etwas ängstlich)* Großmutter, was hast du für große
Augen!?

Wolf *(unheimlich)* Damit ich dich besser sehen kann.

15 **Rotkäppchen** *(noch ängstlicher)* Großmutter, was hast du für große
Hände!?

Wolf *(furchterregend)* Damit ich dich besser packen kann.

Rotkäppchen *(sehr ängstlich)* Großmutter, was hast du für einen
großen Mund!?

20 **Wolf** *(brutal)* Damit ich dich besser fressen kann!!!
(Wolf springt aus dem Bett und verschlingt das Rotkäppchen.)

Rotkäppchen *(Schrei)* Ahhhhhhh!
(Stille)

b Besprecht, was ihr bei der Aussprache und der Betonung der Sätze
verbessern könnt. Lest die Szene noch einmal.

Sprechübungen

2 Übt so lange, bis ihr folgenden Vers fehlerfrei und betont sprechen
könnt. Er enthält viele »a«-Laute.

Was hallt am Waldbach da?
Jagdklang schallt nah: Trara!

a Lest euch folgendes Spaßgedicht gegenseitig laut vor.
Nehmt dabei eine ernste und bedeutungsvolle Sprechhaltung ein.

> Dunkel wars, der Mond schien helle
> Auf die grün beschneite Flur,
> Als ein Wagen blitzeschnelle
> Langsam um die Ecke fuhr.
> 5 Drinnen saßen stehend Leute,
> Schweigend ins Gespräch vertieft,
> Als ein totgeschossner Hase
> Auf dem Wasser Schlittschuh lief.
> Und ein blond gelockter Knabe
> 10 Mit kohlrabenschwarzem Haar
> Auf die grüne Bank sich setzte,
> die gelb angestrichen war.

b Lernt das Gedicht auswendig und tragt es vor.

4 Mit »Zungenbrechern« könnt ihr üben, schnell und gleichzeitig deutlich zu sprechen.
Sucht euch einen Satz aus. Sprecht ihn schnell und fehlerfrei.

Der Cottbusser Postkutscher putzt den Cottbusser Postkutschkasten.
Es klapperten die Klapperschlangen, bis ihre Klappern schlapper klangen.
Fetter Speck schmeckt der Schnecke schlecht, schlecht schmeckt der Schnecke fetter Speck.

So könnt ihr einen Text gut sprechen/vortragen
1. Sprecht so laut, dass die Zuhörer alles verstehen können.
2. Sprecht nicht zu schnell, die Zuhörer sollen gut folgen können.
3. Sprecht deutlich.
4. Achtet auf die Betonung. Wichtige Wörter oder Wortgruppen müssen betont werden. Satzzeichen, wie z. B. Ausrufezeichen oder Fragezeichen, müsst ihr dabei beachten.
5. Macht Sprechpausen. Satzzeichen (z. B. Kommas, Punkte) helfen euch dabei.
6. Versucht die Stimmung »eurer« Figur wiederzugeben, z. B. traurig, glücklich, entschlossen, ängstlich, schüchtern, stolz.
7. Achtet auf die Regieanweisungen.

Wortarten und Wortformen

Nomen/Substantive

1

a Was kannst du auf dem Foto alles entdecken?
Übertrage die folgende Tabelle in dein Heft und schreibe die Wörter
für alle Lebewesen und Gegenstände mit ihrem Artikel im Singular
(Einzahl) in die entsprechende Spalte.

männlich (Artikel: der)	weiblich (Artikel: die)	sächlich (Artikel: das)
…	die Ratte Rémy …	ein Regal …

b Zu welcher Wortart gehören diese Wörter? Begründe deine Meinung.

! **Nomen/Substantive** bezeichnen Lebewesen, Gegenstände,
aber auch Orte, Ereignisse und Gefühle, z. B.:
der Küchenjunge, die Ratte, der Topf, die Küche, das Erlebnis.
Nomen haben ein grammatisches **Geschlecht (Genus)**, das du
am Artikel als Begleiter des Substantivs erkennen kannst. Sie sind
männlich, weiblich oder sächlich, z. B.:
der Löffel, die Schüssel, das Sieb.
Nomen schreibt man **mit großem Anfangsbuchstaben**.

2 Ordne die folgenden Nomen danach, was sie bezeichnen.

Koch – Freude – Kino – Wut – Kochbuch – Gewürz – Publikum – Filmstar – Nudel – Nagetier – Glück – Messer – Gabel – Ofen – Gast – Zucker

Lebewesen: der Koch, ... *Gefühl: die Freude, ...*
Gegenstand: ... *Ort: ...*

3 Was verraten dir die folgenden Nomen über die Zahl der Gegenstände? Übertrage die Tabelle in dein Heft, ordne zu und begründe.

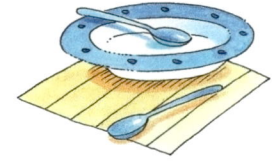

Backofen – Kochrezepte – Herd – Messer – Töpfe – Pfannen – Teller – Hotels – Bestellung – Computer – Mikrowelle – Tische – Schneidebretter – Löffel

Singular (Einzahl)	Plural (Mehrzahl)	nicht eindeutig
Backofen	...	Messer
...		...

> ! Jedes Nomen/Substantiv tritt in einer bestimmten **Zahl (Numerus)** auf.
> Die meisten Nomen haben eine Form für den **Singular** (Einzahl) und eine andere Form für den **Plural** (Mehrzahl), z. B.:
> *der Koch – die Köche, die Pfanne – die Pfannen, das Glas – die Gläser.*
> Bei gleicher Form für Singular und Plural markieren andere Wörter die Zahl, z. B.:
> *das Messer – mehrere Messer, der Computer – die Computer.*

4

a Welche Nomen der Aufgabe 2 haben eine eigene Pluralform? Notiere sie und markiere die Pluralsignale.

der Koch – die Köche, ...

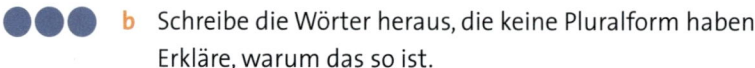 b Schreibe die Wörter heraus, die keine Pluralform haben. Erkläre, warum das so ist.

→ **S.180** Subjekt
→ **S.183** Objekt
(Ergänzung)

TIPP
Wenn du unsicher bist, schlage in einem Wörterbuch nach.

5 Einige Nomen haben nur eine Singular- oder nur eine Pluralform.

a Ordne die folgenden Nomen zu und schreibe sie in dein Heft.

das Obst – die Ferien – die Leute – die Butter – das Schmalz – die Milch – die Spagetti – das Gemüse – das Salz – das Eis – der Hunger – die Wärme – die Jeans

nur Singular: das Obst, …
nur Plural: die Ferien, …

b Ergänze mindestens ein eigenes Beispiel in jeder Gruppe.

! Nomen/Substantive werden im Satz in unterschiedlicher Funktion verwendet und deshalb gebeugt: Sie stehen dann immer in einem bestimmten **Fall (Kasus):**
Nominativ, Genitiv, Dativ oder **Akkusativ.**
Die Bildung der vier Fälle heißt **Deklination** (Verb: deklinieren).

| Der Küchenjunge | **Wer?** Nominativ | schneidet | **Was?** Akkusativ | den Braten. |

| Das Restaurant | **Was?** Nominativ | gehört | **Wem?** Dativ | einem Meisterkoch. |

6

a Wählt aus den folgenden Nomen passende aus und ersetzt in den Beispielen aus dem Merkkasten die Nomen im Akkusativ bzw. Dativ. Lest euch die Sätze gegenseitig vor.

der Speck – der Sellerie – das Gemüse – der Rotkohl – der Kuchen sein Kollege – der Kellner – die Köchin – eine Familie

b Ersetzt das Verb im ersten Beispiel aus dem Merkkasten auf S. 147 durch die folgenden Verben. Nennt den Fall, den das Verb jeweils nach sich zieht.

TIPP
Nutzt die Frage-probe.

garnieren – würzen – teilen – kosten – servieren

Der Küchenjunge garniert den Braten.
(Wen/Was? Akkusativ)

7 Hier fehlt eine wichtige Information. Frage mit *Wen?* oder *Was?* und füge das passende Nomen im Akkusativ ein.

der Handel – der Ratschlag – kein Hund – ein Käfig – der Filmstar

1 Der Zeichentrickfilm »Ratatouille« hat ■ mit Hausratten belebt.
2 Die jungen Kinobesucher haben ■ offenbar ins Herz geschlossen.
3 Jetzt wollen viele Kinder ■ mehr, sondern eine Ratte.
4 Zoologen geben ■, Ratten paarweise zu halten.
5 Männchen und Weibchen dürfen sich aber auf keinen Fall ■ teilen, denn Rattenweibchen bringen alle drei Wochen bis zu 15 Junge zur Welt.

8 Wähle das passende Verb aus, setze es ein.
Nenne den Fall, den es verlangt.

ähneln – helfen – gefallen – entsprechen – missfallen – schmecken

1 Einzelhaltung ■ nicht dem Wesen von Ratten. 2 Alles Essbare ■ einem Rattentier. 3 Ein schmutziger Käfig ■ dem Nager.
4 Ratten ■ in ihrer Reinlichkeit den Katzen.

9 Dativ oder Akkusativ? Stelle die passende Frage und nenne den Fall, in dem das Nomen stehen muss. Wähle dann die richtige Variante aus.

1 Der Film »Ratatouille« erhielt ■ (einem »Oscar« / einen »Oscar«).
2 Die Mitglieder der amerikanischen Filmkunst-Akademie kürten ■ (dem Kinohit / den Kinohit) zum besten Animationsfilm des Jahres.
3 Die Ratte Rémy verehrt ■ (einem Meisterkoch / einen Meisterkoch).
4 Das Schicksal verschlägt ■ (dem Rattenjungen / den Rattenjungen) in dessen Restaurant in Paris.
5 Dort hilft Rémy ■ (einem Küchenjungen / einen Küchenjungen).

1. Wen/Was erhalten? – Akkusativ: einen »Oscar«

Artikel als Begleiter von Nomen/Substantiven

a Lies die folgenden Sätze.

1 Jedes Jahr sterben weltweit ca. 20 000 Menschen an <u>den Folgen einer Minenexplosion</u>. **2** <u>Die Suche</u> nach Landminen ist teuer, <u>ihre Beseitigung</u>

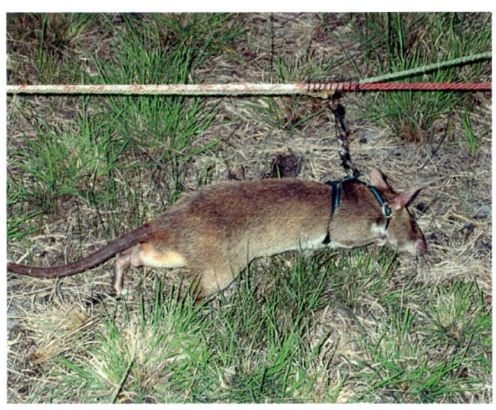

auch und dazu sehr gefährlich. **3** Arme Länder wie Mosambik oder Tansania haben <u>einen Ausweg</u> gefunden. **4** Dort werden afrikanische Beutelratten als Minensucher trainiert. **5** Mit <u>ihrem Gewicht</u> kann <u>eine Ratte</u> keinen Sprengsatz auslösen. **6** Immer wenn die Ratte <u>den Sprengstoff</u> TNT schnüffelt, also <u>einen Bestandteil</u> <u>der Minen</u>, erhält sie <u>ein Stück</u> Banane oder <u>eine Erdnuss</u> zur Belohnung. **7** So wird sie ganz wild darauf, <u>die Minen</u> aufzuspüren. **8** Denn <u>der Geruch</u> bedeutet, dass es gleich Futter gibt.

b Übertrage die folgende Tabelle in dein Heft. Die Nomen mit ihren Begleitern sind im Text bereits unterstrichen. Ordne sie richtig ein.

Nomen mit bestimmtem Artikel	Nomen mit unbestimmtem Artikel	Nomen mit weiterem Begleiter
den Folgen	…	ihre Beseitigung

Nomen/Substantive können **als Begleiter Artikel** bei sich haben:
- einen **unbestimmten Artikel**, z. B.:
  Kennst du einen Trickfilm? (Akkusativ)
- einen **bestimmten Artikel**, z. B.:
  Er gewann den »Oscar«. (Akkusativ)

Artikel lassen sich deklinieren und passen sich dem Nomen in Geschlecht (Genus), Fall (Kasus) und Zahl (Numerus) an. Den **unbestimmten** Artikel verwendest du, um Lebewesen und Gegenstände neu ins Gespräch oder in den Text einzuführen. Den **bestimmten Artikel** verwendest du für Lebewesen oder Gegenstände, die schon bekannt oder im Text bereits eingeführt worden sind, z. B.:
Ein amerikanischer Trickfilm hat den »Oscar« gewonnen. Der Film »Ratatouille« von Brad Bird handelt von einer Ratte.

2 Bestimmter oder unbestimmter Artikel? Setze ein und begründe.

1 In Mosambik stecken tausende Landminen im Boden. Sie sind nicht zu sehen – bis jemand darauf tritt. **2** Oft ist es ■ (ein/das) Kind beim Spielen. **3** Moses ist stolzer Besitzer ■ (einer/der) Minensuch-Ratte. **4** Rantanplan hat ■ (eine/die) Ausbildung von drei Monaten hinter sich und ist nun fit für ■ (einen/den) Einsatz. **5** ■ (Eine/Die) Ratte schnuppert, trippelt hin und her und schnuppert wieder. **6** Da! ■ (Einen/Den) Geruch von Sprengstoff erkennt sie sofort. **7** Sie bleibt stehen und scharrt mit den Krallen. **8** Dann weiß Moses: ■ (Ein/Der) Nager hat wieder ■ (eine/die) Landmine entdeckt. **9** Zur Belohnung erhält Rantanplan ■ (ein/das) Stückchen Banane.

Pronomen als Begleiter oder Stellvertreter von Nomen/Substantiven

1 Wem gehören die Tiere? Ordne sie den Personen zu.
Benenne das Wort in den Sprechblasen, das dir den Besitzer anzeigt.

! Nomen/Substantive können **als Begleiter Possessivpronomen** bei sich haben.
Possessivpronomen zeigen den Besitz an. Sie lassen sich **deklinieren** und passen sich im Fall dem Nomen an, z. B.:
*ich – **mein**, du – **dein**, er/es – **sein**, sie – **ihr**;*
*wir – **unser**, ihr – **euer**, sie – **ihr**.*
*Der Ball gehört **unserem** <u>Hund</u> (Dativ).*
*Er sucht **seinen** <u>Hasen</u> (Akkusativ).*

2 Setze das passende Possessivpronomen ein.

1 Lena: Hinterm Baum, ist das nicht ■ Hamster, Serjoscha?
2 Tina: Ich glaube es nicht! ■ Katze sitzt dort auf dem Ast!
3 Paul: ■ Bello hat sich wieder mal unterm Busch verkrochen.
4 Serjoscha: Lena, ■ Kaninchen hat sich im Gebüsch versteckt!

3 Gib die Besitzverhältnisse durch Possessivpronomen wieder.

a Ersetze den schräg gedruckten Artikel durch ein Possessivpronomen.
Die Besitzer sind unterstrichen.

1 In Deutschland geben Katzenhalter viel Geld für *die* Lieblinge aus.
2 Früher musstest du für *die* Katze Schlachtereste beim Fleischer holen.
3 Heute kann jeder Katzenhalter individuell auf *den* Liebling eingehen.
4 Aus einem Riesenangebot wähle ich das Futter für *die* Katze aus.
5 Die Industrie hat sich auf nationale Vorlieben eingestellt:
Die Schweden bieten *den* Katzen eine große Auswahl an Fisch.
6 Der Franzose gönnt *dem* Katzentier eine Prise Knoblauch.

1. für ihre Lieblinge, 2. …

b Unterstreiche die eingesetzten Possessivpronomen.

! **Personalpronomen** treten **als Stellvertreter** von Nomen/Substantiven
auf und erfüllen deren Aufgaben im Satz. Sie lassen sich **deklinieren**,
das heißt, sie haben Formen für alle vier Fälle, z.B.:

ich, meiner, mir, mich   *wir, unser, uns, uns*
du, deiner, dir, dich   *ihr, euer, euch, euch*
er, seiner, ihm, ihn   *sie, ihrer, ihnen, sie*
sie, ihrer, ihr, sie
es, seiner, ihm, es
Paul sucht seinen Hund. → **Er sucht ihn.**

4 Tina hat einen Brief geschrieben. Ergänze die Personalpronomen.

1 ■ möchte einen Hasen als Haustier haben, aber meine Eltern sind
dagegen. 2 ■ sagen, ■ würde alles annagen. 3 ■ könnten ■ auch nicht
genügend Auslauf in der Wohnung bieten. 4 Können ■ einen Rat geben?

5 Über Mark wurde ein Artikel in der Zeitung geschrieben.

a Lies, was der Reporter geschrieben hat.

> Früher mochte Mark keine Ziegen. Heute begeistert den
> 15-Jährigen alles, was bellt oder blökt. Seit einem Jahr lebt der
> Jugendliche auf dieser Farm, 60 km nördlich von New York. Sie
> wurde 1948 für misshandelte, missbrauchte oder kriminelle
> ⁵ Kinder und Jugendliche gegründet. Mark und die anderen
> Jugendlichen sind nicht freiwillig hier. Die Sozialfürsorge von
> NY City hat sie eingewiesen. Mark ist für die Ziegen verant-
> wortlich. Sie bringen dem jugendlichen Gewalttäter Zunei-
> gung entgegen. Das ist eine neue Erfahrung für den Jungen.

→ **S. 133** Aus einer anderen Perspektive erzählen

b Gib Marks Geschichte so wieder, wie er sie einem Reporter erzählt
haben könnte. Schreibe sie auf. Unterstreiche alle Personalpronomen.

Früher mochte ich keine Ziegen. Heute …

c Gib Marks Geschichte so wieder, wie sie der Reporter für Mark wiederholt.

Früher mochtest du keine Ziegen. Heute …

Die Frage-
probe
anwenden

d Nenne die Nomen, die durch die Personalpronomen vertreten werden,
und bestimme deren Fall. Nutze die Frageprobe, notiere das Fragewort.

Mark/ich – Wer? Nominativ
den 15-Jährigen/mich – Wen? …

→ **S. 27** Einen Text überarbeiten

6 Überarbeite den folgenden Text. Vermeide Wiederholungen, indem du
Pronomen als Stellvertreter/Begleiter von Nomen verwendest.

Ratten in US-amerikanischen Städten haben menschliche
Vorlieben entwickelt: Am liebsten futtern die Ratten Rühreier oder
Makkaroni mit Käse. Die Nager sind eigentlich Vegetarier. Zur Not
zählen aber auch Textilien, Insekten oder kleine Vögel zum Futter
⁵ der Nager. Rattenzähne können binnen eines Jahres etwa 14 Zenti-
meter lang werden. Indem das Nagetier aber alles Mögliche an-
knabbert, hält das Nagetier die Beißwerkzeuge des Nagetiers kurz.

Verben

1 Marek beschreibt eine Filmszene.

a Lies seinen Text. Was fällt dir auf?

1 Im Film sieht man, wie der Schimpanse einen Halm
   aus dem hohen Gras tut.
2 Damit macht er vorsichtig in einem Ameisenhügel herum.
3 Sekunden später tut er den Halm wieder heraus.
4 Viele Insekten machen aufgeregt darauf herum.
5 Die Ameisen tut der Affe wie eine Süßigkeit ins Maul.

b Die Szene hätte Marek anschaulicher beschreiben können.
Wähle das passende Wort aus und setze es in der grammatisch
richtigen Form ein.

rupfen – streifen – krabbeln – ziehen – stochern

1. rupft, 2. ...

c Ordne die Wörter, die du in Aufgabe b eingesetzt hast, der richtigen
Wortart zu. Beachte, was die Wörter bezeichnen.

A Gegenstände Nomen	B Eigenschaften Adjektive	C Tätigkeiten Verben

! **Verben** bezeichnen Tätigkeiten (was jemand tut),
Vorgänge (was geschieht) und Zustände, z. B.:
Tätigkeit: *Tim wird die Schimpansen beobachten.*
Luis fotografierte die Gorillas.
Vorgang: *Die Bananenschalen fielen auf den Boden.*
Zustand: *In einer Ecke schläft ein Orang-Utan.*

2
a Schreibe Verben auf, die bezeichnen, was ein Hund, ein Affe
oder ein Singvogel alles kann.

Hunde können bellen, ...

b Bestimme, ob sie Tätigkeiten, Vorgänge oder Zustände bezeichnen.

Finite Verbformen (Personalformen)

1 Siri hat eine Postkarte erhalten. Leider ist manches unleserlich, da die Karte nass geworden ist. Ergänze die richtigen Endungen.

Hallo, Siri, 20. September
vielen Dank für das tolle Geschenk! Du
schick■ mir ein Buch über Jane Goodall
und heute Abend läuf■ ausgerechnet ein
Film über diese Affenforscherin im Fernsehen. Ich bewunder■ sie. Dreißig Jahre
lang beobachte■ diese Frau wilde Schimpansen im Dschungel von Tansania.
Woll■ wir in den Ferien nicht mal wieder
in den Tierpark gehen? Was mein■ du?
Liebe Grüße   Maike

! Verben haben eine Grundform, den **Infinitiv**, und Formen für
die 1., 2. und 3. Person im Singular und im Plural, man nennt sie
Personalformen oder **finite Verbformen**, z. B.:

Infinitiv: *schreiben* *rufen* *fragen* *rennen*
Finite Verbform: *ich schreibe* *du rufst* *er fragt* *ihr rennt*

Die Veränderung der Verbformen heißt **Konjugation** (Beugung,
Verb: konjugieren). Im Satz muss die Endung der finiten Verbform
dem Subjekt entsprechen, und zwar in der **Person** und in der **Zahl.**

Subjekt		finite Verbform
1. Person Singular:	*Ich*	*spiel – e Fußball.*
2. Person Singular:	*Du*	*spiel – st Schach.*
3. Person Singular:	*Er (Leo) / Sie (Lea)*	*spiel – t Hockey.*
1. Person Plural:	*Wir*	*spiel – en Basketball.*
2. Person Plural:	*Ihr*	*spiel – t Handball.*
3. Person Plural:	*Sie (Die Jungen)*	*spiel – en Streetball.*

2 Schreibe die finiten Verbformen aus Maikes Karte (Aufgabe 1)
mit den dazugehörigen Subjekten untereinander.
Notiere dazu den entsprechenden Infinitiv.

du schickst – schicken, …

Zeitformen (Tempusformen) von Verben

 Verben bilden **Zeitformen (Tempusformen)**. Diese sagen aus, ob eine Tätigkeit, ein Vorgang, ein Zustand schon abgeschlossen ist, noch andauert oder sogar erst in der Zukunft stattfinden wird, z. B.:

Präsens	Ich *lese* seit einer Stunde. Jane Goodall *ist* Tier- forscherin.	Gegenwart (andauernd)
Präte- ritum	Er *las* nur Comics.	Vergangenheit (abgeschlossen)
Perfekt	Er *hat* das Buch zu Ende *gelesen*.	Vergangenheit (abgeschlossen)
Plusquam- perfekt	Er *hatte* das Buch *ausge- liehen*.	Vergangenheit (abgeschlossen)
Futur	Sie *wird* es auch noch *lesen*.	Zukunft

1 Übertrage die folgende Tabelle in dein Heft und ordne die unterstrichenen Zeitformen in die richtige Spalte ein.

1 Schau mal, wie geschickt sich der Affe von Ast zu Ast schwingt!
2 Die beiden in der Ecke dort, die mögen sich. Die flöhen sich nämlich.
3 Na ja, vor ein paar Minuten bissen sie sich aber noch.
4 Der freche Kleine hat dem Alten jetzt die Banane geklaut!
5 Der Alte hatte ihm aber vorher einen Apfel abgejagt.
6 Wird er ihm auch noch die zweite Banane wegnehmen?

Gegenwart	Vergangenheit	Zukunft
schwingt	...	...

2 Entscheide dich für eine der beiden Zeitformen und begründe.

1 Seit 1986 ■ (sammelte/sammelt) Jane Goodall Geld, um Schutzgebiete für Schimpansen einzurichten.
2 Jäger ■ (erschießen/erschossen) die erwachsenen Tiere, weil sie für das Affenfleisch viel Geld ■ (bekommen/bekamen).
3 Das ■ (macht/machte) viele Affenbabys zu Waisen.

3 Ergänze in Jane Goodalls Biografie die Verben im Präteritum.

1 Das Mädchen ■ (heißen) Jane Goodall.
2 Es ■ (aufwachsen) in England ■.
3 Es ■ (spielen) am liebsten mit seinem Stoffschimpansen.
4 Als Schulkind ■ (lesen) es die Geschichte von Tarzan.
5 Danach ■ (träumen) das Mädchen vom Leben im Dschungel.
6 Mit 26 Jahren ■ (fahren) sie zum ersten Mal nach Tansania.

!

Präsens und Präteritum sind **einfache Zeitformen**, sie bestehen aus einer einzigen Verbform. Perfekt, Plusquamperfekt und Futur bestehen aus mindestens zwei Verbformen, man nennt sie auch **zusammengesetzte Zeitformen**, z. B.:

einfache Zeit-form	zusammengesetzte Zeitform
Präsens	**Perfekt**
ich gehe *er sieht*	*Ich bin ins Schlangenhaus gegangen.* *Was hast du gesehen?* (Präsens von *haben* oder *sein* + Partizip II)
Präteritum	**Plusquamperfekt**
ich ging *er sah*	*Ich war zum Bärengehege gegangen.* *Er hatte die Löwen gesehen.* (Präteritum von *haben* oder *sein* + Partizip II)
	Futur
	Ich werde ins Aquarium gehen. *Er wird die Eisbären sehen.* (Präsens von *werden* + Infinitiv)

TIPP
Verben der Bewegung bilden das Perfekt mit *sein*, alle andern Verben mit *haben*.

4 Tony R. wurde von Delfinen gerettet.

a Lies den Bericht, den er nach seiner Rettung einem Reporter gab.

1 Ich bin an dem Tag ziemlich weit hinausgeschwommen.
2 Auf einmal habe ich neben mir diese typische Flosse gesehen.
3 Ich bin sofort zurückgekrault, aber der Hai ist mir gefolgt und hat mich in Brust, Schulter und Rücken gebissen.
4 Dann haben Delfine den Hai abgedrängt.
5 Damit haben sie die Küstenwache auf mich aufmerksam gemacht.

b Schreibe jeweils die Verbform mit dem Subjekt des Satzes heraus.
Markiere die finite Verbform und das Partizip II verschiedenfarbig.

1. Ich bin … hinausgeschwommen. 2. …

c Die Verben stehen alle im Perfekt. Wiederhole die Merkmale
des Perfekts anhand der Merkkästen (S. 155, 156).

d Die folgenden Verbformen nennt man Partizip II. Erkläre die Bildung.

geschwommen – gesprungen – gekrault – gewartet – gestört –
gesehen – zersprungen – bearbeitet – erwartet – zerstört

5 Vervollständige den Zeitungsbericht durch das Partizip II
der folgenden Verben.

angreifen – verlieren – töten – sehen – sperren – beißen

Sydney. Ein 16-jähriger Surfer ist in Australien von
einem Hai ■ und ■ worden. Der Jugendliche war mit
einem Freund im Wasser, als er von dem Hai mehrfach ins Bein und in den Körper ■ wurde. Sein Freund
5 konnte ihn noch ans Ufer ziehen. Der 16-Jährige
hatte jedoch zu viel Blut ■ und erlag seinen Verletzungen. Anwohner im australischen New South
Wales haben in jüngster Zeit mehrfach Bullenhaie
■. Deshalb hat die Polizei jetzt die umliegenden
10 Strände ■.

6 Siri und ihre Freunde waren im Tierpark.

a Ergänze die Verben in der richtigen Zeitform.

1 Siri: Wir ■ (beobachten) zuerst die Schimpansen ■.
2 Maike: Dann ■ (gehen) wir zu den Eisbären ■.
3 Erkan: Ich ■ (ansehen) die Leoparden ■.
4 Tom: Ich ■ (zusehen) lange den Seelöwen ■.
5 Tilla: Ich ■ (bleiben) bei den Elefanten ■.

b Hast du einfache oder zusammengesetzte Zeitformen ergänzt?
Begründe deine Entscheidung.

7 Welcher Vorgang oder Zustand fand zuerst statt, welcher später?

a Vergleiche die Sätze a und b jeweils miteinander.

1 a Ein Adlerrochen <u>tötete</u> eine Frau an Bord eines Ausflugsbootes in Florida (USA).
  b Der riesige Rochen <u>war</u> vor der Küste Floridas auf ihr Ausflugsboot <u>gesprungen</u>.
2 a Der Fisch <u>erschlug</u> die Frau aus Michigan.
  b Sie <u>hatte</u> sich zum Sonnenbaden auf das Schiffsdeck <u>gelegt</u>.
3 a Durch den Zusammenprall mit dem Rochen <u>starb</u> die 55-Jährige.
  b Das 35 Kilogramm schwere Tier <u>war</u> mit voller Wucht auf ihren Kopf <u>gefallen</u>.

> **!** Die Zeitform **Plusquamperfekt** bezeichnet bereits abgeschlossene Vorgänge oder Zustände in der Vergangenheit, z. B.:
> *Sie <u>waren</u> vorher noch nie in einem Aquarium <u>gewesen</u>.*
> *Nachdem sie von dem Unfall <u>gehört</u> <u>hatten</u>, schauten sie sich einen Rochen im Zoo an.*

b Untersuche die gelb unterstrichenen Verbformen in Aufgabe a und ergänze die folgende Aussage zur Bildung des Plusquamperfekts.

Das Plusquamperfekt wird aus der finiten Verbform (Präteritum) von *haben* (*hatte, hattest* usw.) oder *sein* (*war, warst, waren* usw.) und dem ■ gebildet.

8 Ergänze die Formen des Plusquamperfekts in der rechten Spalte.

Perfekt	Plusquamperfekt
Ich habe gewartet.	Ich ■ ■.
Er hat aufgepasst.	Er ■ ■.
Ich bin weggefahren.	Ich ■ ■.
Wir sind losgelaufen.	Wir ■ ■.
Ihr seid zurückgekommen.	Ihr ■ ■.
Du hast gefragt.	Du ■ ■.

Leitformen/Stammformen

a   Übertrage die folgende Tabelle in dein Heft und ergänze sie.

Infinitiv	Präteritum	Partizip II	Infinitiv	Präteritum	Partizip II
fahren		gefahren			geträumt
	las			passte	
		gezogen			gezeigt

b   Welche Gemeinsamkeiten in der Bildung kannst du bei den
Verben in den weißen bzw. gelben Spalten erkennen?
Welche sind die starken Verben, welche die schwachen? Begründe.

Nur drei Formen eines Verbs musst du in der Regel kennen, um alle
anderen Formen dieses Verbs richtig bilden zu können. Diese drei
Leitformen oder **Stammformen** sind: **Infinitiv – Präteritum**
(1./3. Person Singular) **– Partizip II.** An den Leitformen kannst du
starke und schwache Verben unterscheiden:

starke Verben	schwache Verben
Stammvokal ändert sich. Präteritum ist endungslos. Partizip II endet auf -*en*.	Stammvokal ändert sich nicht. Präteritum hat eine Endung -*t*. Partizip II endet auf -*t*.
fahren – fuhr – gefahren *singen – sang – gesungen*	*lachen – lachte – gelacht* *träumen – träumte – geträumt*

Im Deutschen gibt es heute noch ungefähr 200 starke, sehr alte
Verben. Alle neuen Verben werden schwach gebildet, z. B.:
scannen – scannte – gescannt.

2   Diktiert euch gegenseitig die Leitformen der folgenden Verben.

mailen – leasen – surfen – casten – skaten – joggen – chatten – lasern

3   Schreibe die Leitformen zu folgenden Infinitiven auf.

pfeifen – finden – streiten – wiegen – schwimmen – laufen

Imperativ

1

a Lies den Ausschnitt aus der Besucherordnung des Zoos Hoyerswerda.

§4 Verhalten im Zoo

(2) Den Besuchern ist insbesondere nicht erlaubt:
a) die Zootiere zu füttern, mit Ausnahme der Tiere im
   Streichelgehege (Bitte nur mit Pellets aus den Automaten!),
b) die Tiere zu necken oder zu erschrecken,
c) laute Musik zu hören,
d) die Absperrungen zu übersteigen und sich auf
   Brüstungen zu setzen,
e) in die Käfige oder Gehege zu greifen,
f) Gegenstande in Gehege oder Wasserbecken zu werfen
   oder den Zoo in anderer Weise zu verunreinigen,
g) Bauten, Anlagen, Einrichtungen oder Wege zu beschriften,
   zu bemalen oder zu bekleben,
h) Blätter, Zweige oder Pflanzen zu schädigen,
i) Fahrräder, Roller, Skateboards zu benutzen.

b Ein Angestellter des Zoos erklärt eurer Klasse, was ihr im Zoo nicht tun
dürft. Schreibe auf, was er sagt. Formuliere die Verben entsprechend um.

a) Füttert die Zootiere nicht!   b) Neckt oder ...

c Unterstreiche die Verben in deinen Sätzen. Erkläre, warum hier diese
Verbformen verwendet werden.

! Von Verben kann man eine **Aufforderungs-** oder **Befehlsform
(Imperativ)** bilden. Es gibt eine Form im Singular und eine im Plural.
Der Imperativ wird aus der 2. Person Singular oder der 2. Person
Plural abgeleitet, z.B.: *Du isst – Iss! Ihr esst – Esst!*

d Beim nächsten Zoobesuch forderst du deinen kleinen Bruder auf,
einige Dinge zu unterlassen. Formuliere deine Sätze entsprechend um.

a) Füttere die Zootiere nicht!   b) Necke oder ...

Adjektive

1

a Welche der folgenden Eigenschaften verbindest du mit diesen beiden Tieren? Ordne sie zu.

verschmust – klein – niedlich – süß – gierig – grässlich – grauenhaft – gemein – intelligent – sauber – schmutzig – unabhängig – gesellig – anhänglich – eigenwillig – eklig – verfressen – dumm – langweilig – interessant – zutraulich – widerlich – groß – neugierig – lieb – stubenrein – frech – reizend

b Nenne die Wortart, zu der alle diese Wörter gehören.

> **Adjektive** bezeichnen **Eigenschaften** und **Merkmale** von Lebewesen, Gegenständen, Tätigkeiten und Vorgängen. Mit ihrer Hilfe kannst du Nomen/Substantive und Verben genauer beschreiben, z. B.:
> *Sie beobachtet* <u>*wilde*</u> *Schimpansen. Der Schimpanse turnt* <u>*wild*</u> *herum.*
> Als **Begleiter** von Nomen passen Adjektive ihre Form in Fall (Kasus), Zahl (Numerus) und Geschlecht (Genus) dem Nomen an. Sie lassen sich **deklinieren**, z. B.:
> *Die* **kleinen** <u>*Katzen*</u> *sind 5 Wochen alt.* Wer? Nominativ, Plural, weiblich
> *Wir suchen* <u>*einen*</u> **kleinen** <u>*Kater*</u>. Wen? Akkusativ, Singular, männlich

→ **S. 187** Attribute (Beifügungen)

2 Ergänze die folgende Beschreibung eines Haustieres durch Adjektive aus Aufgabe 1a. Entscheide dich bei der Wahl der Adjektive für die Variante A oder B.

A: Du liebst Katzen/Ratten.   B: Du magst Katzen/Ratten nicht.

> Liebe Lena,
> stelle dir vor, unsere neuen
> Nachbarn haben eine ■ (Katze/Ratte) als Haustier.
> Sie nennen sie Blackie. Blackie ist so was von ■!
> Neulich klingelte ich bei ihnen, da stürzte dieses ■
> Tier auf mich zu.
> ...

3

a Schreibe die folgenden Sätze ab und ergänze die Adjektive im richtigen Fall.

1 Fast alle Szenen in den Potter-Filmen sind mit ■ (echt) Tieren gedreht worden. **2** Tiertrainer Gary Gero hat auch Hedwig, diesen ■ (wundersam) Vogel, trainiert. **3** Die Schnee-Eule musste sieben Monate trainieren, bis sie den ■ (spektakulär) Flug quer durch die Große Halle des Hogwarts-Internats beherrschte. **4** Aber den ■ (erfahren) Dompteur und sein ■ (fünfköpfig) Team konnte das nicht aus der Ruhe bringen. **5** Sie haben schon die ■ (wild) Hunde in »101 Dalmatiner« gebändigt.

b Bestimme den Fall der Nomen und der Adjektive.

TIPP
Nutze die Frageprobe.

4 Sieh dir das Foto genau an. Vergleiche, wer schneller oder langsamer läuft: der Strauß, die Giraffe, das Zebra, die Antilope, der Pavian, der Gepard.

TIPP
schneller/langsamer **als**...,
genauso schnell/langsam **wie**...

Der Strauß läuft schneller als ...

! Mithilfe von Adjektiven kannst du Eigenschaften miteinander vergleichen. Die meisten Adjektive lassen sich steigern (**Komparation**, Verb: komparieren) und haben dafür drei Formen:
Positiv (Grundstufe)   *ein kleines Haus*   *Pia tanzt wild.*
Komparativ (Mehrstufe) *ein kleineres Haus* *Kim tanzt wilder als Pia.*
Superlativ (Meiststufe)   *das kleinste Haus*   *Mona tanzt am wildesten.*
Mit dem Komparativ verwendet man **als**, z.B.: *A ist kleiner als B.*
Mit dem Positiv verwendet man **wie**, z.B.: *A ist (fast) so groß wie B.*

5 Übertrage die folgende Tabelle in dein Heft und ergänze sie.

Positiv	Komparativ	Superlativ
alt	älter	am ältesten
groß	...	...
schön	...	...
jung	...	...
interessant	...	...
gut	...	...

TIPP
*jünger/älter **als**...,*
*genauso alt **wie**...*

6 Vergleiche das Aufführungsjahr der Filme. Welcher Film ist älter, welcher jünger, welche Filme sind (fast) gleich alt?

Tom und Jerry – der Film	1993
Ein Schweinchen namens Babe	1995
Amy und die Wildgänse	1996
101 Dalmatiner	1996
Findet Nemo	2003
Ratatouille	2007

Wortschatzerweiterung

1 Wie erweitert sich unser Wortschatz?

a Welche Ideen hast du? Tausche dich mit deinen Mitschülerinnen und Mitschülern darüber aus.

b Löse die folgende Aufgabe schriftlich und vergleiche deine Ergebnisse mit den Lösungen der anderen.

1 Lange, dünne, schnurartige Teigwaren nennt man ■.
2 Per Internet Nachrichten versenden nennt man ■.
3 Ein Drucker, der Farben wiedergibt, ist ein ■.
4 Eine Schokolade mit Nüssen nennt man ■.
5 Ein Kommissar, der Kriminalfälle löst, ist ein ■.
6 Den Vorgang des Wareneinladens in einen LKW nennt man auch ■laden.

> **!**
>
> Unser **Wortschatz erweitert sich** ständig, z.B. durch
> - Wortbildung mithilfe von Zusammensetzung oder Ableitung, z.B.:
>   – Zusammensetzung aus zwei und mehr selbstständigen Wörtern: *Farbe + Drucker* → *Farbdrucker, aus + drucken* → *ausdrucken,*
>   – Ableitung mithilfe von Präfixen (Vorsilben) und Suffixen (Nachsilben): *ver- + schreiben* → *(sich) verschreiben, Farbe + -ig* → *farbig.*
> - Übernahme von Wörtern aus anderen Sprachen, z.B.:
>   – aus dem Englischen: *scannen, lasern, Homepage, Shampoo,*
>   – aus dem Italienischen: *Pizza, Broccoli, Zucchini.*

2

TIPP
Oft musst du zwischen die Wortbestandteile
-(e)s-, -(e)n- oder
-er- einschieben,
z.B.: *Tag-es-zeit.*

a Bilde aus folgenden Wörtern und Wortbestandteilen so viele Wörter wie möglich und schreibe sie auf. Achte auf die Wortart der neu gebildeten Wörter.

FEST   KIND   KLEID   TAG   TAFEL   ZEIT   AN   AUS   AUF

-lich   -keit   -heit   -ung   -en   -n   -ig   -isch   be-   ver-

 b Markiere in deinem Heft alle zusammengesetzten und alle abgeleiteten Wörter mit zwei unterschiedlichen Farben.

Wortfamilien

1 Betrachte den Wörterbaum.

a Wie heißt der gemeinsame Wortstamm?

b Ordne folgende Wörter einem Teil des Wörterbaums zu.

Fremdsprache – vorsprechen – aussprechen – Sprechprobe – sprichwörtlich – gesprächig – Nachrichtensprecher

---

! Jede **Wortfamilie** hat einen gemeinsamen Wortstamm. Er bestimmt die Schreibung. Wortfamilien entstehen durch Ableitung und Zusammensetzung, z. B.:

Sprach - e	Mutter - sprache
sprach - lich	Fremd - sprache
sprech - en	ab - sprechen
Sprech - er	Sprech - zeiten
Be - sprech - ung	
ver - sprech - en	

TIPP
In den Beispielen stecken zwei Wortfamilien.

2 Ordne die folgenden Beispiele nach Wortfamilien.
Schreibe sie auf und unterstreiche jeweils den Wortstamm der Familie.

Radurlaub – Rathaus – radwandern – ratlos – ratsam – Radtour – Ratschlag – Ratskeller – Radsportler – Radweg

3 Suche die Wortpaare, die miteinander verwandt sind.
Schreibe sie nebeneinander auf und markiere alle Stammvokale.
Begründe, warum du manchmal *ä* und manchmal *e* schreibst.

einschärfen – scharf – kräftig – wendig – Gemälde – Ernährung – anmelden – verändern – malen – Kraft – anders – Nahrung – Meldung – Wende

einschärfen ← scharf, ...

Zusammengesetzte Nomen/Substantive

1 Du kannst neue Wörter aus zwei oder mehr Bestandteilen zusammensetzen.

a Bilde mit den vorgegebenen Nomen so viele Zusammensetzungen wie möglich. Schreibe sie mit dem bestimmten Artikel in dein Heft.

| die Feier | der Tag | das Kind | die Ferien | das Lied |

| die Geburt | der Gast | das Geschenk | die Schule |

TIPP
Oft musst du -(e)s-, -(e)n- oder -er- zwischen die Wortbestandteile schieben, z.B.: *der Geburt-s-tag.*

b Nenne die Wortbestandteile, aus denen deine Zusammensetzungen bestehen. Trenne sie durch senkrechte Striche voneinander ab.

der Feier|tag, ...

! Zusammensetzungen bestehen aus einem **Bestimmungswort** und einem **Grundwort**. Das Bestimmungswort kann selbst noch einmal eine Zusammensetzung sein.
Manchmal musst du ein **Fugenelement**, z.B. -(e)s, -(e)n, -er-, zwischen Bestimmungs- und Grundwort einfügen, z.B.:

Bestimmungswort	+ Grundwort	= zusammengesetztes Wort
die Küche	*der Tisch*	*der Küchentisch*
das Kind	*das Fest*	*das Kinderfest*
die Geburt	*der Tag*	*der Geburtstag*
der Geburt|s|tag	*die Torte*	*die Geburtstagstorte*

2

a Vergleiche in den Beispielen im Merkkasten die Artikel von Bestimmungswort, Grundwort und dem daraus zusammengesetzten Wort.

b Ergänze den folgenden Merksatz und schreibe ihn in dein Heft.

Bei zusammengesetzten Nomen bestimmt das ▪ das Geschlecht, z.B.: ▪ *Gartentor*, aber: ▪ *Gartentür*.

c Suche Beispiele für Zusammensetzungen aus mehr als zwei Bestandteilen. Überprüfe, ob dabei die Regel aus Aufgabe b auch gilt.

3 Das folgende Gedicht hat Franz Fühmann geschrieben.

a Lies das Gedicht. Wie viele zusammengesetzte Nomen erkennst du?

In der Kuchenfabrik

Im Streuselkuchen ist Streusel,
im Pflaumenkuchen sind Pflaum',
im Marzipankuchen ist Marzipan,
im Baumkuchen ist ein Baum.

5 Im Kirschkuchen sind Kirschen,
im Obstkuchen ist Obst,
im Reibekuchen eine Küchenreibe,
ich hoffe, dass du ihn lobst.

Im Käsekuchen ist Käse,
10 im Hundekuchen ein Hund,
und wenn der Jens so weiterfrisst,
wird er noch kugelrund.

b Erkläre, was der Baumkuchen mit einem Baum, der Reibekuchen
mit einer Reibe und der Hundekuchen mit einem Hund zu tun hat.

c Nenne die zusammengesetzten Nomen, in denen das Wort *Kuchen*
als Grundwort auftritt.

d Nenne das Nomen, in dem das Wort *Kuchen* als Bestimmungswort
auftritt.

e Das Gedicht enthält auch zwei zusammengesetzte Wörter,
die keine Nomen sind. Suche sie und bestimme ihre Wortart.

4 Benenne die Dinge jeweils mit einem Wort.

1 Ein Pullover mit einer Kapuze ist ein ■.
2 Ein Buch, das von Abenteuern handelt, ist ein ■.
3 Ein Spiel, für das man viel Geduld braucht, ist ein ■.
4 Ein Anhänger für die Schlüssel ist ein ■.
5 Eine Tasche, die man am Gürtel befestigen kann, ist eine ■.

1. Kapuzenpullover, 2. . . .

5 Bilde Zusammensetzungen und schreibe sie mit dem bestimmten Artikel auf. Nenne die Wortart, zu der sie gehören.

1 lang Lauf   **2** leicht Athletik   **3** blau Licht
4 spielen Platz   **5** schwimmen Flosse   **6** starten Bahn

!

Das **Grundwort** eines zusammengesetzten Wortes bestimmt, zu welcher Wortart das zusammengesetzte Wort gehört und welches grammatische Geschlecht es hat.

Bestimmungswort	Grundwort	Zusammensetzung
rennen	*das Rad*	*das Rennrad*
der Geburtstag	*die Karte*	*die Geburtstagskarte*

6 Unterstreiche die Grundwörter von Aufgabe 5.
Bilde weitere Zusammensetzungen.

7 Schreibe die folgenden Wörter in dein Heft.
Achte auf die Groß- bzw. Kleinschreibung.

WINDSCHIEF – KNÖCHELTIEF – APFELBAUM – KAFFEEBRAUN – STARKSTROMLEITUNG – STANGENFÖRMIG – BÄRENSTARK

8

a Lies Jennys Entwurf für eine Einladungskarte.

> Liebe Leslie, lieber Oleg, lieber Janosch,
> ich lade euch zu meiner Feier zu meinem Geburtstag am Samstag, dem 1. 7., um 15 Uhr ein. Der Punkt unseres Treffens ist der neue Platz zum Spielen hinter
> ⁵ unserer Schule. Wenn die Sonne scheint, feiern wir draußen. Bringt ein paar Ideen für Spiele mit.
> Ich freue mich auf euch!   Jenny

→ S.27 Einen Text überarbeiten

b Überarbeite den Text. Ersetze umständlich formulierte Stellen durch ein zusammengesetztes Wort und schreibe es auf.

zu meiner Geburtstagsfeier, ...

Zusammengesetzte Adjektive

1 Suche bildhafte Farbbezeichnungen. Verwende das Farbadjektiv als Grundwort. Die Bilder weisen auf geeignete Bestimmungswörter hin.

grün – rot – blau

uniformgrün, …

! Mithilfe **zusammengesetzter Adjektive** kannst du Dinge und Situationen genauer, aussagekräftiger und bildhaft beschreiben, z. B.: *Zum zitronengelben T-Shirt trug Inga ihre flaschengrüne Hose.*

2

a Lies Silvios Beschreibung eines Wintertages.

Es war ein sehr kalter Wintertag. Der Schnee auf dem Fußweg lag sehr hoch, die Straße war sehr glatt. Im Licht der Straßenlaternen war es sehr hell.

TIPP
Überlege dir, wie kalt, wie hoch, wie glatt, wie hell etwas sein kann.

b Ersetze das eintönige *sehr* durch bildhafte zusammengesetzte Adjektive.

Es war ein hundekalter Wintertag. Der …

3 Steigere die Wirkung der folgenden Überschriften durch bildhafte zusammengesetzte Adjektive.

INSEL VON HOHEN WELLEN ÜBERSCHWEMMT

Unwetter mit großen Hagelkörnern

Haus von schwerem Meteoritenteil zerstört

Insel von meterhohen Wellen …, …

4 Bilde zusammengesetzte Adjektive und diktiere die Wortgruppen deiner Lernpartnerin / deinem Lernpartner.

1 ein ▪ (der Knochen – hart) Kuchen   **2** ein ▪ (die Feder – leicht) Kind
3 mit ▪ (das Blei – schwer) Fuß   **4** mit ▪ (der Winter – fest) Kleidung

Abgeleitete Nomen/Substantive

1 Aus welchen Wortbestandteilen sind die folgenden Nomen gebildet? Übertrage die Tabelle in dein Heft und ergänze sie.

die Gemeinschaft – die Klugheit – der Reichtum – die Heiterkeit – die Finsternis – die Leitung – die Erfindung – das Hindernis – der Irrtum

Wortstamm	Suffix (Nachsilbe)
gemein	-schaft
...	...

! An **Suffixen** (Nachsilben) wie *-heit, -keit, -ung, -schaft, -nis, -tum*, kannst du ein Nomen/Substantiv erkennen, z.B.:
schön – die Schönheit, tapfer – die Tapferkeit, leiten – die Leitung, eigen – die Eigenschaft, das Eigentum, hindern – das Hindernis.

TIPP
Achte auf die Großschreibung.

2 Bilde aus Adjektiven und Verben abgeleitete Nomen und schreibe sie mit dem bestimmten Artikel auf. Nutze dazu die passenden Suffixe aus dem Merkkasten.

frei – gleich – umleiten – kostbar – entfernen – selten – irren – verwandt – erleben – neu – geheim – heimlich – gemein

3 Welches Suffix passt zu welcher Reihe? Bilde abgeleitete Nomen und schreibe sie in dein Heft.

1 prüfen, rechnen, erwarten, rüsten, füttern
2 erleben, kennen, verstehen, wagen
3 berühmt, dunkel, mehr, Kind
4 bitter, brauchbar, biegsam, ewig
5 gemein, gefangen, Freund, Feind

4 Welche abgeleiteten Nomen stecken in folgenden Zusammensetzungen? Schreibe sie mit dem bestimmten Artikel in dein Heft.

Weltmeisterschaftstitel – Freundschaftsspiel – Sicherheitstraining – Berührungsängste – Zeugnisausgabe – Schönheitswettbewerb

Abgeleitete Verben

1 Hier stimmt etwas nicht. Welches Präfix (Vorsilbe) wäre richtig?
Schreibe die Lösung in dein Heft. Trenne das Präfix
durch einen senkrechten Strich vom Wortstamm ab.

1 Lilly hätte beinah ihren Hamster verdrückt.
2 Malek hat zehn Pfannkuchen zerdrückt.
3 Der Hut hat Großmutters Haare erdrückt.
4 Aishes Bruder hat ihren Wecker erlegt.
5 Katjas Vater hat ein Wildschwein verlegt.
6 Und mein Großvater hat wieder seine Brille zerlegt.

1. er|drückt, 2. ...

! Verben verändern ihre Bedeutung durch das Anfügen von **Präfixen**
(Vorsilben) wie *be-, er-, ent-, ver-, zer-*, z. B.:
*raten – beraten – erraten – verraten – missraten,
reißen – entreißen – zerreißen.*

---

2 Bilde so viele abgeleitete Verben wie möglich
und schreibe sie in dein Heft.

antworten	be-	er-	arbeiten
schlagen			sorgen
richten	ver-	zer-	handeln
achten	miss-	ent-	reisen

TIPP
Das Präfix *miss-*
wird immer mit *ss*
geschrieben.

3 Drücke mithilfe eines Präfixes das Gegenteil aus.

1 Der erste Versuch war gelungen.
2 Er versteht mich immer.
3 Dein Benehmen gefällt mir.
4 Die Schüler achten die Regeln.
5 Der Test war geglückt.
6 Carla gönnt ihm das Geschenk.
7 Seine Eltern billigen sein Verhalten.
8 Die Großeltern vertrauen ihrer Enkelin.
9 Sie hat uns verstanden.

Abgeleitete Adjektive

a Leite aus den Nomen in Klammern Adjektive ab und vervollständige den Wetterbericht.

1 Das ■ (Herbst) Wetter wird im Norden Deutschlands anhalten.
2 In den frühen Morgenstunden ist ■ (Ort) mit Nebelfeldern zu rechnen.
3 Für Aufheiterungen sorgen ■ (Sturm) Winde aus Südwest.
4 Im Süden ist es ■ (Sonne), im Westen dagegen ■ (Regen).
5 In höheren Lagen kann es zu ■ (Gefahr) Glatteisbildung kommen.

b Übertrage die Tabelle in dein Heft. Ergänze die Adjektive aus Aufgabe a.

-ig	-lich	-isch
...	herbstlich	...

 Auch Wörter mit den Suffixen *-bar*, *-sam* und *-haft* sind Adjektive. Welches Suffix passt?

Ein frucht■ Land; ein furcht■ Schmerz; ein furcht■ Kind; ein herz■ Essen; ein schweig■ Fahrgast; ess■ Pilze; spar■ sein; ein erhol■ Wochenende; ein müh■ Aufstieg; ein nahr■ Gericht

> **!** An den **Suffixen** (Nachsilben) *-ig, -lich, -isch, -haft, -bar, -sam* erkennst du ein Adjektiv, z.B.:
> *Saft – saftig, Tag – täglich, Kritik – kritisch, Traum – traumhaft, Furcht – furchtbar – furchtsam.*

a Versuche, aus den Wortbauteilen möglichst viele Adjektive zu bilden.

Wortstämme		Suffixe	
freund-	leb-	-bar	-ig
kind-	schweig-	-lich	-sam
meister-	krank-	-isch	-haft
angst-	lust-		
bild-	heim-		

 b Ergänze weitere Adjektive mit den genannten Suffixen.

Wortfelder

Ober- und Unterbegriffe

1 Nenne das Wort, das nicht in die Reihe folgender Begriffe gehört. Begründe, warum es nicht zu den anderen Wörtern passt.

1 Spitzer, Bleistift, Kugelschreiber, Füller, Filzstift
2 Lastwagen, Auto, Motorrad, Flugzeug, Bus, Fahrrad
3 Fuchs, Hirsch, Luchs, Wildschwein, Elefant, Hase
4 Rose, Tulpe, Nelke, Tanne, Veilchen, Schneeglöckchen
5 Hacke, Rasenmäher, Spaten, Harke, Gartenschere, Föhn
6 Käsekuchen, Schwarzbrot, Pfannkuchen, Erdbeertorte, Bienenstich
7 Bäcker, Gärtner, Koch, Bruder, Lehrer, Kraftfahrer
8 Trompete, Posaune, Flöte, Klarinette, Geige

> **!**
> Bedeutungsgleiche oder -ähnliche Wörter bilden ein **Wortfeld**.
> Du kannst sie in **Oberbegriffe** mit allgemeiner Bedeutung
> und **Unterbegriffe** mit spezieller Bedeutung einteilen, z. B.:
> Oberbegriff: *Fahrzeug*
>
> Unterbegriffe: *Lastwagen   Auto   Motorrad   Bus   Fahrrad*
>
> In Form von Tabellen und Übersichten kannst du Oberbegriffen
> Unterbegriffe zuordnen und umgekehrt.

2 Suche zu folgenden Wortreihen einen Oberbegriff.

1 Korb, Tasche, Kiste, Beutel, Dose, Tüte, Kasten, Tank
2 Rock, Hose, Pulli, Jacke, Bluse, Weste, Kleid, Hemd
3 Sandaletten, Gummistiefel, Holzlatschen, Turnschuhe
4 Teller, Untertasse, Tasse, Schale, Suppentasse, Soßenkännchen
5 Teddy, Kranauto, Bausteine, Indianerfiguren, Puppenhaus
6 Elster, Spatz, Amsel, Krähe, Taube, Meise, Rotkehlchen

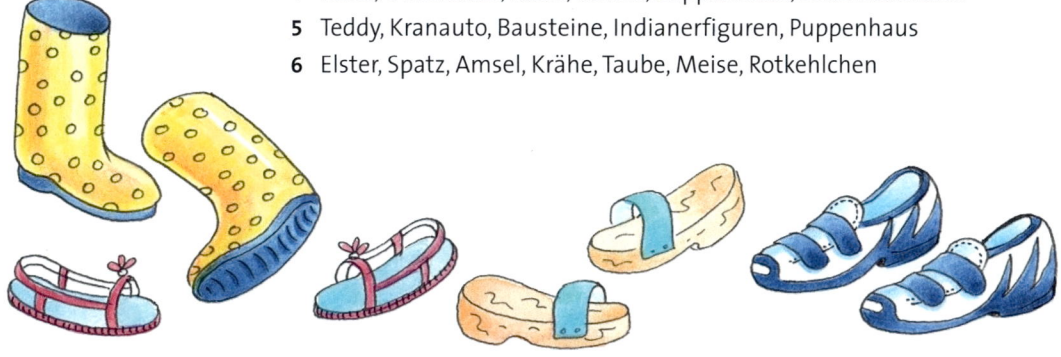

3 Auch Verben und Adjektive können Wortfelder bilden.

a Übertrage die folgende Tabelle in dein Heft und suche
die fehlenden Oberbegriffe.

sprechen	...	schön	...
reden	gehen	hübsch	rundlich
quasseln	stolzieren	niedlich	mopplig
schwatzen	marschieren	...	...
...	...		

b Ergänze weitere Unterbegriffe.

4 Suche aus dem »Wortsalat« die drei Oberbegriffe heraus
und ordne jeweils die dazugehörenden Unterbegriffe zu.

Weinglas – Gebäck – Sofa – Apfeltasche – Bett – Gläser – Pfannkuchen –
Stuhl – Colaglas – Möbel – Plätzchen – Schreibtisch – Rührkuchen –
Bierglas – Waffeln – Brauseglas – Tisch – Streuselkuchen – Sessel –
Sektglas – Schrank – Schnapsglas

5 Suche den passenden Oberbegriff und ergänze den Satz.

1 Brustschwimmen, Kraulen und Rückenschwimmen
bezeichnet man allgemein als ■.
2 Karpfen, Hecht und Aal sind ■.
In Ozeanen und Meeren gibt es auch noch ■.
3 Äpfel, Birnen, Pflaumen und Erdbeeren bezeichnen wir als ■.
Außerdem kenne ich noch ■. Dazu gehören zum Beispiel
Möhren, Kohlrabi und Spargel.
4 Hund, Katze, Kaninchen und Hamster gehören zu den ■.
Aber Löwe, Tiger, Nashorn und Elefant sind ■.
5 In Europa wachsen verschiedene Baumarten.
Kiefer, Tanne, Fichte gehören zu den ■.
Dagegen sind Eiche, Kastanie und Buche ■.

6 Das folgende Schaubild zeigt dir, dass ein Oberbegriff mehrere Unterbegriffe haben kann. Diese werden durch weitere Unterbegriffe näher erläutert. Übertrage es in dein Heft und ergänze.

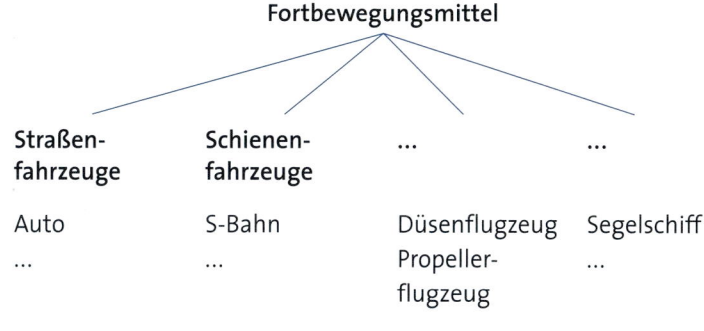

Fortbewegungsmittel

Straßen-fahrzeuge	Schienen-fahrzeuge	...	...
Auto	S-Bahn	Düsenflugzeug Propeller-flugzeug	Segelschiff
...	...	...	...

7 Ben hat zu einem Oberbegriff Unterbegriffe gefunden.
Zu einem der Unterbegriffe hat er weitere Unterbegriffe gesammelt.
Ordne die Begriffe übersichtlich.

Rottweiler, Hundenamen, Hunde, Hundebücher, Schäferhund, Golden Retriever, Hundehaltung, Pudel, Dackel, Hunderassen

8 Suche zu den folgenden Oberbegriffen möglichst viele Unterbegriffe. Fertige dazu jeweils eine Übersicht nach dem Muster an.

Niederschlag – Getränke – Insekten – Organe

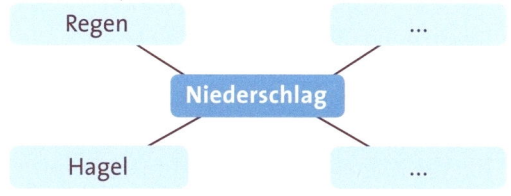

Regen

...

Niederschlag

Hagel

...

→ S.118 Märchen lesen und verstehen

9 Stelle dir vor, du hast für einen Vortrag über Märchen diese ungeordneten Notizen gemacht. Ordne sie nach Ober- und Unterbegriffen z.B. in einer Tabelle oder Übersicht. Ergänze weitere Unterbegriffe.

Figuren – gut und böse – Märchen – sehr alt – Aschenputtel – weltweit – Hänsel und Gretel – sprechende Tiere – die Bremer Stadtmusikanten – mündlich weitergegeben – Besonderheiten – Bestrafung und Belohnung – Entstehung – der gestiefelte Kater – oft verändert – Zahlen und Symbole – Schneewittchen – Beginn: »Es war einmal …«

Satzbau und Zeichensetzung

Satzarten und ihre Satzschlusszeichen

1 Der Clown Emil wirft alle Begriffe durcheinander.
Ihr wisst schon vieles über den Satzbau. Überlegt, was euch
zu diesen Wörtern einfällt. Tauscht euch darüber aus.

2

a Der folgende Text ist schwer zu lesen. Finde heraus, warum.

Achtung, Fehler!

Warum ist die Zirkusmanege rund das Wort *Zirkus* stammt aus
dem Griechischen/Lateinischen und bedeutet »Kreis« meistens
hat die Manege einen Durchmesser von 13 Metern das ist ein
günstiges Maß, um Pferde im Kreis laufen zu lassen in einer vier-
5 eckigen Manege hätten die Pferde Schwierigkeiten beim Laufen
was würde in einem kleineren Kreis passieren die Pferde würden
sich zu sehr in die Kurve legen die Artisten könnten dann auf dem
Pferderücken sehr schlecht ihre Kunststücke zeigen achte beim
nächsten Zirkusbesuch einmal bewusst auf Größe und Form der
10 Manege wie bewegen sich Pferde und Akrobaten im Zirkusrund

b Stelle fest, wo die einzelnen Sätze enden, und begründe,
welche Zeichen am Ende stehen müssen.
Lies anschließend den Text laut vor.

a Lies die folgenden Sätze, die Clown Emil sagen könnte.

1 Ich bin der Clown Emil vom Zirkus »Riballo«
2 Kennt ihr meinen Zirkus schon
3 Kommt alle herein und schaut euch unsere Vorstellung an
4 Bei uns arbeiten viele Artisten und Dompteure
5 Habt ihr schon einmal selbst versucht zu jonglieren
6 Im Zirkus »Riballo« gibt es Löwen und Elefanten
7 Seht euch unsere Fußball spielenden Hunde an
8 Der Zirkusdirektor wird die Vorstellung eröffnen
9 Welche Artisten gefallen euch am besten
10 Kommt alle in unseren Zirkus
11 Wann wart ihr das letzte Mal im Zirkus
12 Wir halten viele Überraschungen für euch bereit

b Clown Emil sagt nicht nur etwas aus, er fragt auch und fordert auf.
Suche die entsprechenden Sätze und schreibe sie mit Punkt,
Fragezeichen oder Ausrufezeichen ab.

Der Satzbau und die Satzart sind abhängig von der Absicht des
Schreibers bzw. Sprechers.
• Um etwas mitzuteilen, bildet man einen **Aussagesatz**, in dem
  die finite (gebeugte) Verbform an zweiter Stelle steht, z. B.:
  Ich gehe gern in den Zirkus. Das Zirkuszelt ist riesengroß und bunt.
  Satzschlusszeichen: Punkt
• Um etwas zu erfahren, bildet man einen **Fragesatz**. Fragen
  können mit einem Fragewort (z. B. *wer, was, wie, wann, wo, warum*)
  oder mit einer finiten (gebeugten) Verbform beginnen, z. B.:
  Wo spielt der Zirkus? Wann beginnt heute die Vorstellung?
  Gehst du morgen mit mir in den Zirkus? Hast du deinen Platz schon
  gefunden?
  Satzschlusszeichen: Fragezeichen
• Wenn man jemanden zum Handeln auffordern will, bildet man
  einen **Aufforderungssatz.** Er kann einen Befehl, einen Wunsch oder
  eine Bitte ausdrücken. Diese Sätze beginnen mit der finiten
  (gebeugten) Verbform, z. B.:
  Mach sofort die Tür zu!
  Gib mir bitte die Eintrittskarten. Gebt mir doch bitte dieses Buch.
  Satzschlusszeichen: Ausrufezeichen (nachdrückliche Aufforderung,
  vor allem Befehl), Punkt

Bau des einfachen Satzes: Satzglieder

1 Einfache Sätze bestehen aus Wörtern und Wortgruppen. Du kannst sie, je nach Aussageabsicht, im Satz unterschiedlich anordnen.

Clown Emil   betrat   als Erster   die Manege.

a Stelle den Aussagesatz mehrfach um. Wie viele Möglichkeiten gibt es? Übertrage die folgende Tabelle in dein Heft und ergänze sie.

1. Stelle	2. Stelle	3. Stelle	4. Stelle
Clown Emil	betrat	...	...

b Überlege, welche Wirkung du durch die Umstellung erreichen kannst.

c Stelle fest, welches Wort beim Umstellen immer an der gleichen Stelle stehen bleibt.

!

> Die meisten Wörter oder Wortgruppen eines Aussagesatzes kann man umstellen. Eine Ausnahme macht nur die finite (gebeugte) Verbform. Sie steht im Aussagesatz immer an der zweiten Stelle. An der ersten Stelle, also vor der gebeugten (finiten) Verbform, kann immer nur *ein* Wort oder *eine* Wortgruppe, also *ein* Satzglied stehen. Alle weiteren Satzglieder folgen nach der gebeugten (finiten) Verbform. Deshalb hilft dir die **Umstellprobe**, die Anzahl der Satzglieder eines Satzes zu ermitteln. Zu einem **Satzglied** gehören jeweils die Wörter, die sich nur zusammenhängend verschieben lassen, z. B.:
> *Clown Emil   betrat   die Manege.*
> *Die Manege   betrat   Clown Emil.*

2

Die Umstellprobe anwenden

a Ermittle mithilfe der Umstellprobe die Anzahl der Satzglieder in den folgenden Sätzen.

1 Die Kapelle spielte zur Begrüßung einen Tusch.
2 Die Manege erstrahlte in leuchtenden Farben.
3 Der Zirkusdirektor begrüßte am Anfang der Vorstellung das Publikum.
4 Die zahlreichen Besucher dankten den Artisten für ihre atemberaubenden Kunststücke.

b Lies die Sätze mit unterschiedlicher Betonung vor. Welche Wirkung kannst du durch die Umstellung der Satzglieder im Satz erzielen?

> **!** Um einen Text flüssiger und verständlicher zu gestalten, solltest du darauf achten, dass an der ersten Stelle im Satz jeweils das Satzglied steht, das sich auf den vorhergehenden Satz bezieht oder das für diesen Satz besonders wichtig ist, z. B.:
> *Die Reiter stürmten auf ihren geschmückten Pferden in die Manege.*
> *<u>Dort</u> wurden sie mit jubelndem Beifall empfangen.*
> *<u>Lautstark</u> wurden sie von den Zuschauern begrüßt.*

3 Schreibt gemeinsam einen einfachen Satz auf, der möglichst viele sinnvolle Satzglieder hat. Schreibt mit großen Druckbuchstaben, ermittelt mithilfe der Umstellprobe die Satzglieder und zerschneidet dann den Satz in die einzelnen Satzglieder. Nun reicht ihr den zerschnittenen Satz an die Schülerinnen und Schüler der nächsten Bank weiter, damit sie euren Satz in möglichst vielen verschiedenen Varianten wieder zusammensetzen können. Ihr bekommt selbstverständlich auch einen Satz, den ihr wieder »zusammenbasteln« könnt.

→ **S. 27**
Einen Text überarbeiten (Satzbau)

4 Tino erzählt im folgenden Text über einen Zirkusbesuch. Beim Lesen wirst du merken, dass dieser Teil von Tinos Schilderung nicht sehr flüssig geschrieben ist. Versuche, den Text durch das Umstellen einiger Satzglieder besser lesbar zu machen.

Ich war gestern mit meinen Großeltern im Zirkus. Ich hatte mich schon lange auf diesen Besuch gefreut. Wir hatten sehr gute Plätze. Wir konnten die ganze Manege übersehen. Ich saß schon lange vor Beginn der Vorstellung sehr aufgeregt auf meinem Platz.
5 Der Zirkusdirektor kam endlich. Er begrüßte uns mit einer kurzen Ansprache. Die Vorstellung begann mit einer Pferdedressur. In die Manege liefen fünf schwarze und fünf weiße Pferde. Auf dem Rücken der Pferde zeigten zwei Artisten waghalsige Kunststücke. Ich hielt beim Zuschauen manchmal den Atem an. Ein gelungener
10 Auftakt war diese Nummer. Wir spendeten lange Beifall.

Subjekt

1 Welche wichtige Information fehlt hier?

a Ergänze die folgenden Sätze.

1 ▪ hat eine dicke rote Nase.
2 ▪ klatschen begeistert Beifall.
3 ▪ ist mit Sägespänen ausgefüllt.
4 ▪ wirbelt zehn brennende Fackeln herum.
5 ▪ lässt einen Menschen von der Bühne verschwinden.
6 ▪ schüttelt seine Mähne und faucht den Dompteur an.
7 ▪ fliegt mit einem dreifachen Salto durch die Zirkuskuppel.
8 ▪ trompeten laut zur Begrüßung und schwenken ihre Rüssel.

b In allen Sätzen fehlte das Subjekt. Stelle drei deiner ergänzten Sätze so um, dass das Subjekt nicht mehr an erster Stelle vor dem finiten Verb steht.

c Hier stimmt etwas nicht. Der zweite Teil des Satzes passt nicht zum Subjekt. Ordne die Teile richtig zu.

Zwölf rassige Pferde	schaukelten gemütlich durch die Manege.
Die Musiker	ließ einen Tiger verschwinden.
Die Dickhäuter	flogen waghalsig durch die Luft.
Die Messerwerfer	stritten sich um ihre Mützen.
Zwei Clowns	watschelten hinter ihrem Dompteur her.
Die Pinguine	galoppierten in die Manege.
Die Trapezkünstler	begrüßten das Publikum mit einem Tusch.
Der Zauberer	zielten haarscharf am Kopf ihres »Opfers« vorbei.

d Suche im Text der Aufgabe 4 auf S. 179 die Subjekte heraus, indem du mit *Wer?* oder *Was?* danach fragst.

Die Frageprobe nutzen

! Das Satzglied **Subjekt** ist der Satzgegenstand des Satzes. Über das Subjekt wird etwas ausgesagt. Es steht in der Regel im Nominativ. Man fragt mit *Wer?* oder *Was?* danach, z. B.:

Die meisten Kinder gehen gern in den Zirkus.   Wer?

Am Schluss der Vorstellung kamen alle Artisten Wer?
noch einmal in die Manege.

Alle Plätze waren besetzt.   Was?

Prädikat

1 Prädikate werden in der Regel durch Verben ausgedrückt.

a Wähle ein passendes Verb aus und ergänze damit
die folgenden Sätze.

beobachten – bewundern – essen – erwarten – gehen – betrachten –
jubeln – lachen – staunen

1 Die meisten Kinder ■ gern in den Zirkus.
2 Sie ■ über die Späße der Clowns.
3 Sie ■ die Geschicklichkeit der Artisten.
4 Sie ■ über die Kunststücke der Magier.
5 Sie ■ mit Spannung die Tierdressuren.
6 Sie ■ in der Pause gern Eis.
7 Sie ■ genau die Kostüme der Musiker.

b In welchen Sätzen sind verschiedene Verben möglich?

> **!** Das Satzglied **Prädikat** sagt etwas über das Subjekt aus
> (**Satzaussage**). **Subjekt** und **Prädikat** sind
> die beiden Hauptbestandteile eines Satzes. Sie bilden den **Satzkern**.
> Sie werden mithilfe von Fragen bestimmt, z. B.:
>
> *Der Artist*   *jongliert mit bunten Bällen.*
> Wer/Was?   Was wird ausgesagt?
> Subjekt   Prädikat
> Wenn das Prädikat nur aus dem finiten (gebeugten) Verb besteht,
> nennt man es **einteiliges Prädikat**.

→ **S.155** Zeitformen (Tempusformen) von Verben

2 Wähle ein passendes Verb aus und setze es als einteiliges Prädikat ein.
Welche beiden Zeitformen des Verbs kannst du bilden?
Schreibe die Sätze in dein Heft.

schwenken – galoppieren – besuchen – kaufen – balancieren

1 Die Zuschauer ■ die Tierschau.
2 Leon ■ eine Eintrittskarte.
3 Der Elefant ■ seinen Rüssel.
4 Die Robbe ■ bunte Bälle auf der Nase.
5 Ein Schimmel ■ durch die Manege.

> Das **mehrteilige Prädikat** besteht aus der finiten (gebeugten) Verbform und anderen, infiniten (ungebeugten) Verbformen (Partizip II, Infinitiv) oder weiteren Wörtern, z. B.:
> *Viele Künstler <u>sind aufgetreten</u>. Der Zauberer <u>hat</u> uns am besten <u>gefallen</u>. Anne <u>sollte</u> zu ihm in die Manege <u>kommen</u>. Die Clowns <u>steckten</u> uns mit ihrem Lachen <u>an</u>.*
> Das mehrteilige Prädikat kann andere Satzglieder einrahmen. Dann bildet es einen **prädikativen Rahmen.**

3 Bestimme die mehrteiligen Prädikate in den folgenden Sätzen.

1 Anne und Robin sind gestern im Zirkus gewesen.
2 Sie haben sich schon lange darauf gefreut.
3 Vor der Vorstellung sahen sie sich die Tierschau an.
4 Dann haben sie eine Weile nach ihren Plätzen gesucht.
5 Am besten haben ihnen die Tierdressuren gefallen.
6 Robin sollte zum Zauberer in die Manege kommen.
7 Der Zauberer hat ihm sein Handy weggezaubert.
8 Anne und Robin haben begeistert von der Vorstellung erzählt.

4

a Lies den folgenden Text.

1 Alle Zirkusfreunde kennen den Zirkus »Sarrasani«. **2** Seine Ursprünge liegen in Sachsen, in Radebeul und Dresden. **3** Der Gründer hieß Hans Stosch. **4** Er wurde 1873 geboren. **5** Schon als 15-Jähriger wollte er gern Clown werden. **6** Deshalb riss er einfach von zu Hause aus. **7** Sein Vater brach jeden Kontakt zu ihm ab. **8** In einer bayerischen Wanderschau arbeitete Hans Stosch als Stallbursche. **9** Dort kam ihm die Idee vom Tierclown. **10** 1892 trat er das erste Mal als Dressurclown auf. **11** Er wählte den Künstlernamen Giovanni Sarrasani. **12** Damals begann er seine Arbeit mit einem Pudel. **13** Mit Affen, Hunden, Ratten, Ziegenbock, Schwein und Braunbär baute er sich seine Zirkusnummer auf.

b Übertrage die folgende Tabelle in dein Heft. Bestimme in allen Sätzen die Subjekte und Prädikate und schreibe sie in die richtige Spalte.

Subjekt	einteiliges Prädikat	mehrteiliges Prädikat
alle Zirkusfreunde	kennen	

Objekt (Ergänzung)

1 Die meisten Prädikate verlangen eine Ergänzung.

a Wähle die passende Wortgruppe aus und ergänze die folgenden Sätze.

bunte Sättel – das Publikum – den Akrobaten – einen Marsch –
seinen Dompteur – eine Armbanduhr – dem Zirkusdirektor

1 Der Direktor begrüßt ■ mit freundlichen Worten.
2 Die Kapelle spielt zur Eröffnung ■.
3 Die Zuschauer hören ■ zu.
4 Die Pferde tragen ■ auf dem Rücken.
5 Der Zauberer lässt ■ verschwinden.
6 Die Assistentin hilft ■ beim Aufbau der Geräte.
7 Der Löwe faucht ■ an.

! Das **Objekt** ist ein Satzglied, das das Prädikat ergänzt.
Der Fall des Objektes ist vom Verb abhängig, z.B.:
Der Junge fragt den Platzanweiser. Wen? Akkusativobjekt
Der Platzanweiser hilft dem Jungen. Wem? Dativobjekt
Der Reiter gibt dem Pferd ein Stück Zucker. Wem? Dativobjekt
Was? Akkusativobjekt
Man kann Dativobjekte mithilfe der Frage *Wem?* und
Akkusativobjekte mithilfe der Fragen *Wen?* oder *Was?* erkennen.

Die Frageprobe
anwenden

b Bestimme den Fall der Objekte in Aufgabe a mithilfe der Frageprobe.

2 Bilde Sätze mit den Verben aus der folgenden Tabelle. Ergänze jeweils
Subjekt und Objekt. Bestimme die Objekte mithilfe der Frageprobe
und unterstreiche sie.

Verben + Dativobjekt	Verben + Akkusativobjekt
helfen – antworten – zustimmen – folgen – vertrauen – glauben	unterstützen – brauchen – fragen – suchen – bitten – pflegen – tragen
Sie helfen unserem Gärtner. – Wem? ...	Wir unterstützen die Jüngeren. – Wen? ...

3 Oft treten Personalpronomen als Objekte auf.

a Akkusativ- oder Dativobjekt? Ordne zu.

Ich helfe ihm gern. Ich trage ihn (den Pullover) zum ersten Mal. Morgen frage ich sie. Ihm habe ich es anvertraut. Er stimmt ihnen zu.

b Welche der folgenden Personalpronomen sind im richtigen Fall verwendet? Ergänze ein Subjekt und ein passendes Objekt. Schreibe die Sätze in dein Heft.

geben: ihr, ihm, sie, mich, es	*bitten:* sie, ihnen, euch, dich, mir
vertrauen: euch, ihn, ihr, ihnen	*helfen:* ihm, ihr, sie, mir, ihnen
tragen: es, ihm, sie, dir, uns	*zustimmen:* dir, mich, euch,
mitnehmen: ihn, mir, ihnen,	ihn, uns
es, dich	*fragen:* sie, ich, ihnen, ihm

Ich gebe es ihr . . .

4 Manche Verben können sowohl Dativ- als auch Akkusativobjekte verlangen. Bilde mit den folgenden Verben Sätze, die beide Objekte enthalten, und schreibe sie auf. Unterstreiche die Objekte mit unterschiedlichen Farben.

schreiben – geben – verbieten – zutrauen – schenken – versprechen

Ich schreibe meinem Freund eine E-Mail.
Wem? – meinem Freund (Dativobjekt)
Wen? Was? – eine E-Mail (Akkusativobjekt)

TIPP
Nutze wieder die Frageprobe:
Wem? → Dativ,
Wen?/Was?
→ Akkusativ.

5 Schreibe einen Text über dein letztes Zirkuserlebnis oder ein anderes Erlebnis in deiner Freizeit. Unterstreiche anschließend alle Dativ- und Akkusativobjekte mit unterschiedlichen Farben.

Adverbialbestimmungen (Umstandsbestimmungen) des Ortes und der Zeit

1 Prädikate können durch Zeitangaben näher bestimmt werden.

a Schreibe die Zeitangaben aus den folgenden Sätzen heraus.

1 In der vergangenen Woche fand ich in der Zeitung eine Werbung für den Zirkus.
2 Er kommt in 14 Tagen in unsere Stadt.
3 Seit gestern kann man schon Eintrittskarten kaufen.
4 Meine Oma hat mir heute versprochen, mit mir in den Zirkus zu gehen.
5 In ein paar Tagen wollen wir Karten besorgen.

! Um Zeitangaben zu machen, wird das Prädikat häufig durch eine **Adverbialbestimmung der Zeit** (**Temporalbestimmung**) näher bestimmt. Man kann sie mit *Wann?*, *Wie lange?*, *Bis wann?* und *Seit wann?* erfragen, z.B.:

Wir kaufen <u>morgen</u> Karten für den Zirkus.	Wann?
Jede Vorstellung dauert <u>zwei Stunden</u>.	Wie lange?
Der Zirkus bleibt <u>bis nächsten Sonntag</u> hier.	Bis wann?
Meine Oma kennt diesen Zirkus <u>schon seit vielen Jahren</u>.	Seit wann?

TIPP
Nutze die Frageprobe: *Wann?*, *Wie lange?*, *Bis wann?*, *Seit wann?*

b Ergänze die folgenden Sätze durch Zeitangaben. Schreibe die Sätze auf und unterstreiche die Adverbialbestimmungen der Zeit.

1 Die meisten Vorstellungen finden ■ statt.
2 Für die kleineren Kinder spielt der Zirkus auch ■.
3 Der Zirkus bleibt ■ in unserer Stadt.

2 Prädikate können auch durch Ortsangaben näher bestimmt werden.

a Schreibe die Ortsangaben aus den folgenden Sätzen heraus.

1 Das originell bemalte Sarrasani-Haus steht in Radebeul bei Dresden.
2 Dieses Haus befindet sich in der Gartenstraße 54 und war früher ein Waschhaus. Es gilt als die Keimzelle des weltberühmten Zirkus.
3 André Sarrasani, ein Nachkomme des Zirkusgründers, weihte hier 2003 ein interessantes kleines Museum ein.
4 Am 30. März 1902 fand in einem komfortablen Zirkuszelt mit 3600 Plätzen in Meißen die Weltpremiere des Zirkus »Sarrasani« statt. Das war der erste deutsche Zeltzirkus mit elektrischer Beleuchtung.
5 Der Ruhm des Zirkus war bis in die Hauptstadt gedrungen und 1904 hatte »Sarrasani« sein erstes Gastspiel in Berlin.
6 Hans Stosch-Sarrasani wollte für seinen Zirkus ein festes Haus. Seit 1912 spielte der Zirkus im Dresdner Königstheater der 5000, das beim Bombenangriff am 13. Februar 1945 zerstört wurde.

! Das Prädikat kann auch durch eine **Adverbialbestimmung des Ortes (Lokalbestimmung)** näher bestimmt werden. Man kann danach mit *Wo?, Woher?* oder *Wohin?* fragen, z.B.:
Der Zirkus Sarrasani hatte sein festes Gebäude in Dresden. – Wo?
Die Elefanten, die Sarrasani besaß, stammten aus Indien. – Woher?
In den zwanziger Jahren wanderte Hans Stosch-Sarrasani mit seinem Zirkus nach Südamerika aus. – Wohin?

TIPP
Nutze die Frage-probe: *Wo?, Woher?, Wohin?*

b Ergänze die folgenden Sätze durch Ortsangaben. Schreibe die Sätze auf und unterstreiche die Adverbialbestimmungen des Ortes.

1 Der weltberühmte Zirkus »Sarrasani« hat seine Keimzelle in ■.
2 Die Weltpremiere fand 1902 in ■ statt.
3 Der Ruhm des Zirkus war bis ■ gedrungen.

Attribut (Beifügung)

1 Die drei Clowns sehen sehr unterschiedlich aus.
Marie hat sie im Zirkus gesehen und beschreibt sie.

1 Clown Emil hat eine dicke, rote **Nase**. Er trägt eine zerzauste **Perücke**
   mit hellblonden **Haaren** und breite, bunte **Hosenträger**.
   Eine riesige **Sicherheitsnadel** hält seine geblümte **Hose** zusammen.
2 Clown August ist der mit dem eleganten, gelben **Frack**.
   Seine schwarzen **Haare** hat er zu einer kunstvollen **Frisur** geformt.
   Die **Farbe** seiner Fliege ist giftgrün.
3 Das **Gesicht** von Clown Willibald ist mit weißer **Farbe** geschminkt.
   Er hat einen riesengroßen, roten **Mund** und traurige **Augen** mit langen
   Wimpern. Sein weiter **Anzug** ist aus kariertem **Stoff**.

a Aus den Beschreibungen kannst du erkennen, welcher Clown welchen
  Namen trägt. Fasse noch einmal kurz zusammen: Wer ist Emil,
  wer August und wer Willibald?

b Sieh dir jetzt die fett gedruckten Nomen an. Durch welche Wörter
  und Wortgruppen (Attribute) werden sie näher beschrieben?
  Schreibe die Nomen mit den dazugehörigen Attributen heraus.

2 Suche zu folgenden Nomen passende Attribute. Beachte, dass die Attribute vor oder hinter dem Nomen stehen können.

Zirkuszelt – Zuschauer – Manege – Artist – Löwe – Elefant – Pferd

ein große̲s̲ Zirkuszelt, ein Zirkuszelt m̲i̲t̲ ̲v̲i̲e̲l̲e̲n̲ L̲i̲c̲h̲t̲e̲r̲n̲, …

> **!** **Attribute** (Beifügungen) bestimmen Nomen/Substantive näher. Sie können vor oder hinter den Nomen stehen. Man kann sie mit *Welche(-r, -s)?* oder *Was für ein(e)?* erfragen, z. B.:
> *ein weltberühmter Zirkus*   Was für ein Zirkus?
> *der Zirkus mit der größten Tierschau*   Welcher Zirkus?

→ S.78
Einen Gegenstand beschreiben

3 Ihr habt sicher im Zirkus schon Artisten mit fantasievollen Kostümen gesehen. Probiert einmal Folgendes aus: Einer von euch beschreibt ein Kostüm, der andere zeichnet es nach der Beschreibung.

4 Überprüfe an den Sätzen der Aufgabe 1a (S.187), ob Attribute Satzglieder sind. Nutze dazu die Umstellprobe. Zu welchem Ergebnis kommst du?

> **!** **Attribute** (Beifügungen) können nicht allein umgestellt werden. Sie bleiben immer bei dem Nomen, zu dem sie gehören, und sind ein Teil dieses Satzgliedes. Sie werden deshalb auch **Satzgliedteil** genannt.

Bau des zusammengesetzten Satzes

1 Svenja und Paul wollen in der Schulzeitung über das Zirkusprojekt ihrer Klasse berichten.

a Lest den Beginn ihres Entwurfs und tauscht euch über euren ersten Eindruck aus.

Zuerst mussten wir viele Ideen sammeln. Alle wollten mitmachen. Danach haben wir gemeinsam das Programm zusammengestellt. Zwei Clowns hatten die Gäste begrüßt. Dann kam Tommy mit seinem Mäusezirkus. Das war auch sehr lustig. Eine Maus wollte immer ausreißen. Nadja hat getanzt. Das Publikum war begeistert. Kurt hat…

TIPP
Beim Verbinden müsst ihr die Sätze ein wenig verändern.

b Überarbeitet den Text, indem ihr folgende Sätze sinnvoll miteinander verbindet. Wählt dazu ein passendes Bindewort aus.

denn – als – nachdem – weil

1 Zuerst mussten wir viele Ideen sammeln. Alle wollten mitmachen.
2 Zwei Clowns hatten die Gäste begrüßt. Dann kam Tommy mit seinem Mäusezirkus.
3 Das war auch sehr lustig. Eine Maus wollte immer ausreißen.
4 Nadja hat getanzt. Das Publikum war begeistert.

1. Zuerst mussten wir viele Ideen sammeln, denn alle…
2. …

! Kurze Sätze, die inhaltlich eng zusammengehören, kannst du zu einem **zusammengesetzten Satz** verbinden. Dazu brauchst du ein **Bindewort**, z. B.: *denn, weil, nachdem, als, dass, sodass, wenn, da.* Die Teilsätze eines zusammengesetzten Satzes musst du in der Regel an der Bindestelle durch **Komma** voneinander abgrenzen, z. B.:
Wir bastelten bunte Hüte, *denn* *alle wollten lustig aussehen.*
Als *die Clowns geschickt jonglierten*, *staunten die Zuschauer.*

2
a Schreibe die zusammengesetzten Sätze aus Aufgabe 1b in dein Heft. Achte auf die Kommasetzung und rahme die Bindewörter ein.

b Lest euch eure zusammengesetzten Sätze laut vor. Beobachtet, ob man beim Sprechen hören kann, wo ein Teilsatz endet.

 Teilsätze eines zusammengesetzten Satzes kann man auch an der **Stimmführung** beim Sprechen erkennen. Nach dem ersten Teilsatz (dort, wo das Komma steht) machen wir eine Sprechpause, ohne dabei die Stimme zu senken.

3

TIPP
Achte auf die Kommasetzung.

a Bilde zusammengesetzte Sätze mithilfe der in Klammern stehenden Bindewörter. Schreibe die Sätze auf und rahme die Bindewörter ein.

1 Alle waren ganz still. Karlo zauberte. (während)
2 Die Turner hatten mit tollen Sprüngen begeistert. Endlich war unsere Flötengruppe dran. (nachdem)
3 Einmal ging etwas schief. Niemand lachte die Artisten aus. (wenn)
4 Am Ende freuten sich alle. Einiges war nicht gelungen. (obwohl)

1. Alle waren ganz still, | während | . . .

b Lies deine Sätze halblaut und achte auf die Stimmführung.

c Untersuche deine Sätze aus Aufgabe a jetzt genauer.
- Unterstreiche die finiten (gebeugten) Verbformen.
- Vergleiche die Stellung der finiten (gebeugten) Verbformen in den einzelnen Teilsätzen.
- Welche Gemeinsamkeiten und welche Unterschiede erkennst du?

 Ein zusammengesetzter Satz besteht oft aus einem **Hauptsatz** und einem **Nebensatz**.
Die meisten **Nebensätze** erkennst du an folgenden Merkmalen:
- Die finite (gebeugte) Verbform steht an letzter Stelle.
- Sie beginnen mit einem **Einleitewort**.
Zusammengesetzte Sätze, die aus Haupt- und Nebensätzen bestehen, nennt man **Satzgefüge**. Sie können so gebildet werden:
Am Ende strahlten alle glücklich, | obwohl | *einiges nicht gelungen war.*

    HAUPTSATZ   ,   NEBENSATZ .

| Wenn | *einmal etwas schiefging, lachte niemand die Artisten aus.*

    NEBENSATZ   ,   HAUPTSATZ .

4

a Lies die folgenden Satzgefüge und nenne die Nebensätze.
Begründe deine Entscheidungen.

1 Besonders die Fußballfans waren begeistert,
als Marek seine Kunststücke mit dem Ball zeigte.

2 Weil Larissas Kaninchen sich nicht aus dem Stall traute,
musste sie es mit frischem Gras locken.

3 Moritz führte seine Kartentricks so perfekt vor, dass wir staunten.

4 Als Tim mit seinem lustigen Hund auftrat, mussten alle lachen.

5 Obwohl Clown Timo seine rote Nase verloren hatte,
sprang und tanzte er fröhlich durch die Manege.

b Unterstreiche jeweils das Verb am Ende des Nebensatzes.

TIPP
Fertigt eine Liste
mit bei Neben-
sätzen häufig
vorkommenden
Einleitewörtern
an und hängt sie
im Klassenraum
aus.

5 Bilde selbst Satzgefüge. Verbinde die folgenden Sätze mithilfe
der Einleitewörter. Achte auf die Kommasetzung.

weil – bis – als – dass – während – nachdem

1 Kurt wollte zuerst nicht auftreten. Er hatte sich beim Training verletzt.

2 Lucy und ihr Hamster warteten aufgeregt. Es ging endlich los.

3 Karen spielte auf ihrer Geige. Ganz still war es.

4 Jenny machte sich Sorgen. Ihr Kostüm wird nicht rechtzeitig fertig.

5 Die Clowns sangen. Einige hielten sich die Ohren zu.

6 Die Seilspringer waren fertig. Selina kam mit ihrem Einrad.

6 Im folgenden Text fehlen die Kommas zwischen Haupt- und
Nebensätzen.
Begründe, an welchen Stellen ein Komma gesetzt werden muss.

Achtung,
Fehler!

Weil unser Klassenzirkus allen so gut gefallen hat wollen wir
weitermachen. Wir haben schon einige Ideen was noch verbessert
werden könnte. Bis die nächste Aufführung starten kann muss
aber noch viel geübt werden. Wenn alles klappt heißt es
5 im Frühjahr wieder »Manege frei!«. Habt ihr einen Vorschlag
wo unsere Manege dann aufgebaut werden sollte?
Außerdem könnt ihr euch auch bei uns melden falls ihr selbst
etwas Tolles vorführen wollt.

Zeichensetzung

Kommasetzung bei Aufzählungen

1 Suche in den folgenden Sätzen die Aufzählungen und
setze die fehlenden Kommas.

1 Der Direktor begrüßte das Publikum so: »Meine sehr verehrten
Damen Herren Mädchen und Jungen.
2 Sie sehen heute die weltbesten sensationellsten aufregendsten
Attraktionen, die ein Zirkus zu bieten hat.
3 In unserer Vorstellung gibt es Clowns Artisten Zauberer
sowie Musikanten von Weltrang.
4 Lassen Sie sich sowohl von spannenden Zaubertricks
Dressurnummern mit ungewöhnlichen Tieren als auch von
sensationellen Akrobatikvorführungen verzaubern.
5 Dafür wünsche ich Ihnen viel Spaß und gute Unterhaltung.«
6 Am Ende der Vorstellung jubelten klatschten und trampelten
die Zuschauer vor Begeisterung.

Achtung, Fehler!

! Manche Sätze enthalten **Aufzählungen** in Form von Wörtern
oder Wortgruppen. Zwischen den einzelnen Gliedern einer solchen
Aufzählung muss ein **Komma** gesetzt werden, wenn diese nicht
durch die Bindewörter *und, oder, sowie, sowohl … als auch* verbunden
sind, z. B.:
*In unserer Vorstellung gibt es Clowns, Artisten, Zauberer sowie
Musikanten von Weltrang.*

2 Untersuche die Sätze in Aufgabe 1 genauer.
Beantworte die folgenden Fragen.

1 In welchen Sätzen werden einzelne Wörter aufgezählt?
2 Zu welchen Wortarten gehören diese Wörter?
3 In welchen Sätzen werden Wortgruppen aufgezählt?
4 Welche Bindewörter sind in den Sätzen vorhanden?
5 Welches Bindewort ist nicht vertreten?
6 In welchen Sätzen könnte auch ein anderes Bindewort
verwendet werden?

 **3** Schreibe drei eigene Sätze auf, in denen Aufzählungen mit *oder*
verbunden werden.

Zeichensetzung bei der direkten (wörtlichen) Rede

1 Hans Manz hat die beiden folgenden Gedichte geschrieben.

a Lies die Gedichte. Tausche dich mit deinen Mitschülerinnen und Mitschülern über ihren Inhalt aus.

Ein, kein oder mehrere Geschwister?

Ein Kind sagt: Ich bin das jüngere.
Eines sagt: Ich bin das jüngste.
Eines sagt: Ich bin sowohl das älteste
               wie das jüngste.
Eines sagt: Ich bin weder das älteste
               noch das jüngste.

Gleichungen

Wie das Kind
dem Vater gleicht!
sagte die Tante.

Ach, wie das Kind
der Mutter gleicht!
sagte der Onkel.

Nein, nein,
dem Großvater gleicht es,
sagte die Großmutter.

Wie sich doch
die Erwachsenen gleichen!
dachte das Kind.

b Du weißt, Gedichte zeichnen sich durch eine besondere Form und Sprache aus. Nenne Besonderheiten dieser beiden Gedichte.

c Lies die Gedichte laut vor. Achte besonders auf die Gestaltung der wörtlichen Rede.

TIPP
Probiere verschiedene Möglichkeiten aus.

d In diesen Gedichten kommt viel wörtliche Rede vor, die jedoch nicht genau gekennzeichnet ist. Wiederhole, wie wörtliche Rede in Texten normalerweise gekennzeichnet wird.

> ! Um wiederzugeben, was jemand wörtlich sagt oder gesagt hat,
> verwendet man **direkte (wörtliche) Rede.** Damit dies für den Leser
> deutlich erkennbar ist, kennzeichnet man in schriftlichen Texten den
> Beginn und das Ende der direkten Rede mit **Anführungszeichen.**
> Oft steht vor, zwischen oder nach der direkten Rede ein **Begleitsatz,**
> in dem die Sprecherin oder der Sprecher genannt werden, z.B.:
> *Sie sagte:* »Ich werde lieber früher gehen, damit ich pünktlich bin.«
> *Er rief aus dem Nebenzimmer:* »Ich komme auch gleich!«
> »Wie lange brauchen wir bis zum Sportplatz?«, *fragte sie.* »Ich weiß
> nicht genau«, *antwortete er,* »wir brauchen etwa 10 Minuten.«

2 Untersuche die Zeichensetzung bei direkter Rede genauer. Betrachte
dazu die Beispiele im Merkkasten und beantworte folgende Fragen:

1 Womit endet der Begleitsatz, wenn er vor der direkten Rede steht?
2 Wie wird der Begleitsatz abgegrenzt, wenn er der direkten Rede folgt
oder eingeschoben ist?
3 Wo stehen die Satzschlusszeichen?

3 Schreibe die Gedichte (S.193) mit vollständiger Zeichensetzung auf.

> ! Steht der Begleitsatz vor der direkten Rede, folgt ihm ein **Doppel-**
> **punkt.** Steht der Begleitsatz nach der direkten Rede oder ist er ein-
> geschoben, wird er durch **Kommas** abgegrenzt.
> **Ausrufe- oder Fragezeichen,** die zur direkten Rede gehören, stehen
> innerhalb der Anführungszeichen.

→ S.173 Wortfelder

4 Was in Gedichten erlaubt ist, sollte in anderen Texten möglichst
vermieden werden: die häufige Wiederholung von *sagen*. Durch
welche Wörter kannst du das Verb ersetzen? Bilde ein Wortfeld.

sagen: sprechen, rufen, . . .

 **5** Denke dir zum Gedicht »Gleichungen« eine kleine Geschichte aus
und erzähle sie. Verwende direkte Rede, achte auf abwechslungsreiche
Begleitsätze.

Satzglieder bestimmen

Es gibt verschiedene Methoden, um die Satzglieder eines Satzes zu bestimmen.

Mit der **Weglassprobe** kannst du ermitteln, welche Wörter und Wortgruppen für einen sinnvollen Satz unbedingt nötig sind. In der Regel besteht ein Satz mindestens aus Subjekt und Prädikat, oft ist auch ein Objekt nötig, z. B.:
Clown August tanzte (auf dem Tisch). Clown Emil (mit der roten Nase) betrat (kurz nach 17.00 Uhr) die Manege.

Mit der **Umstellprobe** kannst du die Satzglieder eines Satzes ermitteln. Im Aussagesatz kann jedes Satzglied außer dem Prädikat an erster Stelle, d. h. vor der finiten Verbform stehen. Zu einem Satzglied gehören alle Wörter, die man nur gemeinsam umstellen kann, z. B.:
Kurz nach 17.00 Uhr / betrat / Clown Emil mit der roten Nase / die Manege. Clown Emil mit der roten Nase / betrat /...

Mithilfe der **Frageprobe** kannst du die Satzglieder und Attribute bestimmen, z. B.:
Der lustigste Clown sang uns am Ende vor dem Zelt ein Abschiedslied.

Wer? Was? → der lustigste Clown → Subjekt
Was wird ausgesagt? → sang → Prädikat
Wem? → uns → Dativobjekt
Wen? Was? → ein Abschiedslied → Akkusativobjekt
Wann? Wie lange? Bis/Seit wann? → am Ende → Adverbialbestimmung der Zeit
Wo? Woher? Wohin? → vor dem Zelt → Adverbialbestimmung des Ortes
Welche(-r,-es)? Was für ein(e/r)? → lustigste → Attribut

1 Bestimme die Satzglieder in den folgenden Sätzen mithilfe der Umstellprobe oder der Frageprobe.

Die Kinder lieben Clown Emil. Seine lustigen Auftritte gefallen ihnen. Die kleinen Zuschauer rufen seinen Namen. Sie klatschen ganz lange. Sie wollen eine Zugabe. Eines Tages war der beliebte Clown Emil mit den lustigen Späßen krank. Ein anderer Clown
5 vertrat ihn. Viele Kinder gingen mit schlechter Laune nach Hause. Der Zirkusdirektor besuchte den kranken Emil. Er wünschte ihm gute Besserung.

1 Schreibe den folgenden Text ab.

a Erkenne in den Absätzen 2 und 3, wo ein Satz zu Ende ist, und setze die Satzschlusszeichen.
Achte auf die Großschreibung am Satzanfang.

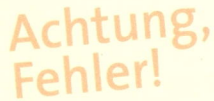

Achtung, Fehler!

Interessantes aus der Welt des Zirkus

1 Weißt du, wer als der Begründer des klassischen Zirkus gilt? Er heißt Philipp Astley. Der Engländer lebte von 1742 bis 1814. Weil er in einem Kavallerieregiment gedient hatte, konnte er vorzüglich reiten. Nach seiner Entlassung aus dem Armeedienst mietete er 1768 in London ein Feld, auf dem er Zuschauertribünen errichten ließ. Dort zeigte er zusammen mit anderen Reitern dem begeisterten Publikum waghalsige Kunststücke und Akrobatik auf Pferden.

2 Bis zum modernen Zirkus war es aber noch ein langer Weg kennst du die Namen der berühmtesten Zirkusse dazu gehören Renz Busch Sarrasani und Roncalli ganz besonders beliebt sind auch die russischen und chinesischen Zirkuskünstler hast du z. B. schon einmal etwas von dem weltbekannten Clown Oleg Popow gehört er konnte die Zuschauer nicht nur zum Lachen bringen, sondern war auch als Artist auf dem Schlappseil ein wahrer Meister

3 Bei den Zirkusfans ist heute der Zirkus »Roncalli« besonders beliebt er wurde im Jahr 1976 gegründet in seinen Programmen treten Künstler aus vielen Ländern auf sie kommen z. B. aus der Ukraine aus Russland Amerika Tschechien Italien und Spanien hier begeistern atemberaubende Luftartisten biegsame Schlangenfrauen oder blitzschnelle Magier das Publikum aber erst die harmonische Einheit von Artistik und Musik macht das Programm perfekt

Oleg Popow

b Finde die Aufzählungen und setze die fehlenden Kommas.

a Bestimme, aus wie vielen Satzgliedern die folgenden Sätze bestehen.

1 Einzelne Zirkusfamilien bestimmten die Geschichte des Zirkus.
2 In seiner Entwicklung hat der Zirkus Wandlungen durchgemacht.
3 Den Zirkus lieben viele Menschen.

b Schreibe aus dem ersten Absatz des Textes in Aufgabe 1a die Subjekte und Prädikate heraus.

c Bestimme, welche der Prädikate aus Aufgabe 2b mehrteilig sind.

d Schreibe aus dem zweiten Absatz des Textes zwei Beispiele für prädikative Rahmen heraus.

e Schreibe aus den folgenden Sätzen die Objekte mit den dazugehörigen Prädikaten heraus und bestimme ihren Fall.

1 Er zeigte dem Publikum waghalsige Kunststücke. **2** Die Artisten begeistern die Leute. **3** Die Musik gefällt den meisten Besuchern.

f Schreibe aus dem Text je drei Adverbialbestimmungen des Ortes und der Zeit heraus.

3

a Untersuche die Wortgruppen. Unterstreiche die Nomen und ihre Begleiter mit unterschiedlichen Farben. Bestimme den Fall der Nomen.

den festen Zirkusbau – mit anderen Reitern – auf dem Schlappseil – dem weltbekannten Clown – den großen modernen Zirkus

b Suche ein Adjektiv im Text von Aufgabe 1a und notiere alle drei Steigerungsstufen.

c Bestimme die Zeitform der folgenden Verben.

erzählt – mietete – ließ – hat gehört – treten auf

d Ordne die Verben aus Aufgabe c nach starken und schwachen.

4

a Schreibe die folgenden Zusammensetzungen auf, markiere das Grundwort und bestimme die Wortart. Suche je ein weiteres Beispiel.

Zirkusfamilie – Armeedienst – zahlreich – weltbekannt

b Schreibe die folgenden Ableitungen auf. Trenne Präfix bzw. Suffix vom Wortstamm ab. Suche zu jeder Wortart ein weiteres Beispiel.

Begründer – erzählen – vorzüglich

Häufig vorkommende Wortstämme richtig schreiben

Wörter mit *b, d, g* und *p, t, k* am Stammende

Rechtschreibhilfe: Wörter verlängern

1 Einer liest eine Wortreihe vor, alle anderen lesen mit und achten auf die Aussprache des Konsonanten (Mitlauts) am Wortende. Was stellt ihr fest?

1 das Sieb – der Typ – das Lob – er hob – das Mikroskop
2 der Wald – kalt – die Naht – der Pfad – das Geld – die Welt
3 das Werk – der Berg – der Schlag – der Vertrag – das Geschenk

! Im Auslaut werden *b, d, g* wie *p, t, k* gesprochen. Wenn du die Wörter aber verlängerst (**Verlängerungsprobe**), dann sprichst und hörst du deutlich *b, d, g*, und diese Buchstaben musst du auch schreiben, z.B.: Ba■ – Bä<u>d</u>er → Ba<u>d</u>.

2 Nomen kannst du verlängern, indem du die Pluralform bildest.

Rechtschreibhilfe: Verlängerungsprobe

a Übertrage die folgende Tabelle in dein Heft und ergänze die Pluralformen in der mittleren Spalte.

Nomen	Plural	zusammengesetztes Nomen
der Zweig	die Zweige	die Zweigstelle
der Schla■		
der Ta■		
der We■		
der Zu■		
der Flu■		

b Ergänze nun jeweils ein zusammengesetztes Nomen in der rechten Spalte. Du kannst dazu die folgenden Grundwörter nutzen.

-stelle   -platz   -sahne   -luft   -kreuzung   -traum

c Markiere den Buchstaben *g* in allen Beispielen.

3 Welchen Buchstaben musst du ergänzen?

a Verlängere die finite (gebeugte) Verbform, indem du den Infinitiv bildest.

1 Er glau▪te an eine Täuschung. *glauben*
2 Verwundert ho▪ er den Kopf und rie▪ sich die Augen.
3 Helle Lichter schwe▪ten in der Dunkelheit langsam heran.
4 Er scho▪ einen Stuhl beiseite und holte sein Fernglas.
5 Hastig schrau▪te er an dem Gerät herum.
6 Da verschwan▪ die Erscheinung hinter dem Turm.
7 Am Montag fan▪ er eine Erklärung in der Zeitung.

b Schreibe die Sätze in dein Heft und markiere die eingesetzten Buchstaben.

1. Er glau<u>b</u>te an eine Täuschung. (glauben)

4

a Verlängere hier so: Verwende die Adjektive aus dem großen **A** mit einem der Nomen aus dem großen **N** und schreibe die Beispiele auf.

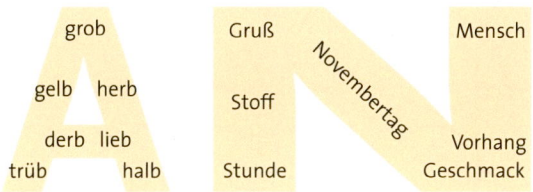

grob Gruß *Novembertag* Mensch

gelb herb Stoff

derb lieb Vorhang

trüb halb Stunde Geschmack

ein gel<u>b</u>er Vorhang, …

b Markiere in allen Adjektiven den Buchstaben *b*.

5 *b* oder *p*, *d* oder *t*, *g* oder *k*? Schreibe den Text ab und fülle die Lücken aus. Verlängere beim Aufschreiben die Lückenwörter in Gedanken.

1 Mein kleiner Bruder he▪t alles auf und brin▪t die ungewöhnlichsten Dinge mit nach Hause. **2** Kürzlich fan▪ er in Opas Keller ein altes kleines Fläschchen. **3** Es war ganz verstau▪t und fest verschrau▪t. **4** Es enthielt eine graue Flüssi▪keit. **5** Papa war etwas aufgere▪t, als ihm dieser Fun▪ gezei▪t wurde. **6** »Mö▪licherweise Quecksilber«, sagte er, »das muss entsor▪t werden. **7** Ich bringe es am Sonnaben▪ zum Scha▪stoffmobil.«

Wörter mit kurzem Stammvokal

Rechtschreibhilfe: Wörter in Sprechsilben zerlegen

1

a Lies die Wortpaare laut. Man muss hören, dass der Stammvokal in allen Beispielen kurz ist.

Tanne – Tante	Wolle – Wolke	Puppe – Pumpe	Falle – Falte
Kappe – Kapsel	Rosse – rosten	fassen – fasten	Kanne – Kante

b Untersuche die Wortpaare und versuche, eine Regel zu finden. Wann wird der Konsonant (Mitlaut) verdoppelt, wann nicht?

> **!** Folgt nach einem kurzen betonten Vokal (Selbstlaut) im Wortstamm nur **ein Konsonant** (Mitlaut), dann wird dieser **verdoppelt**, z.B.: *die Tanne, die Wolle, die Puppe*.

2 Zerlege die Wörter aus Aufgabe 1a in Sprechsilben. Warum ist dieses Zerlegen eine Rechtschreibhilfe?

> **!** Beim Zerlegen in Sprechsilben (**Zerlegeprobe**) erkennst du, ob ein Wort mit zwei gleichen oder zwei verschiedenen Konsonanten geschrieben wird, z.B.: *Fal le*, aber: *Fal te, Ros se*, aber: *ros ten*.

Rechtschreibhilfe: Zerlegeprobe

3 Übertrage die Tabelle in dein Heft und ordne die folgenden Wörter richtig ein. Kennzeichne auch die Sprechsilben.

die Halle – halten – die Karten – der Karren – entlassen – entlasten – die Rente – rennen – die Spaltung – die Spannung – schalten – schallen – öfters – offen

Wörter mit Doppelkonsonanten	Wörter mit zwei verschiedenen Konsonanten
die Hal le ...	hal ten ...

4

a Reimschmiede: Schreibe ab und ergänze die Reimwörter.

Bald ist es hell,	Alles ging glatt,	Es stimmt,
das geht ganz schn■,	doch ich war zu s■	er wird getr■
dann bin ich zur St■'.	und deshalb ziemlich pl■	und schw■
	und etwas m■.	wie ein Delfin.

b Denke dir selbst solche Schnellreime aus und diktiere sie deinen Mitschülerinnen und Mitschülern.

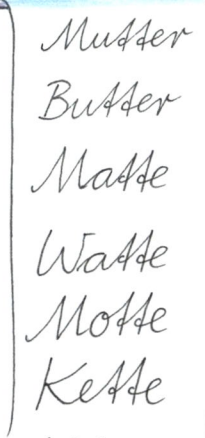

Mutter
Butter
Matte
Watte
Motte
Kette
· · ·

5 Wortlisten-Rekord: Lara hat 47 Wörter mit *tt* aufgeschrieben.

a Wer findet noch mehr?

b Übertrage folgende Listen in dein Heft und ergänze sie. Jede sollte mindestens zehn Beispiele enthalten.

ff	*ll*	*mm*	*nn*
schaffen	alle	Gramm	beginnen
Koffer	allein	kommen	Mann
...	...	...	...
pp	*rr*	*ss*	*tt*
doppelt	Herr	besser	Drittel
Teppich	Geschirr	flüssig	glatt
...	...	...	...

6 Paul war beim letzten Diktat unsicher, ob die Wörter *Kup(p)lung* und *wol(l)te* mit Doppelkonsonant geschrieben werden oder nicht. Er zerlegte die Wörter in Sprechsilben, aber er wurde nicht sicherer. Gib ihm einen Rat, was man in solchen Fällen tun muss.

> Wenn durch Zerlegen in Sprechsilben der Doppelkonsonant nicht eindeutig zu erkennen ist, dann hilft die **Verwandtschaftsprobe**: Suche ein verwandtes zweisilbiges Wort und zerlege dieses in Sprechsilben, z. B.:
> *Verdopplung*, weil: *dop pelt*.

Rechtschreibhilfe:
Verwandtschafts-
probe

a Suche zu den Beispielen in jeder Zeile ein verwandtes zweisilbiges Wort. Zerlege dieses Wort in Sprechsilben, dann erkennst du, wie alle anderen Verwandten geschrieben werden müssen.

of fen	Öffnung	Öffnungszeiten	öf■entlich
...	Samm■lung	Versamm■lung	versamm■elt
...	Kenn■tnisse	Kenn■zeichen	gekenn■zeichnet
...	Treff■punkt	vortreff■lich	treff■sicher
...	Sperr■ung	Sperr■zone	gesperr■t

b Schreibe alle Beispiele richtig in dein Heft.

8 Wer findet am schnellsten die richtige Bezeichnung? Schreibe die Lösungswörter auf. Sie enthalten alle einen Doppelkonsonanten.

süße Nach- speise	kurzes Ruder	hebt Erde aus	röhrenför- mige Nudel
Krankheit mit Husten und Schnupfen	steifes, pa- pierähnliches Material	weicher, wärmender Fußboden- belag	Sportler, die gemeinsam gegen andere kämpfen
Arbeitsraum eines Hand- werkers	dort kann man Benzin zapfen	die Zeit von 14 bis 17 Uhr	dort kann man essen und trinken
Abschnitt einer Rund- fahrt	Leistungs- vergleich von Sportlern	null Uhr	man kann sich dort etwas ansehen

Wörter mit langem Stammvokal

Rechtschreibhilfe: Wortschreibungen einprägen

a Schreibe den Text ab. Achte besonders auf die fett gedruckten Wörter.

Eine **Fahrt** in den **Frühling**
Es **war** an einem **klaren** Februar**tag** im letzten **Jahr**. Wir **fuhren**
ins **Rautal**. Über eine Wiese **kamen** wir zu einem Buchenwald.
Unter den **hohen** Bäumen lagen noch ein **paar** schmutzige
5 **Schnee**reste. Aber wir **sahen** auch **schon** das gelbe Blumen**meer**
aus **unzähligen Blüten.** Viele Leute bestaunten diese **Frühblüher**,
die Winterlinge heißen und unter Naturschutz **stehen**.

b Stelle fest, wie der Stammvokal in den fett gedruckten Wörtern
gesprochen und wie er geschrieben wird.

c Übertrage die folgende Tabelle in dein Heft und ordne die Wörter
mit langem Stammvokal in die richtige Spalte ein.

ohne *h*	mit *h*	mit *aa, ee, oo*
war	Fahrt	Schnee
...	...	...

Lang gesprochene Vokale werden unterschiedlich geschrieben:
- die meisten Wörter mit einem einfachen Vokal, z. B.: *klar, Tal, leben;*
- manche Wörter mit *h,* z. B.: *Fahrt, Mühle, stehen;*
- einige Wörter mit doppeltem Vokal, z. B.: *Saal, Beere, Moos.*

Die **Schreibung** muss man sich durch Üben **einprägen.**

2 Reimwörter sind eine gute Einprägehilfe. Ergänze die Listen
der Reimwörter, die alle ohne *h* geschrieben werden.

das Tal	er hört	gekürt	geboren
der Sch■	er st■	gesp■	gesch■
die Qu■	er schw■	gesch■	geschw■
der W■	er geh■	geschn■	geg■

Rechtschreibhilfe:
Wortschreibungen
einprägen

3 Zehn Wörter, die nicht mit *h* geschrieben werden dürfen

a Suche die Wörter mit langem Stammvokal aus dem Wortgitter heraus und schreibe sie untereinander in dein Heft.

S	T	R	O	M	S	P	Ü	R	E	N
Q	U	Z	X	S	C	H	A	L	E	F
S	P	U	L	E	H	Ö	R	E	N	W
N	A	M	E	H	O	L	E	N	U	P
S	P	A	R	E	N	W	A	R	E	Z

b Schreibe zu jedem Wort zwei oder drei verwandte Wörter auf.

Strom: Stromleitung, Strömung, strömen

c Bei welchen Wörtern warst du unsicher? Schreibe sie auf ein extra Blatt unter der Überschrift »Meine Merkwörter«.

**Achtung,
Fehler!**

4 In jede der folgenden Wortfamilien hat sich ein Fehler eingeschlichen. Suche diese Fehler und schreibe alle Beispiele richtig auf.

1 er hört – die Zuhöhrer – das Gehör – gehörlos – unerhört
2 die Spuren – gespurt – spurlos – die Spurensuche – die Fuchsspuhr
3 die Schere – scheren – geschoren – die Schafschuhr – die Schurwolle

5 Seltsam, seltsam!

a Vertausche die Adjektive, dann ergeben sich sinnvolle Wortgruppen. Schreibe sie auf.

mit langsamen Augen – der grausame Stromverbrauch –
eine sparsame Geschichte – ein wachsames Fahrzeug –
ein wirksamer Weg – eine mühsame Hütte – ein einsamer Hustensaft

mit wachsamen Augen, ...

b Kennzeichne in allen Adjektiven die Nachsilbe -*sam*, die immer ohne *h* geschrieben wird.

6 Jeweils zwei der folgenden Wörter sind stammverwandt.

a Suche sie und schreibe sie nebeneinander auf.

Mühe	froh	drehen	Annäherung	wehleidig
Wehmut	glühen	Höhe	Reihenhaus	Sehstörung
Reihe	beruhigen	sehen	Glühlampe	Ruhe
Drehtür	Nähe	mühelos	fröhlich	Höhenzug

Mühe – mühelos, ...

b Vergrößere die Wortfamilien, indem du jeweils ein drittes verwandtes Wort hinzufügst.

Mühe – mühelos – mühsam, ...

> **!** Es gibt Wörter, in denen du das *h* hören kannst, wenn du sie in Sprechsilben zerlegst, z. B.:
> *gehen – ge hen, stehen – ste hen, frohe – fro he.*
> Das *h* steht auch in den einsilbigen Formen, z. B.:
> *du gehst, du stehst, froh.*

7 Schreibe die finiten Verbformen mit ihrem Infinitiv auf und markiere das *h* in allen Beispielen.

es entsteht – sie gesteht – ihr begeht – es verweht –
sie ruht aus – man sieht – du fliehst – es blüht – es zieht –
er versprüht – sie droht – sie näht – man dreht

es entsteht – entstehen, ...

8

a Ergänze die folgenden Wörter und schreibe sie in dein Heft.

Fests▪l – M▪rbad – Eism▪r – M▪spflanze – w▪gerecht –
S▪rose – L▪rlauf – Motorb▪t – Auss▪t – T▪tasse – Liebesp▪r –
Briefw▪ge – Kl▪blatt – Streichelz▪ – Pulverschn▪

b In welche drei Gruppen lassen sie sich ordnen?

> **!** Im Deutschen wird das **lang gesprochene i** meist als *ie* geschrieben.
> Es bleibt auch in allen verwandten Wörtern erhalten, z.B.:
> *verdienen, sie verdienten, unverdient, der Verdienst.*

9 Wähle aus der Wortliste die Wörter mit *ie* aus, die in die Lücken passen,
und schreibe den vollständigen Text in dein Heft. Kennzeichne das
eingesetzte *ie* in allen Wörtern.

Immer wieder gehen Besucher ■ durch unsere Straße, in der ■ Häuser ■ dicht nebeneinanderstehen. Zwischen sechs von ihnen gibt es fast keinen ■. Alle haben ein blaugraues ■dach und eine hübsch ■ Vorderfront. Ganz oben im ■ steht das Baujahr. Ein Baumeister hat sie einstmals für seine Kinder errichtet. Er hatte sehr ■ Geld ■.	viel sieben neugierig ziemlich Unterschied Giebel Schiefer verzierte verdient

10 Präge dir die Schreibung der Wörter mit *ie* gut ein.
Setze ein und schreibe auf.

schließlich: ■ abfliegen – ■ besiegen – ■ verlieren
vielleicht: ■ spielen – ■ wegziehen – ■ schließen
ziemlich: ■ schief – ■ tief – ■ schwierig – ■ viel
neugierig: ■ Mieter – ■ Ziegen – ■ Tiere
niedrig: ■ Giebel – ■ Energieverbrauch – ■ Verdienst

11 Sätze aus lauter Wörtern mit *i*

a Wähle zwei Sätze aus, präge dir die verschiedenen *i*-Schreibungen
gut ein.

  1 Wir bieten dir ziemlich viel Sicherheit.
  2 Wie viele Mieter ziehen in dieses niedliche Ziegelhaus?
  3 Mit ihrem geschienten Knie lief Lissy bis ins Ziel.
  4 Sie widerspricht ihm nie wieder.
  5 Im Riesengebirge fiel im Winter viel Niederschlag.

b Schreibe deine Sätze aus dem Gedächtnis fehlerlos auf.

Typische Buchstabenverbindungen

Rechtschreibhilfe: Wortschreibungen einprägen

1 In jeder Zeile gibt es eine andere schwierige Buchstabenverbindung.

a Lies die Zeilen und nenne jeweils die Buchstabenverbindung.

  1 überqueren – Quälgeist – unbequem – Quadrat
  2 Eidechse – Hinterachse – Blechbüchse – verwechseln
  3 Hüpfburg – Klopfzeichen – kopflos – Apfelsine
  4 Startbahn – Sternchen – aussteigen – Herbststurm
  5 Beispiel – verspeisen – Sportler – Fußspur
  6 plötzlich – trotzdem – Blitz – Verletzung – Spatz
  7 erschrecken – glücklich – entdecken – Blickpunkt

Rechtschreibhilfe: Wortschreibungen einprägen

b Schreibe die Wörter zeilenweise ab und achte auf die jeweils schwierige Buchstabenverbindung. Kreise diese anschließend ein.

c Suche dir zwei Buchstabenverbindungen aus und schreibe noch möglichst viele andere Wörter mit diesen Buchstabenverbindungen auf.

→ S.22 Eine Geschichte erfinden

d Verfasse ein Gedicht oder schreibe eine Geschichte mit einigen dieser Wörter, z.B. ein *tz*-Gedicht oder eine *ck*-Geschichte.

> **!** Im Deutschen gibt es **typische Buchstabenverbindungen**, z.B.: *qu, chs, pf, st, sp, tz, ck,* wie in *Quirl, Wachs, Topf, Stamm, Spur, Spitze, Zweck.* Andere Buchstabenverbindungen dagegen sind aber **nicht** möglich, z.B.:
> Nach *l, n, r,* das merke ja, steht **nie** *tz* und **nie** *ck*:
> *stür_zen, tan_zen, stär_ken.*

2 Wörter mit *pfl*

a Schreibe die folgenden Wörter nach dem Alphabet geordnet untereinander auf.

Pflicht – Pflaume – Pflaster – Pflanze – Pflug – Pflege

b Füge in jeder Zeile drei verwandte Wörter hinzu.

3 In den folgenden Wörtern fehlt immer die Buchstabenverbindung *mpf*. Sie bereitet vielen beim Schreiben Schwierigkeiten. Beobachte, wie es dir beim Aufschreiben ergeht.

empfehlen	der E∎ang	e∎indlich
die E∎ehlung	der E∎änger	die E∎indungen
ich e∎ehle	e∎änglich	e∎inden
e∎ohlen	er e∎ängt	e∎indsam
e∎ehlenswert	sie e∎ing	ich e∎and

4 Wörter mit *lz, nz, rz* und *lk, nk, rk*

a Schreibe alle Wörter auf, die sich aus den Wortbausteinen in den Kreisen bilden lassen. Achte auf die Groß- und Kleinschreibung.

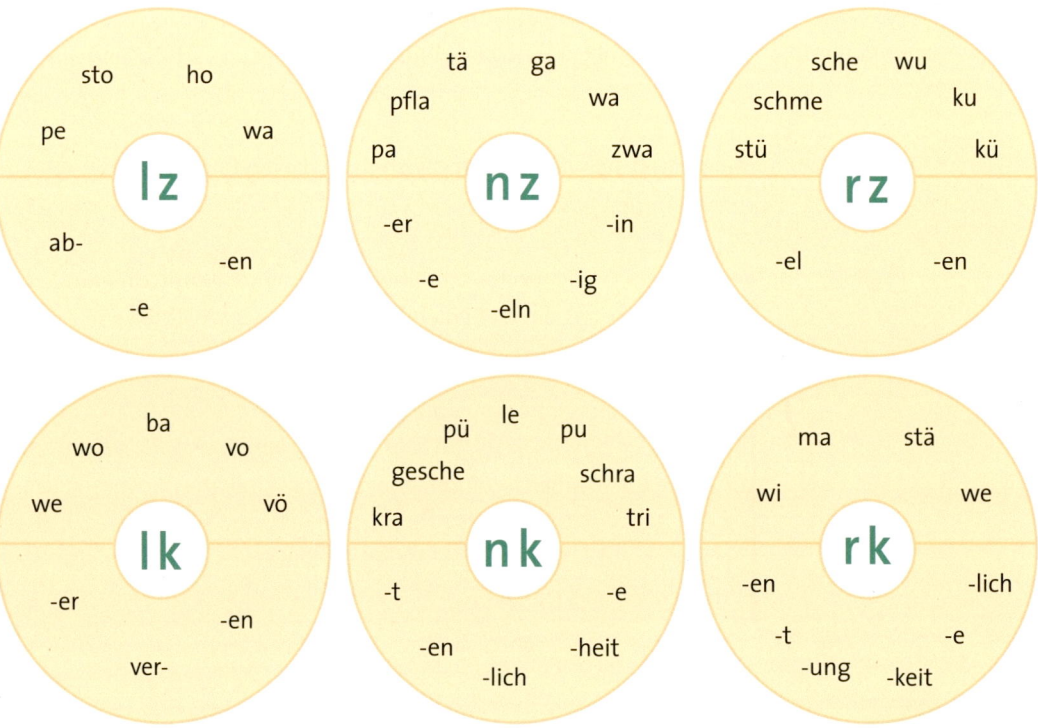

stolz, abholzen, ...

b Wählt zehn Beispiele aus und diktiert sie euch gegenseitig. Kontrolliert die Schreibung anschließend gemeinsam.

Wörter mit s, ss, ß im Wortstamm

Rechtschreibhilfe: Wörter deutlich sprechen und Regeln anwenden

 In Wörtern mit **langem Stammvokal** oder **Zwielaut** *(au, ei, ai, eu, äu)* schreibt man s, wenn der s-Laut stimmhaft (summend) gesprochen wird, z.B.:
lösen, rieseln, Eisen.

1 Sprich bei den folgenden Wörtern den s-Laut deutlich stimmhaft (summend).

lesen – schmusen – kreisen – losen – säuseln – leise – Nase – Pause – Reise – Bremse – Felsen – Hülse – Wiese

2 Übe die folgenden Wörter mit stimmhaftem (summendem) s-Laut.

Rechtschreibhilfe: Wörter deutlich sprechen

a Schreibe alle Verben in dein Heft und neben jeden Infinitiv die 1. Person Singular Präsens. Sprich jeweils beide Formen deutlich aus.

rasen – dösen – lösen – hinweisen – verreisen – kreisen – beweisen – aufbrausen – sausen – schmausen – bremsen – pinseln

rasen – ich rase, …

→ S.166
Zusammengesetzte Nomen/Substantive

b Verwende die Nomen aus dem Dreieck als Bestimmungswörter und setze sie mit einem passenden Grundwort aus dem Kreis zusammen. Sprich das s in den Bestimmungswörtern deutlich stimmhaft (summend).

Faser
Rose
Dose   Gemüse
Rasen   Eisen
Speise   Schleuse

Pfand
Strauch   Stoff
Mäher   Werk
Suppe   Wärter
Karte

Faserstoff, …

Rechtschreibhilfe:
Verwandtschaftsprobe

3 Übertrage die Wortfamilie *lesen* in dein Heft. Achte beim Ergänzen der Beispiele darauf, dass alle Verwandten mit *s* geschrieben werden.

lesen	gelesen	Leser
ich le■e	abge■en	■brief
du lie■t	■bar	Schnell■
er lie■t	un■erlich	Vor■
er verla■ sich	■enswert	■meinung

TIPP
Beachte, dass man alle Verwandten dieser Wortfamilien mit *s* schreibt.

4 Reiselustige Reisende vor ihrer Abreise
Schreibe möglichst viele Verwandte der Wortfamilie *reisen* (*verreisen*) auf.

 **5** Achtung! In die Wortfamilie *weisen* hat sich ein »schwarzes Schaf« eingeschlichen. Welches Wort gehört nicht zu dieser Wortfamilie? Zu welcher Wortfamilie gehört es?

Achtung, Fehler!

weisen: der Ausweis – der Wegweiser – die Einweisung – er bewies – der Beweis – beweisen – der Nachweis – verweisen – nachweislich – beweisbar – ich weiß nichts – nachweisbar – er beweist – sie bewiesen

6 Auch die folgenden Wörter werden mit *s* geschrieben.

a Schreibe den Text ab und setze die Wörter an der richtigen Stelle ein.

meisten – bereits – fast – Rätsel – Bus – Geheimnis

Die 5 c hatte heute ■ nach der vierten Stunde Unterrichtsausfall. Die ■ Schüler freuten sich und gingen nach Hause. Einige warteten auf ihren ■. Sie machten im Lesezimmer ihre Hausaufgaben. Sophie und Hanna lösten ein Sudoku-■. Sophie gab nach kurzer Zeit schimpfend auf. Aber Hanna hatte es schon ■ geschafft. Paul und Lukas schlichen sich unauffällig davon. Sie hatten ein ■.

b Schreibe die Geschichte weiter.

In Wörtern mit **langem Stammvokal** oder mit **Zwielaut** schreibt man ß, wenn der s-Laut stimmlos (zischend) gesprochen wird, z.B.: *fließen, gießen, grüßen*.

7

Rechtschreibhilfe: Wörter deutlich sprechen

a Sprich die folgenden Wörter leise vor dich hin. Man muss hören, dass der Stammvokal oder Zwielaut lang ist und dass das ß stimmlos (zischend) gesprochen wird.

außen – außerhalb – bloß – draußen – dreißig – abfließen – schweißen – der Ruß – der Kinderfuß – die Größenordnung – Hefeklöße – schließlich – das Ausmaß – der Strauß – heißen – die Tomatensoße – die Reißzwecke

 b Diktiert euch gegenseitig die Wörter aus Aufgabe a.

 Bei manchen Wörtern ist nicht zu hören, ob nach langem Stammvokal oder Zwielaut am Wortende s oder ß geschrieben werden muss. Nutze dann die **Verlängerungsprobe**, z.B.:
Ohne Flei■ kein Prei■.   *fleißig → Fleiß*   *preisen → Preis*

8

Rechtschreibhilfe: Verlängerungs-probe

a Verlängere die Wörter in den folgenden beiden Kästen, dann hörst du den s-Laut deutlicher.

Kasten 1	Kasten 2
das Gla■ – die Glä■er	der Spa■ – spa■ig
das Los■ – die ■	der Flei■ – flei■ig
der Prei■ – die ■	sü■ – sü■er
die Mau■ – die ■	gro■ – grö■er
das Ei■ – ei■ig	er schlie■t – schlie■en
das Gra■ – gra■en	es flie■t – flie■en

b Welche Aussage trifft für Kasten 1 zu, welche für Kasten 2?

  1 Hört man in der verlängerten Form einen stimmlosen (zischenden) s-Laut, dann wird nach langem Stammvokal am Wort- oder Stammende ß geschrieben.

  2 Hört man in der verlängerten Form einen stimmhaften (summenden) s-Laut, dann wird nach langem Stammvokal am Wort- oder Stammende s geschrieben.

c Schreibe die Aussagen aus Aufgabe 8 b (S. 211) und die dazu passenden Beispiele aus der Aufgabe 8 a (S. 211) in dein Heft. Vervollständige die Wörter mit dem richtigen s-Laut.

a In den beiden folgenden Wörtern wird der s-Laut stimmlos gesprochen, aber unterschiedlich bezeichnet. Prüfe, ob der Stammvokal oder Zwielaut lang oder kurz ist. Formuliere eine Regel zur Schreibung von *ss*.

beißen – der Biss

b Sprich die folgenden Wörter deutlich und entscheide, ob sie mit *ß* oder *ss* geschrieben werden.

hei■en – Kla■e – Schlö■er – Fü■e – grü■en – Ki■en – be■er – schlie■en – sto■en – Wa■er – Schlü■el – mittelmä■ig

c Übertrage die Tabelle in dein Heft und ordne die Wörter richtig ein.

Wörter mit *ß*	Wörter mit *ss*
heißen …	Klasse …

10 Welche Wörter mit *ss* passen in die Lücken? Schreibe alle Sätze auf.

1 a Klara ■ nichts zu Mittag. **b** Das ■ schmeckt ihr nicht.	**4 a** Bitte, l■ Sie mich hinein. **b** Du l■ niemanden herein!
2 a Zwei Personen wollten zuf■. **b** Der Dieb wurde gef■.	**5 a** Beinahe hätte ich es verg■! **b** Max verg■ alles.
3 a Das darf keiner ■. **b** Hast du das nicht ge■?	**6 a** Du hast nicht gut aufgep■! **b** Es p■ alles ganz genau.

 **11**

a Begründe die Schreibung der s-Laute in den fett gedruckten Wörtern.

sich auf jemanden **verlassen**, mit gutem **Gewissen**, eine lange **Straße**, die Zitrone **auspressen**, einen Fehler **verbessern**, die Saat regelmäßig **bewässern**, **Maßnahmen** ergreifen, heute **geschlossen**, die Kugel weit **stoßen**, raue, **rissige** Hände, eine **riesige** Müllhalde, **dreißig** Kilometer

b Schreibe die Wortgruppen nacheinander aus dem Gedächtnis auf.

Gleich und ähnlich klingende Vokale

Rechtschreibhilfe: Verwandtschaftsprobe

1 Suche zu den Wörtern mit *ä* und *äu* ein verwandtes Wort
mit *a* und *au*.

a Schreibe ab und setze *e* oder *ä* ein.

l■cheln – F■lsen – D■cke – erk■lten – H■lfte – K■mme – h■sslich –
H■nde – Ern■hrung – verl■sslich – zuverl■ssig – l■nken – H■ndler –
R■tsel – Zw■rge

lächeln – lachen, ...

Rechtschreibhilfe:
Verwandtschafts-
probe

b Setze *eu* oder *äu* richtig ein und schreibe die Wortgruppen ab.

1 ins Schl■dern kommen **2** ein Geh■se aus Blech bauen
3 einen S■gling streicheln **4** viele Blumenstr■ße bekommen
5 frischen Str■selkuchen essen **6** ein ungewöhnliches Ger■sch hören
7 das Zimmer s■bern **8** h■fig von R■bern tr■men

c Überlege, von welchem Wort die Beispiele jeweils abgeleitet sind.
Suche möglichst viele Wörter dieser Wortfamilie und schreibe sie auf.

erkältet – Gefälle – gestärkt – nachlässig – Gebäude – Räuber –
Verbeugung – verträumt – Streusel

erkältet – kalt: Kälte, Erkältung, Erkältungsgefahr, ...

2 Vervollständige die folgende Regel und schreibe sie in dein Heft.

Mit *ä* und *äu* schreibt man immer dann, wenn es zu diesen Wörtern
ein stammverwandtes Wort mit ■ oder ■ gibt, z. B.: *erkältet – k■■■■■*.

! Diese Wörter musst du dir gut merken, weil es **keine verwandten Wörter** mit *a* oder *au* gibt: *Lärm, März, Geländer, spät, Käse, Säule, dämmern, sich sträuben, vorwärts.*

Rechtschreibhilfe: Wortschreibungen einprägen

3 Stelle passende Wortgruppen zusammen.
Verwende die Wörter aus dem Merkkasten.

groß – sonnig – schon lange – hoch – fahren – heftig – reif – verziert

großer Lärm, …

 **4** Folgende Wörter werden gleich gesprochen, aber unterschiedlich geschrieben. Präge dir ihre Bedeutung und Schreibung ein. Verwende die Wörter in Sätzen.

TIPP
Kontrolliere mit einem Wörterbuch.

Ähre – Ehre   Lärche – Lerche   Färse – Ferse – Verse

läuten – Leuten   Häute – heute

Die Lärche steht im Wald. Die Lerche singt ihr Lied.

5 Auch *ai* und *ei* sind beim Sprechen nicht zu unterscheiden.
Da es im Deutschen nur wenige Wörter mit *ai* gibt, präge sie dir ein.

a Erkläre die Bedeutung dieser häufig vorkommenden Wörter.

Hai – Kaiser – Laich – Laie – Mai – Main – Mais – Saite – Waise

b Verwende die Wörter in Sätzen. Markiere *ai* farbig.
Der H<u>ai</u> ist ein gefährlicher Raubfisch. …

Wörter auf *-ig, -lich, -isch*

Rechtschreibhilfe: Wörter verlängern

1 Wie werden die Suffixe (Nachsilben) *-ig* und *-lich* am Wortende und in der Wortmitte ausgesprochen? Lies die Wörter laut vor. Formuliere eine Regel.

1 einmalig – eine einmalige Sache; ehrlich – eine ehrliche Antwort
2 stachlig – stachlige Früchte; stündlich – stündliche Verbindungen
3 wellig – welliges Haar; westlich – westliche Länder

> **!**
> Das **Suffix *-ig*** spricht man am Wortende wie *-ich* [ich] aus.
> Zur Prüfung, ob ein Wort auf das Suffix *-ig* oder *-lich* endet, eignet sich die **Verlängerungsprobe**. Verlängere das Wort um ein *-e* und sprich es laut aus, z.B.: *well-i■   well-ig-**e*** → *well-ig*.
> Endet der Wortstamm auf *-l*, folgt immer das Suffix *-ig*, z.B.: *mehl-ig*, aber: *herz-lich*.

2 *-ig* oder *-lich*?

a Bilde Adjektive und schreibe sie auf. Trenne Wortstamm und Suffix durch einen senkrechten Strich voneinander ab.

wackeln – rund – Frieden – rot – eilen – grün – zart – Ekel – Winkel – Schreck – Absicht – Herr – Hügel – Macht – Wolle – mehrere Stellen
wackel|ig, ...

b Wählt jeweils fünf Adjektive aus der Aufgabe a aus und diktiert sie euch gegenseitig.

> **!**
> **Adjektive**, die von Ländernamen abgeleitet wurden, enden meist auf *-isch*: *polnisch, türkisch*.
> Auch in anderen Unterrichtsfächern verwendet man oft Adjektive auf *-isch*: *biologisch, magnetisch*.

3

a Schreibe folgende Adjektive ab.
himmlisch – sächsisch – typisch – elektrisch – englisch – kindisch – teuflisch – neidisch – regnerisch – automatisch – aromatisch

b Schreibe eine kleine Geschichte, in der möglichst viele der Adjektive aus Aufgabe a vorkommen.

Groß- und Kleinschreibung

Rechtschreibhilfe: Die Artikelprobe machen

a Lies den folgenden Text.

Zwei jungen sitzen im wartezimmer eines arztes und sind schon ganz zappelig von der warterei. »Was fehlt euch denn?«, fragt eine frau. »Ich habe eine murmel verschluckt, der doktor muss sie rausholen.« »Und du bist wohl der freund oder
5 der begleiter?« »Nein, das nicht, mir gehört die murmel.«

b Konntest du den Text schnell und ohne Mühe lesen?

2 Nur im Deutschen werden Nomen großgeschrieben. Beim Lesen ist diese Großschreibung vorteilhaft, aber beim Schreiben gibt es einige Schwierigkeiten.

a Welche Wörter im Text der Aufgabe 1a erkennst du trotz der Kleinschreibung leicht als Nomen? Woran? Schreibe sie mit ihrem Artikel auf.

ein(es) Arzt(es), …

b Warum sind die beiden ersten Nomen des Textes nicht so leicht zu erkennen? Ergänze sie mit dem Artikel in deiner Liste.

3 Überprüfe, was du über die Großschreibung weißt. Welche Aussage ist falsch?

1 Satzanfänge schreibt man groß.
2 Nomen nennt man auch Substantive.
3 Nur Wörter für Lebewesen und Gegenstände, die man anfassen kann, werden großgeschrieben. Alle anderen Wörter, wie z. B. *mut, kraft, angst,* werden kleingeschrieben.
4 Zu jedem Nomen gehört ein Artikel: *der, die, das, ein, eine, ein.*
5 Ein Wort, das sich mit einem Artikel verwenden lässt, wird großgeschrieben.

 **4** Schreibe den Text aus Aufgabe 1 (S. 216) in richtiger Groß- und Kleinschreibung auf.

5 Finde heraus, welche der folgenden Wörter einen Artikel haben können und deshalb großgeschrieben werden. Schreibe sie mit Artikel auf.

Achtung, Fehler!

freude – trauer – glücklich – glück – mitleid – ärger – zufrieden – schmerz – lieb – wut – kummer – neidisch

die Freude, ...

 Wenn du nicht weißt, ob du ein Wort groß- oder kleinschreiben musst, dann verwende die **Artikelprobe**.
Stelle fest: Steht bei dem Wort ein Artikel oder lässt sich das Wort mit einem Artikel verwenden?
Wenn ja, dann ist das Wort ein Nomen/Substantiv und wird großgeschrieben, z. B.:
Drei (die) Mädchen gucken aus dem Fenster.

Rechtschreibhilfe: Artikelprobe

6 Trainiere die Artikelprobe.

a Lies die Wörter in der Tabelle. Finde zu jeder Spalte einen passenen Oberbegriff.

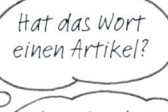

Hat das Wort einen Artikel?

Wenn ja, dann groß. Wenn nein, dann klein.

...	...	...
HOCHSPRUNG	REGEN	GEKLINGELT
LANGLAUF	GLATTEIS	DIREKTORIN
START	ERWÄRMUNG	LÄRM
UNGÜLTIG	STÜRMISCH	DIKTAT
AUSDAUER	ABGEKÜHLT	HOFPAUSE
TRAINING	HOCHDRUCK	SPÄTER

→ S. 173
Wortfelder

b Übertrage die Tabelle mit den passenden Oberbegriffen in dein Heft. Schreibe nur die Nomen mit ihrem Artikel in die jeweiligen Spalten.

c Ergänze in jeder Gruppe drei weitere Nomen mit unterschiedlichem Artikel, die zu dem Oberbegriff passen.

7 Die Wortfamilie *lieb* mit groß- und kleingeschriebenen Verwandten:
Übertrage die Tabelle in dein Heft und ordne die Wörter richtig ein.

LIEBE – VERLIEBT – LIEBLING – LIEBEVOLL – LIEBLOS – TIERLIEB –
MUTTERLIEBE – LIEBESPERLEN – AM LIEBSTEN – GELIEBT

Kleinschreibung	Großschreibung
...	die Liebe

> **!** Das musst du bei der **Artikelprobe** beachten:
> Im Satz steht der Artikel oft nicht vor seinem Nomen. Zwischen
> Artikel und Nomen können andere Wörter eingeschoben sein, z.B.:
> *die Jeans, die neuen Jeans, die neuen schwarzen Jeans.*

Rechtschreibhilfe:
Artikelprobe

8 Suche den Artikel, der zum fett gedruckten Nomen gehört. Schreibe
die ganze Wortgruppe auf.

Eine süße **Verführung**
Zunächst hatte es der nette **Gartennachbar** mit einem Scherz
versucht. Dann warnte er eindringlich davor, auf den Baum mit
den reifen **Pfirsichen** zu steigen. Aber der übermütige **Bursche**
5 kletterte doch hinauf. Dem verlockenden **Duft** konnte er einfach
nicht widerstehen. Schon vor dem ersten **Biss** lief ihm das Wasser
im Munde zusammen. Doch kaum hatte er nach der gelben **Frucht**
gegriffen, da spürte er einen fürchterlich schmerzenden **Stich** im
Mittelfinger.

eine süße Verführung, ...

9

a Hier sind einige Fehler passiert. Kannst du dir denken, warum?

Achtung,
Fehler!

Wie man sich bei einem Bienenstich verhalten sollte
1 den Stachel der Biene wegkratzen **2** dadurch das Weitere eindringen
des Giftes in den Körper verhindern **3** die Geschwollene Stelle kühlen
4 bei einer Übergroßen Schwellung sofort einen Erfahrenen Arzt
aufsuchen

b Schreibe alle Ratschläge richtig in dein Heft.

Schreibung der Anredepronomen

1 Leo hat zwei Anfragen an Betreiber von Internetseiten geschrieben.

a Lies die beiden Mails.

Anjas Pinguin-Homepage (www.anjaspinguine.de)	pinguine.net (www.pinguine.net)
Hallo Anja, deine Homepage ist wirklich große Klasse, und ich möchte mich dafür bei dir bedanken. Was meinst du, in welchen Tierpark sollte ich fahren, um die schönsten Pinguine zu sehen? Dein Leo S.	Lieber Redakteur, ich habe viel über Pinguine gelesen, aber nicht alles verstanden, was Sie geschrieben haben. Deshalb möchte ich Ihnen zwei Fragen stellen. Können Sie mir genauer erklären, … Ihr Leo S.

b Mit welchen Pronomen redet Leo die beiden Homepage-Verfasser an? Welche Unterschiede in der Schreibung gibt es?

> Du weißt, normalerweise werden Pronomen kleingeschrieben, z. B.:
> *ich, er, mein.* Aber in Briefen und E-Mails können **Anredepronomen** auch großgeschrieben werden, z. B.:
> *du/Du, dein/Dein, ihr/Ihr, euer/Euer.*
> Die Pronomen *Sie* und *Ihr* und alle ihre Formen **musst** du in der höflichen Anrede **immer großschreiben**, z. B.:
> *Bitte senden <u>Sie</u> mir <u>Ihre</u> Antwort möglichst bald.*

2 Schau dir die beiden Homepages an, die in Aufgabe 1a genannt werden.

→ S.49
Eine E-Mail
schreiben

a Schreibe selbst eine Meinungsäußerung zu den Fotos auf Anjas Pinguin-Homepage.

Liebe Anja, …

 **b** Verfasse ein Schreiben an den Redakteur von pinguine.net und frage, was du gern genauer über die Pinguine wissen möchtest.

3 Georg ist zu Beginn der 5. Klasse nach Breda in den Niederlanden umgezogen. Sein Vater ist von seiner Firma für drei Jahre dorthin geschickt worden. Georg schreibt seinem Freund Joshua in Deutschland einen Brief.

Absender: Georg Fläming
Troolstralaan 17
NL– 9732 JE Breda

Joshua Sachs
Birkenweg 6
D – 08056 Zwickau

Breda, den 10. 9. ...

Lieber Joshua,

heute habe ich ein bisschen mehr Zeit um dir zu schreiben.
Also, in meiner Klasse bin ich der einzige Neue. Die anderen
kennen sich natürlich schon und stehen in den Pausen immer
5 zusammen. Die meisten Schüler sprechen ein bisschen Deutsch
und ich kann auch schon ein wenig Niederländisch. Ich bin in
der Gruppe 7, so heißt hier die 5. Klasse. Wir sind 15 Jungen und
12 Mädchen, unser Klassenlehrer scheint ganz nett zu sein.
Ich sitze neben einem Mädchen. Sie heißt Fientje. Ich habe auch
10 versucht, den Jungen, der bei mir im Haus wohnt, anzusprechen,
aber er wollte gerade zu seinen Freunden und hatte keine Zeit
für mich. Damit ich die anderen besser kennen lerne, hat unser
Klassenlehrer am ersten Schultag vorgeschlagen, dass sich alle
erst mal vorstellen. Da habe ich erfahren, dass hier die meisten
15 Kinder schon mit vier Jahren in die Schule kommen. Und weißt
du was? Hausaufgaben haben sie hier erst ab Gruppe 6, also ab
der 4. Klasse. Dafür bekommt man dreimal im Jahr Zeugnisse!
Als ich erzählt habe, wie es bei uns in Deutschland ist, haben mich
alle angestiert. Gelacht hat zum Glück keiner.
20 Ich würde so gern mit dir tauschen. Ich bin ganz schön traurig,
dass ich nicht mehr bei Euch bin. Grüß alle von mir und schreibe
mir schnell zurück.
Dein Georg

a Welche Informationen enthält Georgs Brief?

→ S.150
Pronomen

b Überprüfe die Schreibung der Anredepronomen in Georgs Brief.

4

a   Georg ist traurig. Suche die Textstellen heraus, wo dies deutlich wird.

b   Joshua wird in seinem Antwortbrief versuchen, Georg zu trösten.
Wie könnte ihm dies gelingen? Schreibe seinen angefangenen
Brief weiter.

Lieber Georg,
ich habe mich total über deinen Brief gefreut.
Schade, dass du so traurig bist…

 c   Überprüft gegenseitig eure Briefe. Achtet besonders auf
die Schreibung der Anredepronomen.

5   Ein Brief beginnt mit der Anrede der Person / Personen, an die der Brief
gerichtet ist. Diese muss zum Anlass des Briefes passen und richtet
sich auch danach, ob sich Briefschreiber und Empfänger kennen oder
ob sie sich noch nie begegnet sind.

a   Ordne den folgenden Ansprechpartnern eine passende Anrede zu.

Fientje

Gruppe 7

Klassenlehrer

Schulleiterin

Hallo Leute! / *Sehr geehrte Schulleiterin* / Hi Fans! /
Lieber Klassenlehrer der Gruppe 7 / *Guten Tag, Frau Schulleiterin* /
Sehr geehrte Frau Nauta / Liebe Fientje /
Sehr geehrter Klassenlehrer der Gruppe 7 /
Hallo Schülerinnen und Schüler der Rob-van-Loewenhok-Schule /
Guten Tag Fientje / Sehr geehrter Herr de Witt

b   Einige Anreden sind überhaupt nicht geeignet. Suche sie heraus.

c   Welche Anredepronomen passen zu den genannten Anreden?
Formuliere jeweils einen ersten Satz zu jeder Anrede mit dem
passenden Anredepronomen.

Worttrennung

1 Das Zerlegen in Sprechsilben hilft dir auch bei der Worttrennung.
Lies die folgenden Wörter langsam und in Silben zerlegt vor.

fragen – lesen – denken – Lehrer – lange – schnurren – klettern –
Katze – krachen – basteln – Wäsche – wecken – kämpfen – überholt –
Vater – neidisch – heißen – Rastplatz – Haustür – nachweisbar

> **!** Wenn man beim Schreiben den Platz bestmöglich nutzen muss,
> dann **trennt** man am Zeilenende mehrsilbige Wörter **nach
> Sprechsilben**, z.B.:
> *Schwer-punkt, greif-bar, bau-en, kön-nen, mit-spie-len.*

2 Übertrage die vier wichtigsten Trennungsregeln in dein Heft
und ordne ihnen die Beispiele aus Aufgabe 1 zu.

1 Wenn an der Silbengrenze nur ein Konsonant (Mitlaut) steht,
so kommt er auf die neue Zeile, z.B.: *fra-gen*,…
2 Stehen zwei oder mehr Konsonanten an der Silbengrenze,
dann kommt nur der letzte auf die neue Zeile, z.B.: *den-ken*,…
3 Buchstabenverbindungen, wie *ck, ch, sch, th* oder *ph* werden
nicht getrennt, z.B.: *we-cken*,…
4 In Zusammensetzungen und Wörtern mit Präfix (Vorsilbe) trennt
man nach Wortbauteilen, z.B.: *über-holt*,…

**Rechtschreibhilfe:
Regeln anwenden**

3 Schreibe die folgenden Wörter auf und kennzeichne alle Trennungs-
möglichkeiten.

lachen – Belastung – Decke – Menschen – ausrutschen – rannte –
hoffte – Sonne – Karpfen – Sonntag – Kätzchen – Bastelladen – Rücken –
Fernheizung – Konsonanten – Vorratsschrank – wissenswert

la-chen, …

**Achtung,
Fehler!**

4 In Zeitungstexten gibt es manchmal Fehler bei der Worttrennung.
Schreibe die Wörter auf und kennzeichne die richtige Trennstelle.
Nimm ein Wörterbuch zu Hilfe.

Han-dlung – aufsch-reiben – Ert-rag – dreiteil-ig – zweifens-trig

Fehler erkennen – Fehler korrigieren

1 Den folgenden Brief hat Bastian gleich zu Beginn seines ersten Schuljahres geschrieben, als er noch kaum etwas über die Schreibung von Wörtern wusste.

a Versuche, den Brief zu entziffern.

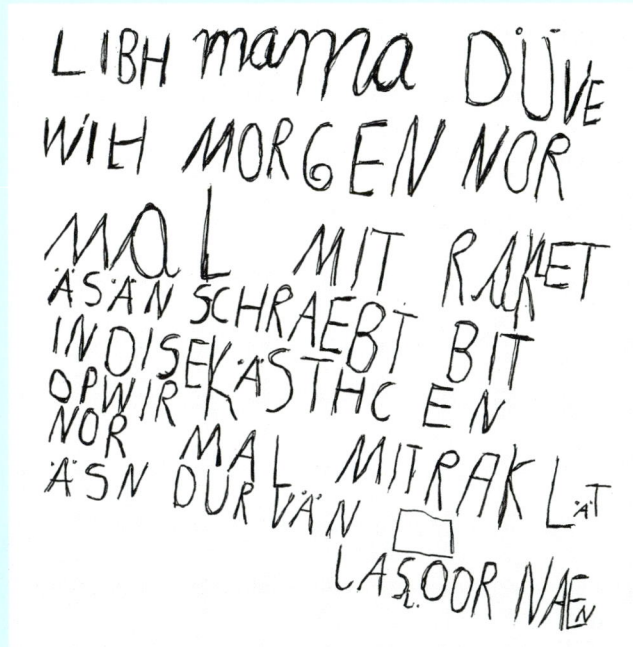

TIPP
1. RAKET / RAK LäT meint »Raclette« – ein besonderes Käsegericht.
2. LAŞOOR NAEN heißt »ja oder nein«.

b Kannst du erklären, warum der Schulanfänger die Wörter so geschrieben hat? Was wusste er alles noch nicht?

c Schreibt den Brief richtig auf, achtet auf die übliche Groß- und Kleinschreibung.

d Welcher der folgenden Aussagen stimmst du zu? Begründe deine Meinung.

1 Der Rat »Schreib, wie du sprichst« ist eine zuverlässige Rechtschreibhilfe.
2 Der Rat »Schreib, wie du sprichst« trifft nur für bestimmte Schreibungen zu.

2 Probiert einmal Folgendes aus: Tippt Bastians Brief so in den Computer, wie er ihn geschrieben hat, aber in der üblichen Groß- und Kleinschreibung (statt *DÜVE* also *düve*).

a Welche Korrekturen schlägt euch das Rechtschreibprogramm vor?

b Warum verbessert das Rechtschreibprogramm so viele Falschschreibungen nicht?

3 Bei der Untersuchung sehr vieler Diktate und Schüleraufsätze wurde festgestellt: Die meisten Schülerinnen und Schüler können in der 5. Klasse schon gut und richtig schreiben. Es gibt aber einige Rechtschreibklippen, bei denen immer wieder Fehler gemacht werden. Fünf dieser schwierigen Fälle stehen auf der nächsten Seite. Du kannst dich anhand der Beispielwörter selbst überprüfen: Wo bin ich sicher? Welches sind meine Rechtschreibklippen?

a Gehe die folgenden Schritte.

TIPP
Verwende ein Wörterbuch zum Nachschlagen.

1. Lege ein A4-Blatt nach dem Muster auf S. 225 an und übertrage alle fett gedruckten Angaben. Du kannst dazu auch den Computer nutzen.
2. Dann schreibst du – möglichst richtig ergänzt bzw. richtig groß- oder kleingeschrieben – die Lückenwörter auf.
 3. Überprüft anschließend gemeinsam, ob ihr richtig eingesetzt habt.
4. Verbessere deine Fehler und notiere hinter jeder Gruppe die Fehlerzahl.
5. Nun erkennst du: Das sind meine Stärken, aber andere Schreibungen muss ich noch üben.

b Tauscht euch über eure Ergebnisse aus und sprecht auch über die folgenden Fragen.

1 Welche Rechtschreibhilfen verwendet ihr in Zweifelsfällen, um über die richtige Schreibung zu entscheiden?
2 Wer hat mit einer bestimmten Übungsmethode gute Erfahrungen gemacht?

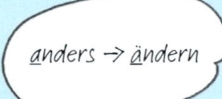

anders → ändern

Überprüfe dich selbst und erkenne deine Fehler	Fehlerzahl
1. *d* oder *t*? *b* oder *p*? *g* oder *k*? am frühen Aben■ auf dem Spor■platz, hunder■ Läufer, auf den Star■schuss war■en, lan■sam loslaufen, durch den Par■, zur Bur■, viel Lau■ auf dem Waldwe■, nicht stol■ern, ein gutes Erge■nis, in einer hal■en Stunde	
2. langer Stammvokal (Selbstlaut): mit oder ohne *h*? **Mit *ie* oder *i*?** Musik war zu hö■ren, laute, schrille Tö■ne, von der Bü■ne, soga■r bis in unsere Wo■nung, der Text wa■r nur ungefä■r zu verste■en, es ging um eine Kr■se in einer zi■mlich schwi■rigen Fam■lie	
3. doppelter Konsonant (Mitlaut) oder nicht? Die Kreuzung war gesper■t. Wir mus■ten anhal■ten und den Warnblinker einschal■ten. Die nachfol■genden Autos stop■ten ebenfal■s. Was kon■te pas■iert sein? Wir stel■ten Vermutungen an. Wir blickten verwir■t nach links. Eine Kirche rol■te auf der Gegenfahrbahn her■an.	
4. *s* oder *ss* oder *ß*? im Se■el sitzen, die Augen geschlo■en, von einer gro■en Rei■e träumen, der Koffer lä■t sich nicht öffnen, der Schlü■el ist nicht zu finden, die Abfahrt verpa■t, den Auswei■ verge■en, aber alles blo■ ein bö■er Traum	
5. groß oder klein? JONAS HÖRT MAN HÄUFIG KLAGEN, IHM GEFÄLLT SO MANCHES NICHT: STILL SITZEN, GEHORCHEN, GEDICHTE AUFSAGEN, MÜLLEIMER LEEREN, EIN SCHARFES GERICHT. ER MAG VOR ALLEM BEWEGUNG UND SPIELE, KÄMPFE, WIDERSPRUCH UND STREIT. GEHT MAN RICHTIG MIT IHM UM, IST ER AUCH ZUM NACHGEBEN BEREIT.	

In einem Wörterbuch nachschlagen

1 Wenn du nicht genau weißt, wie ein Wort geschrieben wird oder was es bedeutet, solltest du in einem Wörterbuch nachschlagen.

a Lies den folgenden Brief, den Nick an Emily geschrieben hat.

Achtung, Fehler!

> Hallo, Emily,
> wir sind gestern auf einer ganz kleinen Insel gewesen.
> Die Insel heißt Hallig, und in der Halligschule gibt es
> meistens nur einen oder zwei Schüler. Die Schule sieht
> wie ein ganz normales Wohnhaus aus. Es gibt keinen
> Schulhof und keine Turnhalle, auch keine Tischreien
> und keine Wandtafel in dem gemühtlichen Klassen-
> raum. In diesem Jahr ist Sven der einzige Schüler.
> Sein bisheriger Schulkamarad hat die Schule Anfang
> des Sommers abgeschlossen. Wenn bei Sturmflut die
> Hallig unter Wasser steht, muss Sven zu Hause lernen.
> Ich wäre da gern. Du auch?
> Dein Nick

b Emily sind beim Lesen des Briefes einige Schreibungen komisch vorgekommen. Sie hat diese Wörter unterstrichen. Überprüfe die Schreibung der gekennzeichneten Wörter in einem Wörterbuch. Schreibe die falsch geschriebenen untereinander richtig auf.

c Ergänze zu jedem Wort zwei verwandte Wörter.

2 Man muss das Alphabet gut können, wenn man ein Wort möglichst schnell finden will. Trainiert das Aufsagen des Alphabets. Stellt fest, wer es am schnellsten kann.

3
a Nennt der Reihe nach zu jedem Buchstaben des Alphabets ein Wort.
Arm, Bein, Computer, …

b Probiert eine schwierigere Variante aus:
Nennt in der zweiten Runde nur Vornamen oder nur Verben
oder nur Adjektive in alphabetischer Reihenfolge.

4 Welche Buchstaben fehlen auf den Handy-Tasten?

1	2 ABC	3 D F
4 HI	5 JK	6 M
7 P	8 U	9 XYZ

5 Schreibe die folgenden Wörter alphabetisch geordnet in dein Heft.

immer – nötig – Blut – folgen – jung – Zelt – Chip – Kalender – Paket –
Ypsilon – achtzig – denken – richtig – Weide – Erfolg – Lineal – Osten –
schwierig – gestern – Maß – Tal – voll – heiß – Quelle – unter – Xylophon

achtzig, …

 **6** Stellt füreinander eine Wortliste zusammen, die nach dem Alphabet
geordnet werden soll. Wählt Städte-, Tier- oder Pflanzennamen,
Sportarten oder Lieblingsgerichte für die Liste aus.

7 Alle folgenden Wörter haben den gleichen Anfangsbuchstaben.

a Schreibe sie in alphabetischer Reihenfolge auf.
Ordne hier nach dem zweiten Buchstaben.

fertig – Foto – Fach – Futter – Filter

Fach, …

b Ordne die folgenden Wörter nach dem dritten bzw. vierten
Buchstaben.

Fluss – fliehen – flach – Fleck – Flosse
aushalten – Ausbildung – Ausgleich – ausstellen – ausweiten

flach,…   *Ausbildung, …*

8 Sieh dir diesen kurzen Ausschnitt aus einem Wörterbuch an.

a Wodurch wird die Orientierung auf dieser Seite erleichtert?

Fanklub

Fan|klub *auch:* **Fan|club** [fæn-, engl.] *m. 9*
Fan|ta|sia [ital.] *f. 9* **1.** nordafrik. Reiterkampfspiel **2.** *Mus., ital. Bez. für* Fantasie
Fan|ta|sie *f. 11* Musikstück in ungebundener Form
Fan|ta|sie *auch:* **Phan|ta|sie** *f. 11 nur Sg.* **1.** Einbildungskraft, Einfallsreichtum, Erfindungsgabe **2.** vorgestelltes Bild, Träumerei, Trugbild, Wahngebilde
fan|ta|sie|los *auch:* **phan|ta|sie|los**
Fan|ta|sie|lo|sig|keit *auch:* **Phan|ta|sie|lo|sig|keit** *f. 11 nur Sg.*
fan|ta|sie|ren *auch:* **phan|ta|sie|ren** *intr. 3* **1.** sich der Einbildungskraft hingeben, sich etwas ausdenken **2.** *Med.:* irrereden **3.** *Mus.:* frei gestaltend spielen
fan|ta|sie|voll *auch:* **phan|ta|sie|voll**

→ Phantasma Der Anlaut des aus dem Griechischen stammenden Fremdwortes *Phantasma* (ebenso: *Phantasmagorie, phantasmagorisch*) darf nicht mit der Buch-

F

Fa|rad [nach dem engl. Physiker Michael Faraday] *n. Gen.* -s *Pl.* - (*Abk.:* F) Maßeinheit für elektr. Kapazität
Fa|ra|day|kä|fig *auch:* **Fa|ra|day-Kä|fig** *m. 1* käfigartige, geerdete Vorrichtung aus Drahtgeflecht zum Abschirmen gegen elektr. Felder oder Ströme (bei Messinstrumenten und beim Blitzschutz)
fa|ra|day|sche Ge|set|ze *auch:* **Fa|ra|day'sche Ge|set|ze** *Pl.*
Fa|ra|di|sa|ti|on *f. 10,* **Fa|ra|do|the|ra|pie** *f. 11* Heilbehandlung mit unterbrochenem (faradischem) Strom
fa|ra|disch; faradischer Strom: häufig unterbrochener Gleichstrom
fa|ra|di|sie|ren *tr. 3* mit faradischem Strom behandeln
Fa|ra|do|the|ra|pie *f. 11* = Faradisation
Fa|ran|do|le *f. 11* = Fandarole
Farb|auf|nah|me *f. 11*
Farb|band *n. 4*
färb|bar

Fär|be|rei *f. 10*
Fär|ber|rö|te *f. 11* Pflanze (früher gewinnung), Kr
Fär|ber|waid *m. 1* *m. 1* Reseda
Farb|fern|se|hen
Farb|film *m. 1*
Farb|fil|ter *m. 5*
Farb|fo|to|gra|fie|to|gra|phie *f. 11*
Farb|ge|bung *f. 1*
Farb|holz *n. 4 me* haltiges tropisch
Farb|holz|schnitt
far|big, *österr. au*
Far|bi|ge(r) *m. 18* *oder 18* Angehö nichtweißen M
Far|big|keit *f. 10*
farb|in|ten|siv
Farb|kas|ten *m. 8*
farb|lich
farb|los
Farb|lo|sig|keit *f.*
Farb|pho|to|grap fotografie
Farb|pig|ment *n.*

---

b Die fett gedruckten Wörter auf dem oberen Rand jeder Seite heißen Seitenleitwörter. Sie sind sehr nützlich beim Nachschlagen. Warum?

c Schreibe die folgenden Wörter untereinander auf.
Suche sie im Wörterbuch und notiere hinter jedem die Bedeutung sowie das Seitenleitwort.

Vers – Strophe – Song

9 Überprüfe dich selbst. Wähle eine der folgenden Zeilen aus. Stoppe mit der Uhr, wie lange du brauchst, um
- alle drei Wörter in einem Wörterbuch nachzuschlagen und ihre Schreibung zu überprüfen und
- alle drei Wörter richtig aufzuschreiben.

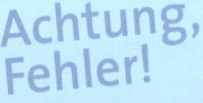

1 Bühne, Höhrer, Gefahr
2 Falle, Rollbahn, Halltung
3 Gärtchen, hundert, abents

Rechtschreibhilfe:
Verlängerungs-
probe

1 Schreibe ab und ergänze die zehn Beispiele fehlerlos.
Entscheide, ob du am Stammende *b, d, g* oder *p, t, k* schreiben musst.

der Heimwe■ – die Zu■vögel – die Schil■laus – das Stän■chen –
du schie■st – er verrie■ die Farbe – trü■sinnig – die Gel■sucht –
er errä■ das leicht – er zei■t nach rechts

Rechtschreibhilfe:
Verwandtschafts-
probe

2 Doppelkonsonant *ll, nn, ff* oder nicht?
Suche vor dem Aufschreiben der Lückenwörter ein zwei- oder
dreisilbiges verwandtes Wort.

1 Die Fa■schirmspringer bereiten sich auf den Absprung vor.
2 Alle sind vo■ konzentriert. **3** Einige haben den Blick zu Boden
gese■kt. **4** Andere schauen wie geba■t zur Decke. **5** Als das
Kommando ertönt, ste■t sich der erste Springer an die Luke.
6 Sein Sprung begi■t. **7** Er fä■t in die Tiefe. **8** Nach kurzer Zeit
ö■net sich der Schirm. **9** Wenige Minuten später haben es alle
gescha■t. **10** Jedes Mitglied der Sta■el ist im markierten Kreis gelandet.

Rechtschreibhilfe:
Wortschreibungen
einprägen

3 Wörter mit langem Stammvokal
Schreibe den Text fehlerfrei ab. Achte auf die Wörter mit *i/ie/ieh*.

Kaum ist der Regen vorbei, sieht man die Bienen wieder fliegen.
Ihr Ziel ist die Flur von Niederwiesel. Hier gibt es in diesen
Wochen ziemlich viele Rapsfelder. Die riesigen gelben Flächen
locken nicht nur die Tiere an, sie ziehen auch die Blicke der
5 Menschen auf sich.

4 Auf typische Buchstabenverbindungen achten
Die folgenden Wörter müsst ihr fehlerlos schreiben können.
Diktiert sie euch gegenseitig.

Querkopf – Pflanzenpflege – unempfindlich – Glückspilz –
abstürzen – Sitzplatz – Herzschmerzen – glänzen – Wirklichkeit –
pünktlich

Rechtschreibhilfe:
Regeln anwenden

5 Übertrage die Tabelle in dein Heft. Entscheide, ob du die folgenden Wörter mit *s*, *ss* oder *ß* schreiben musst, und ordne sie in die richtige Spalte ein.

Verschlu■ – abgie■en – Brillenglä■er – Eiwei■ – prei■wert – Verfa■ung – Fu■gänger – weggela■en – Türschlo■ – Le■ezeichen – Versto■ – Auswei■

Wörter mit *s*	Wörter mit *ss*	Wörter mit *ß*
...	...	...

6

Rechtschreibhilfe:
Artikelprobe

a Schreibe die fett gedruckten Wortgruppen in der richtigen Groß- und Kleinschreibung auf.

GANZ HARTE KERLE
WENN **DIE MEISTEN MENSCHEN** VOR KÄLTE BIBBERN,
NEHMEN DIE PINGUINE **EIN BAD** IM EISKALTEN MEER.
DIE NATUR HAT IHNEN **EINEN AUSGEZEICHNETEN FROSTSCHUTZ**
5 MITGEGEBEN. DIREKT **AUF DER HAUT** HABEN SIE **EIN DICKES
DAUNENFEDERKLEID,** DAS REGELMÄSSIG **MIT EINER SPEZIELLEN
FLÜSSIGKEIT** GEÖLT WIRD. DADURCH KOMMT DAS WASSER
NICHT AN DIE HAUT, DIE KÄLTE DRINGT NICHT **IN DEN KÖRPER.**
EINE DICKE FETTSCHICHT UNTER DER HAUT SORGT DAFÜR,
10 DASS **DIE KÖRPERWÄRME** NICHT VERLORENGEHT. ABER KALTE
FÜSSE MÜSSEN DIE PINGUINE IMMER HABEN. WER WEISS,
WARUM DAS SO IST?

b Suche die Wörter mit *ss* und überprüfe ihre Schreibung. Wo ist es richtig, wo musst du *ß* schreiben?

Das Schattenspiel kennen lernen

1 Auf dem folgenden Foto seht ihr die Aufführung eines Schattenspiels.

a Überlegt, um was es in der Aufführung gehen könnte.

b Habt ihr schon mal ein Schattenspiel gesehen?
Berichtet davon.

> **!** Das **Schattenspiel** ist eine Form des Theaters, bei der Schatten von Figuren, Gegenständen oder Personen gezeigt werden. Die Zuschauer sehen nur deren Umrisse. Dafür sorgen eine Lichtquelle und eine entsprechende Abdeckung der Bühne.

2 Diese Schattenspielfigur entstand vor langer Zeit in Aleppo, einer Stadt in Syrien.

a Betrachtet die Schattenspielfigur genau und beschreibt sie.

b Denkt euch eine (Schattenspiel-)Geschichte aus, in der die Figur eine Rolle spielen könnte. Notiert euch Stichpunkte.

c Tragt eure Ideen vor.

> **!** Das Schattenspiel wurde in Asien entwickelt, vor allem in China, Indien und Indonesien. Vor 1000–2000 Jahren ist es dort entstanden. Im 17. Jahrhundert kam es nach Deutschland. Ursprünglich wurde viel Wert auf die Ausschmückung der Figuren gelegt.
> In Europa wurden die Umrisse und die Bewegung der Figuren wichtiger. Anstelle von feinem Pergament wurden hier grobere Materialien wie Holz, Pappe oder sogar Metall verwendet.

Ein Schattenspiel gestalten

Die Figuren herstellen

Das Herstellen von Figuren vorbereiten

 1 Tom und seine Klasse wollen das Märchen »Das Waldhaus« von den Brüdern Grimm als Schattenspiel aufführen. Dazu basteln sie Puppen.

a Wie würdet ihr eine solche Figur herstellen? Sammelt Ideen.

> **So könnt ihr Figuren für das Schattenspiel herstellen**
> 1. Zeichnet die Umrisse der Figur auf einen Pappkarton oder dickes Papier.
> 2. Schneidet die Figur aus.
> 3. Klebt einen stabilen Stab (Holz oder Metall) an die Figur.
> 4. Überprüft, ob die Figur erkennbar, d.h. von anderen Figuren unterscheidbar ist; achtet vor allem auf die Umrisse.
> 5. Korrigiert eventuell die Umrisse der Figur.

b Tom und seine Gruppe sollen einen alten Mann gestalten, der in einem Waldhaus wohnt. Beschreibt, wie die Umrisse der Figur aussehen sollten.

Figuren basteln

2 Bastelt selbst Figuren für ein Schattenspiel. Ihr könnt euch Figuren ausdenken oder eine Figur zum Märchen »Das Waldhaus« gestalten. Aus folgenden Möglichkeiten könnt ihr auswählen.

– Vater, Waldarbeiter
– Mutter
– Lene, älteste Tochter
– Marie, zweite Tochter
– Anne, jüngste Tochter
– alter Mann mit langem Bart
  (wohnt im Waldhaus)
– Hühnchen, Hähnchen,
  bunt gescheckte Kuh
  (die Haustiere des alten Mannes)

Die Bühne gestalten

 a Für das Schattenspiel benötigt man eine besondere Art von Bühne. Schaut euch die Bühne auf dem Foto an. Beschreibt sie.

b Lest gemeinsam die folgende Arbeitstechnik.

So könnt ihr die Bühne für ein Schattenspiel einrichten
1. Fertigt einen stabilen Rahmen aus Pappe oder Kartonpapier an. Der Rahmen muss so groß wie die benötigte Spielfläche sein.
2. Beklebt den Rahmen mit Transparentpapier. Damit ist eure Spielfläche fertig.
3. Befestigt die Spielfläche an einem »Vorbau« aus Tisch, Stuhl/ Stühlen oder Pappe. Vielleicht habt ihr ja auch ein Puppentheater aus Holz, das ihr verwenden könnt. Es sollen nur die Figuren und nicht die Spieler sichtbar sein. Hinter dem Vorbau könnt ihr stehen oder sitzen.
4. Stellt eine Lichtquelle hinter die Spielfläche, z.B. eine Tischlampe (am besten mit engem Lampenschirm). Je kleiner die Lichtquelle ist, desto schärfer sind die Umrisse. Die Lichtquelle sollte ungefähr auf der Höhe der Spielfiguren sein. Wenn die Figuren näher an der Spielfläche sind als an der Lichtquelle, werden die Schatten schärfer.
5. Prüft, ob der Raum genügend abgedunkelt werden kann.

TIPP
Auf die Spielfläche könnt ihr passende Bilder malen, z.B. Wald, Waldhaus.

 Richtet nun eure Bühne ein.

Den Text vorbereiten

1 Toms Klasse hat eigene Szenen für das Schattenspiel geschrieben. Der Text beginnt folgendermaßen:

Das Waldhaus
Ein Märchen – nach den Brüdern Grimm

1. Szene:
Der Waldarbeiter und seine Frau treten aus dem Waldhaus.
Waldarbeiter Ich muss jetzt in den Wald zum Holzschlagen. Schicke mir eine unserer Töchter um die Mittagszeit mit dem Essen, damit ich mich satt essen kann.
5 *(er wendet sich zum Gehen)*
Frau Oje oje oje, ich werde sie dir schicken, die Lene! Doch ich hoffe, sie findet den Weg und verirrt sich nicht im dunklen, tiefen Wald. *(seufzt und schüttelt immer wieder den Kopf)*
Waldarbeiter Oh Frau, musst dich nicht sorgen! Hirsekörner
10 werd ich ausstreuen, so findet sie sicher den Weg. Ich geh nun los, s' gibt viel zu tun. *(geht ab)*

a Lest die Szene mit verteilten Rollen.

Regieanweisungen untersuchen

b Untersucht die kursiv gedruckten Regieanweisungen. Welche Hinweise geben sie für das szenische Spiel?

2 Die Schülerinnen und Schüler haben den Text folgendermaßen weitergeschrieben.

2. Szene:
(Lene läuft mit dem Korb im Wald, schaut hilflos umher, da sie den Weg nicht mehr weiß.)
Lene *(seufzt)* Oje, was mach ich nur?

3. Szene:
15 *(Lene kommt an ein einsames Waldhaus. Sie klopft und wird eingelassen. Ein alter Mann mit langem weißem Bart begrüßt sie.)*
Lene Habe mich verlaufen, hab Hunger und will schlafen.
Alter Mann *(zu sich)* Was für ein unfreundliches Kind, das nicht grüßt und nur an sich denkt. Hier hast du einen Topf, mache
20 das Abendessen, so will ich dir ein Bett für die Nacht geben.

Lene Ein Abendessen zubereiten? Ei, was für ein großer Topf,
da ist ja noch was drin, das probier ich mal, mmh, das schmeckt,
das will ich essen, denn ich bin so furchtbar hungrig.
Alter Mann Das Kind denkt nur an sich. Was meint ihr Huhn,
25 Hähnchen und Kuh, meine lieben Tiere? *(wendet sich seinen
Tieren zu, die in der Stube am Ofen sitzen)*
Hahn/Huhn/Kuh *(sprechen zusammen)* Sie hat bei dir gegessen,
sie hat bei dir getrunken, um uns hat sie sich nicht gekümmert.
So soll sie auch kein Nachtquartier bekommen.
30 **Lene** Will mich nun gerne niederlegen. *(läuft die Treppe hoch
zum Schlafzimmer)*
Alter Mann Schüttel nur zuerst mein Bett auf, dann kannst
du dich in das Bett daneben legen. *(Lene tritt ins Zimmer,
legt sich ins erste Bett und schläft sofort ein. Plötzlich öffnet sich
35 eine Falltüre und sie verschwindet mit einem lauten Schlag.)*

**Über die Szenen
nachdenken**

a Überlegt, wie ihr die 2. Szene gestalten könnt.

b Sprecht über die 3. Szene. Was passiert in dieser Szene?

Eine Szene spielen

c Spielt die 3. Szene in einem Rollenspiel.
Wenn ihr Figuren gebastelt habt, spielt dieselbe Szene mit Figuren.

d Besprecht, was euch schwerfällt und was ihr noch verbessern könnt.

→ S.134 szenischer
Text

**Eine Szene
schreiben**

3 Schreibt die 4. Szene selbst. In dieser Szene schickt die Frau des
Waldarbeiters am nächsten Morgen die zweite Tochter, Marie, in den
Wald, um dem Vater das Essen zu bringen. Sie verlässt die Mutter mit
einem Gruß.

Frau: Marie, steh schnell auf …

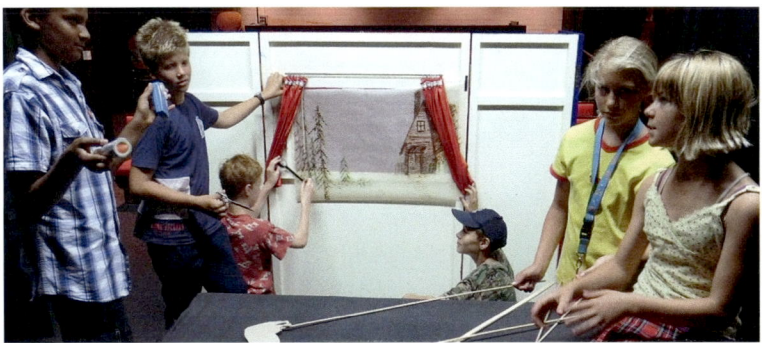

4 Schreibt nun die übrigen Szenen in Gruppen.

a Verteilt die folgenden Szenen auf die Gruppen.

5. Szene: Marie verirrt sich; kommt ebenfalls zum Waldhaus.
6. Szene: Marie ist etwas hilfsbereiter und freundlicher, vergisst aber auch die Tiere, Falltür.
7. Szene: Die dritte Tochter Anne wird mit dem Essen des Vaters in den Wald geschickt.
8. Szene: Sie verirrt sich, kommt zum Waldhaus, macht alles richtig und erlöst den alten Mann, der in Wirklichkeit ein Prinz ist; Hochzeit.

b Schreibt eure Szene in der Gruppe. Beachtet folgende Fragen: Was passiert in der Szene? Welche Personen treten auf? Was sagen die Personen? Wie sagen sie es? Was tun die Personen außerdem?

Die Orte gestalten **5** Toms Klasse hat sich Gedanken dazu gemacht, wie die Orte des Märchens »Das Waldhaus« auf der Bühne für das Publikum gut erkennbar gemacht werden können.

a Lest die Ergebnisse der Gruppenarbeit.
– *Szene vor dem Elternhaus: Figur Vater, Figur Mutter, Baum, Umrisse eines Hauses*
– *Szenen im Wald: Figur Mädchen, Baum/Bäume, evtl. ein Puppenkörbchen als Tasche*
– *Szenen im Waldhaus: Figur Mädchen, Figur alter Mann, Figuren der Tiere, evtl. Puppenbett, Puppen-Kochtopf, Treppe (aus Pappe geschnitten?)*

b Sprecht darüber, wie sich die Ideen umsetzen lassen. Begründet eure Meinung und ergänzt eigene Ideen.

6 Probt nun eure Szenen mit den gebastelten Figuren.

Was habe ich gelernt? **7** Überprüfe, was du über das Schattenspiel gelernt hast. Beantworte dazu folgende Fragen:
1 Was sind die Merkmale des Schattenspiels?
2 Wie entstehen die Figuren für das Schattenspiel?

Die Entstehung von Namen

Vor- und Familiennamen

 1 Weißt du, woher dein Vorname kommt? Kennst du seine ursprüngliche Bedeutung? Wenn nicht, schlage in einem Vornamenbuch nach.
Schreibe auf, woher dein Name kommt und was er ursprünglich
bedeutet hat.

2

a Erkläre mithilfe der folgenden Tabelle die Bedeutung dieser alten
Vornamen: Eberhart – Friedrich – Hildegard – Ludwig – Siegfried

Silben des Vornamens	Bedeutung
bert/brecht	hell, glänzend, strahlend
eber	kräftig, stark wie ein Eber
fried/frid	Freude, Ruhe, Sicherheit
gard	einzäunen, Schutz
hard/hart	hart, fest, stark
hild/hilt	Kampf, kämpferisch
lud/lut	laut, berühmt
rich/rik	reich, mächtig, herrschend
sieg/sig/sigi	Sieg, Kraft, Gewinn
wig	Kampf, Streit

b Stelle Vermutungen an, warum einige alte Vornamen heute noch
bekannt und gebräuchlich sind, andere aber nicht.

 ! Bis zum 12. Jahrhundert hatten die Menschen nur einen **Vornamen**,
den so genannten Rufnamen, denn in Siedlungen und Dörfern lebten
nur wenige zusammen, sodass ein Name zur Unterscheidung
ausreichte.
Die ursprüngliche Bedeutung alter germanischer **Vornamen** zeigt,
was für die Menschen damals wichtig war: Viele Silben deuten
auf Kampf, Krieg und Waffen hin (z. B. in *Hildegard*). Auch werden
Eigenschaften ausgedrückt (z. B. in *Eberhart*).

3 Untersucht die Familiennamen in eurer Klasse.

 a Überlegt, worauf sie zurückzuführen sein könnten.

b Die ursprüngliche Bedeutung vieler Familiennamen kann man ableiten, bei anderen erkennt man sie nicht sofort. Lies die folgende Übersicht.

> Familiennamen entstanden z. B. aus folgenden Bezeichnungen:
> – geografische Herkunft: *Pole, Hesse, Franke, Meißner, Nürnberger*
> – Berufe: *Müller, Becker, Bauer, Koch, Kaufmann, Weber*
> – Wohnstätten: *Kuhle, Bachmann, Schönberg, Goldstein*
> – besondere körperliche und charakterliche Eigenschaften: *Breitkopf, Lange, Große, Schwarzkopf, Stolze*
> – Tiere oder Pflanzen: *Hecht, Kohlhase, Vogel, Blume, Pfefferkorn*
> – Vornamen: *Friedrich, Rudolf, Heinze, Konrad, Michaelis, Albrecht*

TIPP
Wenn du deinen Familiennamen nicht einordnen und erklären kannst, schlage in einem Familiennamenbuch nach.

c Übertrage die folgende Tabelle in dein Heft. Ordne die Familiennamen in die richtige Spalte ein.

Amtmann – Rudolf – Braune – Baumgarten – Bär – Haferkorn – Bach – Meise – Ehrlicher – Werner – Fleischer – Hecht – Gabriel – Ansorge – Schweitzer – Rosenbaum – Tannenberger – Frühauf – Heinrich – Baumann – Gärtner – Sachse – Wege – Goldschmidt – Kleiner – Wolfermann – Schwarze – Größer – Beyer – Busch – Kühne – Sünder – Weiß – Köhler – Grobstich – Fuchs – Starke

Herkunft	Beruf	Wohnstätte	Eigenschaft	Pflanze/ Tier	Vorname
...	Amtmann	...	...	...	...

d Trage nun alle Familiennamen von Klassenkameraden, Familienmitgliedern oder Freunden in die Tabelle ein, die du mithilfe der Übersicht erschließen kannst.

> **!** **Familiennamen** sind entstanden, als die Ansiedlungen der Menschen größer wurden. Da mehrere Menschen mit dem gleichen Vornamen aufeinandertrafen, musste man zur Unterscheidung einen Beinamen hinzufügen.
> Familiennamen bildeten sich über Generationen hinweg heraus. Zwischen dem 13. und 16. Jahrhundert wurden aus Beinamen feste Familiennamen.

Orts- und Flurnamen

 1 Sammelt Ortsnamen aus eurer Umgebung und versucht zu erklären, warum die Orte gerade diese Namen tragen.

TIPP
Nehmt eine
Karte zu Hilfe.

Die meisten **Ortsnamen** im deutschsprachigen Raum sind vor langer Zeit entstanden. Die Menschen gaben ihren Siedlungen, Dörfern und Städten Namen, die auf das Besondere des Ortes hinwiesen.
Im Osten unseres Sprachraumes gibt es viele Namen slawischer Herkunft. Man erkennt sie an bestimmten Endungen, z. B.:
- **-in, -en**: *Berlin, Fehrbellin, Guben, Bautzen,*
- **-ow**: *Malchow, Lüchow, Pankow, Treptow,*
- **-itz, -itzsch, -witz**: *Görlitz, Delitzsch, Zinnowitz.*

Oft bestehen Ortsnamen aus Bestimmungswort, Grundwort und einem Fugenelement, z. B.:
Mühl-hausen, Neugatter-s-leben, Wolf-s-burg.

→ **S.164** Wortschatz-
erweiterung

2

a Erkläre die Bedeutung der Ortsnamen. Nutze dazu die Tabelle.

Schiffdorf – Fürstenwalde – Waldheim – Oberhausen – Bremerhaven

häufig vorkommende Bestimmungswörter	häufig vorkommende Grundwörter
geografische Besonderheiten: *Berg-, Tal-, Fluss-, Erz-, Stein-, Wald-;* Herkunft von Personen: *Sachsen-, Schiffer-, Franken-, Graf-;* Tiere: *Hase-, Vogel-, Hirsch-, Eber-;* Pflanzen: *Eich(en)-, Buch(en)-;* Lagebezeichnungen: *Ober-, Burg-;* Flüsse: *Havel-, Oder-, Rhein-;* Wirtschaft: *Mühl-, Hafen-, Markt-;* besondere Kennzeichen: *Schön-, Neu-*	*-hausen* (kleine Siedlung) *-berg/-bergen* (Siedlung auf Anhöhe) *-burg* (befestigte Siedlung) *-furt* (Siedlung an einer Furt) *-dorf, -druf, -torf* (unbewaldete Fläche) *-leben* (zurückgelassener Ort) *-roda, -rode* (Ort nach Waldrodung) *-ruhe* (Grab eines Herrschers)

TIPP
Du kannst einen
Atlas oder eine
Deutschlandkarte
zu Hilfe nehmen.

b Finde weitere Beispiele für Ortsnamen, die aus solchen häufig vorkommenden Grund- und Bestimmungswörtern entstanden sind.

3 Solche Wegweiser hast du sicherlich schon gesehen.
Was bezeichnen die Namen?

!

> **Flurnamen** bezeichnen ein Gebiet, wo keine Menschen wohnen,
> z.B. Felder, Wälder, Wiesen, Flüsse, Seen, Teiche, Berge oder Gebirge.
> Diese Namen sind sehr alt und weisen auf ein ganz bestimmtes
> Merkmal dieser Gegend hin. Heute dienen Flurnamen zur
> Orientierung auf Landkarten. Flurnamen können etwas aussagen
> über:
> * die Lage: *Halberstädter Berg, Marklingeroder Holz;*
> * die Nutzung: *Mühlental, Krautenberg, Eichenberg;*
> * die natürliche Beschaffenheit: *Steinerne Renne, Sandberg;*
> * den einstigen Besitzer: *Armeleuteberg, Herzogweg, Schmiedeberg;*
> * ein besonderes Merkmal: *Mönchsbuche, Grenzklippe, Pferdekopf.*

4 Suche im Kartenausschnitt Flurnamen und schreibe sie in dein Heft.
Deute sie.

TIPP
Bezieht auch die
Geschichte, Sagen
und Legenden ein.
Befragt eure
Großeltern und
Eltern.

5 Stellt mithilfe einer Wanderkarte Flurnamen aus eurer Umgebung
zusammen. Erklärt ihre Bedeutung.

Erb-, Lehn- und Fremdwörter

Erbwörter

1

a Vergleicht die englischen Wörter mit ihren deutschen Übersetzungen.

bread – Brot	water – Wasser	salt – Salz	rain – Regen	sun – Sonne
father – Vater	brother – Bruder	foot – Fuß	hand – Hand	cow – Kuh
(to) drink – trinken	(to) run – rennen	(to) eat – essen	red – rot	

b Stellt Vermutungen an, wieso Wörter aus den beiden Sprachen sich ähneln.

> **!** Die deutsche Sprache gehört zur Gruppe der **germanischen Sprachen**, wie auch das Englische, Friesische, Niederländische, Dänische, Isländische und Norwegische. Die ältesten Wörter unserer Sprache bezeichnen wir als **Erbwörter**. Sie entstanden vor ungefähr 5 000 Jahren und erzählen uns heute noch über das Leben der Germanen.

TIPP
Sucht z.B. Bezeichnungen für Verwandte, Körperteile, Haustiere, Farben und Zahlen.

2 Untersuche, was dir Erbwörter über das Leben der Menschen in der damaligen Zeit verraten.

a Übertrage dazu die folgende Tabelle in dein Heft.

Familie	...	Arbeitsgeräte	Pflanzen	...
...	Schwein ...	...	...	säen ...

b Ordne die Erbwörter in die richtige Spalte ein.

Rind – Vater – Hund – Beil – weben – Gerste – Zange – Sohn – Ziege – Tochter – zähmen – Hacke – Kuh – bauen – Erbse – Hengst – sprechen – Wolf – Sippe – Rad – Schaf – flechten – Eiche

c Ergänze die fehlenden Oberbegriffe im Tabellenkopf.

d Schreibe 3–4 Sätze in dein Heft, in denen du über das Leben der Menschen früher erzählst. Benutze die Wörter aus der Tabelle.

Lehnwörter

 Wörter, die aus anderen Sprachen »entliehen« wurden, heißen
Lehnwörter. Sie haben sich im Laufe der Zeit in **Aussprache**,
Schreibung und **Beugung** der deutschen Sprache so weit **angepasst**,
dass wir ihre eigentliche Herkunft oft gar nicht mehr erkennen, z.B.:
Portal (von lateinisch *porta*), *Fenster* (von lateinisch *fenestra*).

1 Weite Teile Germaniens wurden in den ersten Jahrhunderten n.Chr.
von den Römern besetzt gehalten. Dadurch lernten die Germanen die
Lebensweise der Römer kennen und »entliehen« auch entsprechende
Bezeichnungen aus der Sprache der Römer, dem Lateinischen.

a Sieh dir die Abbildung eines römischen Hauses an.

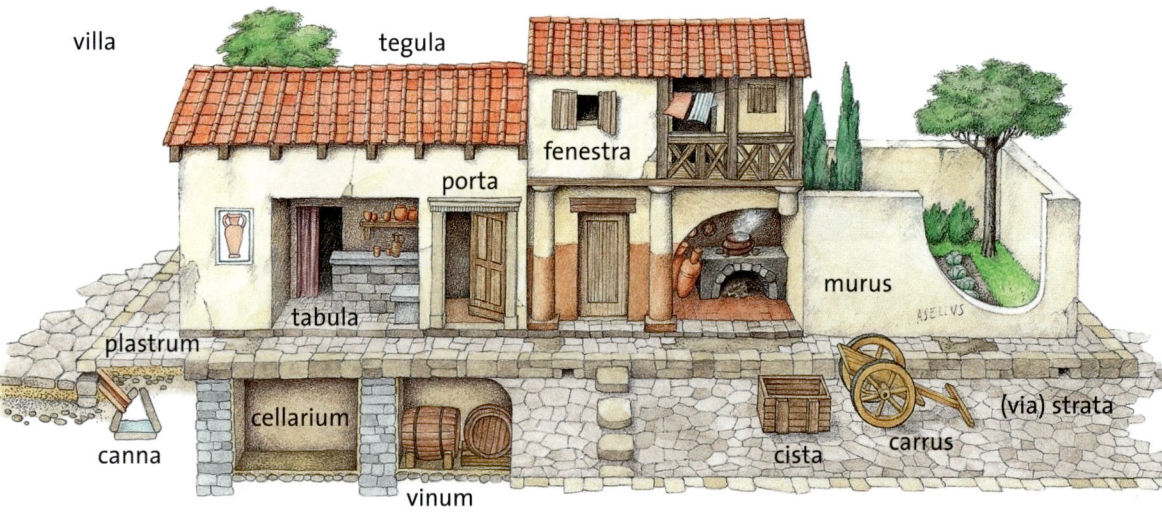

b Welche deutschen Wörter haben sich aus den lateinischen
Bezeichnungen entwickelt? Schreibe sie in dein Heft.

tegula – Ziegel, …

 **c** Überlege, wie die Häuser der Germanen ausgesehen haben könnten,
bevor sie den Hausbau von den Römern gelernt haben.

2 Das 12./13. Jahrhundert war stark durch die Kultur des Rittertums geprägt. Viele Lehnwörter aus diesem Bereich stammen aus dem Französischen.

a Setze die Wörter richtig in die Lücken des folgenden Textes ein.

Page – Turnier – Panzer – Abenteuer – Tanz – Preis

1 Der Sohn eines Ritters wurde mit 7 Jahren zum ▬▬ ausgebildet.
2 Er musste alle Fertigkeiten erlernen, die für einen Ritter lebensnotwendig waren, z. B. reiten, jagen, fechten, aber auch höfische Umgangsformen, wie den ▬▬.
3 Ausgerüstet mit ▬▬ und Schild kämpften sie in einem ▬▬ um den ▬▬.
4 So musste jeder junge Ritter viele ▬▬ bestehen.

b Ordne die altfranzösischen Wörter den Lehnwörtern aus Aufgabe a zu.

page – pris – aventure – tornoi – pancier – danse
1. Page – page, 2. Turnier – …

Fremdwörter

> ! Wörter, die aus anderen Sprachen zu uns kamen, sich aber in **Aussprache, Schreibung** und **Betonung nicht** oder nur zum Teil dem Deutschen **angepasst** haben, nennt man **Fremdwörter**.

1

a Überlege, woran du erkennst, dass diese Wörter Fremdwörter sind.

Cousine – Baguette – Jeans – Ragout – Sweatshirt – Ingenieur – T-Shirt – Screen – Bassin – Porto – Restaurant – Zucchini – Operateur – Pasta – Portemonnaie – Broccoli – Makkaroni

b Sammelt alle Wörter, deren Bedeutung ihr nicht kennt.

c Findet die Bedeutung der unbekannten Wörter heraus.

d Erklärt, warum man im Rechtschreibwörterbuch zu einigen Fremdwörtern zwei verschiedene Schreibweisen findet, z. B.:
Cousine – Kusine, Portemonnaie – Portmonee.

 e Ordne die Wörter aus Aufgabe 1a (S. 243) nach den Sprachen, aus denen sie übernommen wurden.

Französisch: Cousine, ...   Italienisch: Porto, ...
Englisch: Jeans, ...

 Schreibe die folgenden Fremdwörter in dein Heft und schlage in einem Wörterbuch ihre Bedeutung nach.

TIPP
Schlagt z.B. in einem Fremdwörterbuch nach.

Chip – Rendezvous – Interview – Internet – Agreement – Champion – Havarie – Input – Freak – Comedy – Headline

→ **S. 102** Im Internet Informationen suchen

! Heute bestehen zwischen Ländern der ganzen Welt Kontakte und Austausch z.B. in Wirtschaft und Wissenschaft. **Viele Fremdwörter** werden in unsere Sprache **übernommen**, z.B.:
– aus dem Französischen: *Pommes frites, Limousine, Croissant;*
– aus dem Englischen: *Computer, Download, Fastfood, Outfit;*
– aus dem Italienischen: *Zucchini, Broccoli, Pizza.*

 ❸ Es werden ständig neue Wörter aus anderen Sprachen in den deutschen Wortschatz aufgenommen.

a Stelle Vermutungen an, warum die Wörterbücher der deutschen Sprache trotzdem nicht immer umfangreicher werden.

 b Sammelt Wörter, die in den letzten Jahren, z.B. durch die technische Entwicklung, aus dem Sprachgebrauch verdrängt wurden. Fragt auch eure Eltern und Großeltern.

Was habe ich gelernt?

❹ Überprüfe, was du über die Entwicklung der deutschen Sprache gelernt hast. Beantworte dazu die folgenden Fragen:

1 Auf welche Weise sind Familiennamen entstanden?
2 Welches sind die ältesten Wörter der deutschen Sprache?
3 Welche Wörter haben sich im Laufe der Zeit der deutschen Sprache angepasst?
4 Woran kannst du Fremdwörter erkennen?

Ein Gedicht unterschiedlich erschließen

Gedichte sind besondere Texte. Sie haben eine Form, die du sehen,
einen Klang, den du hören, und eine Stimmung, die du spüren kannst.

1

a   Schau dir an, wie einige Schülerinnen und Schüler das Gedicht
»Wintergewitter« gestaltet haben.

Jette hat zu dem Gedicht ein Bild gemalt.

Josef Guggenmos

Wintergewitter

Sieben schlummernde Siebenschläfer
schliefen friedlich unter dem Dach.
Da – ein Donnerschlag! Krach!!!
Jetzt waren die sieben friedlich schlummernden
5   Siebenschläfer plötzlich alle hellwach.

Sie schauten verdutzt und sagten: Nanu!
Bald war wieder Ruh.
Da sagten die sieben Siebenschläfer
einander gut Nacht
10   und machten die Augen wieder zu.

Lukas hat das Gedicht für einen Vortrag vorbereitet.

Zeichen:

/ kurze Pause

// längere Pause

→ Textteile verbinden

∼ leise sprechen

⌡ Stimme heben

⌐ Stimme senken

Josef Guggenmos / Wintergewitter /

Sieben schlummernde Siebenschläfer →

schliefen friedlich unter dem Dach. /

Da ⌡/ – ein Donnerschlag! / Krach!!! /

Jetzt waren die sieben friedlich schlummernden →

Siebenschläfer plötzlich alle hellwach. ⌐//

Tabea hat sich eine szenische Darbietung mit musikalischer Unter-
malung ausgedacht.

Regieanweisungen

Sieben schlummernde Siebenschläfer schliefen friedlich unter dem Dach.	7 Kinder schlafen unter einem Tisch *Gedichtvortrag:* ruhig, gleichmäßig *Xylofon:* leiser, regelmäßiger Ton
Da – ein Donnerschlag! Krach!!!	*Gedichtvortrag:* Stimme wird laut *Xylofon:* laute Schläge Kinder erschrecken
Jetzt waren die sieben friedlich schlummernden Siebenschläfer plötzlich alle hellwach.	*Gedichtvortrag:* sachlich *Xylofon:* unregelmäßig Kinder schrecken auf, schauen verwirrt

Dennis hat ein Parallelgedicht mit anderen Tieren geschrieben.

Herbstgewitter

Zwei schnarchende Wildschweine
schliefen schon Stunden an einem Platz.
Da – ein Donnerschlag! Krabatz!!!
Jetzt machten die zwei schnarchenden
5 Wildschweine ganz plötzlich einen riesigen Satz.

b Schreibe auf, wie Tabeas szenische Darbietung weitergehen könnte.

c Bei dem Parallelgedicht von Dennis fehlt die zweite Strophe.
Schreibe sie.

●●● **d** Entscheide dich für eine der Gestaltungsweisen und gestalte ein
Gedicht deiner Wahl.

Lyrische Texte schreiben und präsentieren

1

a   Lies das folgende Gedicht.

Christian Morgenstern

Neue Bildungen,
der Natur vorgeschlagen

Der Ochsenspatz
Die Kamelente
Der Regenlöwe
Die Turtelunke
5   Die Schoßeule
Der Walfischvogel
Die Quallenwanze
Der Gürtelstier
Der Pfauenochs
10   Der Werfuchs
Die Tagtigall
Der Sägeschwan
Der Süßwassermops
Der Weinpintscher
15   Das Sturmspiel
Der Eulenwurm
Der Giraffenigel
Das Rhinozepony
Die Gänseschmalzblume
20   Der Menschenbrotbaum.

b   Nenne die Tiere und Pflanzen, die in den Wortzusammensetzungen stecken.

c   Ergänzt die Aufzählung mit euren Vorschlägen für Neubildungen in der Natur.

d   Verfasse ein Parallelgedicht zum Thema »Verrückte Gegenstände«.

 **2**

a Lies die folgenden Gedichte zuerst für dich.

Peter Hacks

Der blaue Hund

Geh ich in der Stadt umher,
Kommt ein blauer Hund daher,
Wedelt mit dem Schwanz so sehr,
Nebenher,
5 Hinterher
Und verlässt mich gar nicht mehr.
Wedelt mit den blauen Ohren,
Hat wohl seinen Herrn verloren.

Max Kruse

Fischwunder

»Ich geh zu Tisch«,
spricht der Fisch.
Seltsam ist er anzusehn:
Selten können Fische gehn.

Michael Ende

Die Ausnahme

Haben Katzen
auch Glatzen?
So gut wie nie!

Nur die fast unbekannte
5 so genannte
Glatzenkatze,

die hat 'se.
Und wie!

b Tauscht euch über die Gedichte aus.
Wählt das aus, welches euch am besten gefällt.

c Schreibt zu einem der Gedichte eine Fortsetzung.

d Schreibe ein eigenes Tiergedicht.

e Schreibt euer Gedicht mit dem Computer ab und zeichnet ein Bild
oder klebt ein Foto/Bild auf.

3

a Lies das folgende Gedicht.

Peter Maiwald

Regentag

Paul steht am Fenster.
Paul steht und glotzt.
Der Regen regnet.
Der Regen rotzt.

5 Der Regen nieselt.
Der Regen rinnt.
Der Regen pieselt.
Der Regen spinnt.

Der Regen prasselt.
10 Der Regen fällt.
Der Regen rasselt.
Der Regen hält.

Paul steht am Fenster.
Paul steht und glotzt.
15 Der Regen regnet.
Der Regen rotzt.

b Im Gedicht wird beschrieben, was der Regen macht.
Überlege, welche Bewegungen und welche Klänge zu
den Verben passen.

c Bereitet den Vortrag des Gedichts vor. Durch passende Begleit-
geräusche, z. B. leises und lautes Klopfen mit den Fingern,
könnt ihr den Regen hörbar machen.

d Tragt eure Fassung des Gedichts vor.
Führt einen Vortragswettstreit durch und bewertet eure Vorträge
gegenseitig.

a Was erfährst du in dem folgenden Gedicht über den Storch und die anderen Tiere?

Günter Eich

Septemberliches Lied vom Storch

[1] *Luch*
Sumpf

[2] *Grummet*
zweiter Schnitt
der Wiese zum
Heumachen

Die Sonne brennt noch überm Luch[1],
vom Grummet[2] weht der Grasgeruch,
die Beere kocht im Brombeerschlag
und lang noch steht die Sonn' im Tag.

5 Er aber glaubt nicht mehr ans Jahr,
der auf dem First zu Hause war.
Nach Süden schwang sein Flügelschlag,
steht lang auch noch die Sonn' im Tag.

Die Frösche quarren doppelt hell,
10 die Maus zeigt unbesorgt ihr Fell.
Der ihnen auf der Lauer lag,
er schwang sich fort vor Tau und Tag,

obgleich noch wie im Sommerwind
die Spinne ihre Fäden spinnt,
15 die Mücke tanzt im Weidenhag
und lang noch steht die Sonn' im Tag.

 b Klärt die Bedeutung der Wörter »Brombeerschlag« (Z. 3), »First« (Z. 6), »quarren« (Z. 9), »Weidenhag« (Z. 15).

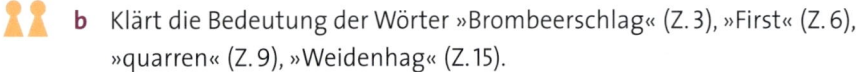

c Der Titel des Gedichts spricht von einem Lied. Suche eine Melodie, die zu diesem Gedicht passt.

So könnt ihr lyrische Texte gestalten und präsentieren
1. Zeichnet oder findet Bilder zu Gedichten.
2. Tragt Gedichte vor. Ihr könnt sie vorlesen, auswendig vortragen oder sogar zu einer Melodie singen.
3. Findet passende Musik zu Gedichten.
4. Spielt Szenen zu Gedichten (mit Musik).
5. Schreibt eigene Gedichte zu Gedichten (z. B. Parallelgedichte).
6. Gestaltet ein Buch oder Poster mit Gedichten.

Merkwissen

Sprechen – Zuhören – Schreiben – Lesen

Aus einer anderen Perspektive erzählen	Man kann Geschichten aus unterschiedlichen Sichtweisen erzählen. Der **Ich-Erzähler** ist am Geschehen selbst beteiligt. Er erzählt aus seiner Sicht und gibt seine Gedanken und Gefühle wieder. Die **Sie-Erzählerin**/Der **Er-Erzähler** ist nicht selbst beteiligt, sondern beobachtet von außen.
Berichten	Ein Bericht soll Leser oder Hörer möglichst **knapp, sachlich** und **in der richtigen Reihenfolge** über ein Ereignis informieren: *Was geschah? Wann? Wo? Warum? Wer war beteiligt? Welche Folgen ergaben sich?* Die Auswahl der Informationen hängt vom Zweck, vom Anlass und vom Empfänger des Berichts ab. **Schriftliche Berichte** werden meist im Präteritum verfasst. In **mündlichen Berichten** kann man das Präteritum oder das Perfekt verwenden.
Beschreiben	Beim Beschreiben informierst du andere über etwas, was sie anhand deiner Angaben erkennen sollen. Welche Merkmale für die Beschreibung besonders wichtig sind, hängt davon ab, für wen und warum du etwas beschreibst. **Allgemeine Merkmale** sind Merkmale, die Gegenstände der gleichen Art gemeinsam haben. **Besondere Merkmale** treffen nur auf einzelne Gegenstände zu (Größe, Form, Material, Farbe, Besonderheiten).
Geschichten erfinden	Um eine Geschichte zu schreiben, solltest du zuerst **Ideen sammeln und ordnen.** Dazu kannst du ein Brainstorming, eine Reizwortkette oder Bilder als Anregungen nutzen. Halte deine Ideen in einer übersichtlichen **Stoffsammlung** fest. Schreibe anschließend einen **Entwurf** deiner Geschichte. Achte dabei besonders auf einen ansprechenden **Beginn.** Verwende **wörtliche Rede** und **anschauliche Adjektive und Verben,** um deine Geschichte lebendig zu gestalten. **Überarbeite** deinen Text sorgfältig und schreibe zum Schluss eine **Endfassung.**
Geschichten nacherzählen	Vor dem Nacherzählen musst du die Geschichte genau lesen oder beim Vorlesen gut zuhören. Teile sie in **Abschnitte** ein und notiere dir zu jedem Abschnitt **Stichpunkte** zum Inhalt. Achte beim Nacherzählen besonders auf die zeitliche Abfolge der Handlung, auf den Ort und auf die Gedanken und Gefühle der handelnden Personen.

Meinungen äußern	Du kannst zu Aussagen deiner Gesprächspartner deine Meinung äußern, d. h., du kannst **zustimmen, ablehnen** oder einen **Kompromiss** vorschlagen: eine Ausweichlösung oder eine Bedingung für deine Zustimmung nennen.
Meinung begründen	Willst du jemanden von deiner Meinung überzeugen, dann musst du deine Sichtweise begründen. Bleibe **sachlich** und nenne **Beispiele.**
Mitteilungen verfassen	Überlege genau, **an wen** die Mitteilung gerichtet ist, **aus welchem Anlass** du schreibst und **welches Ziel** du verfolgst. Danach richtet sich, ob du mit der Hand oder mit dem Computer schreibst, ob du eine SMS verschickst oder eine Karte bzw. einen Brief, wie du die Person anredest, ob du ausführlich und anschaulich oder kurz und sachlich schreibst.
Präsentieren	Einen **Vortrag** solltest du gründlich vorbereiten. Sammle dazu Informationen und Anschauungsmaterial, ordne es und notiere es übersichtlich auf Karteikarten. Achte beim Halten des Vortrags auf freies, langsames und deutliches Sprechen und halte Blickkontakt zu deinen Zuhörern.

Mit Texten und Medien umgehen

Autor, Autorin	(*lat.* auctor – Urheber, Verfasser) Verfasser von literarischen (erzählenden, lyrischen, dramatischen) Texten, aber auch von Drehbüchern, Fernsehspielen oder Sachtexten (Fachbuch-, Lehrbuch-, Sachbuchautor).
Bildgeschichte	Eine Folge von gezeichneten Bildern ohne Worte oder mit kurzen Bildunterschriften, wie z. B. bei Wilhelm Busch.
Dialog	(*griech.* dialogos – Wechselrede, Zwiegespräch) Unterredung zwischen zwei oder mehreren Personen im Unterschied zum Monolog (Selbstgespräch). Theaterstücke bestehen fast ausschließlich aus Dialogen, diese kommen aber auch in allen anderen Textsorten vor.
Elfchen	Ein kurzes Gedicht, das aus 11 Wörtern besteht. Diese werden nach einem festgelegten Muster auf 5 Zeilen verteilt: 1. Zeile: 1 Wort, 2. Zeile: 2 Wörter, 3. Zeile: 3 Wörter, 4. Zeile: 4 Wörter, 5. Zeile: 1 Wort.
Erzähler, Ich-Erzähler	Eine vom Autor geschaffene Figur, die die Geschichte erzählt, d. h., Autor und Erzähler sind immer zu unterscheiden. Eine Autorin kann z. B. einen männlichen Erzähler die Geschichte vortragen lassen oder ein erwachsener Autor kann aus der Sicht eines Kindes schreiben. Schildert eine Figur in der Ich-Form, wie sich die Dinge aus ihrer Perspektive (Sicht) zugetragen haben, dann handelt es sich um einen Ich-Erzähler.

Erzählperspektive	Die Perspektive (Sicht), aus der ein Geschehen erzählt wird. Eine Erzählung kann aus der Sicht einer beteiligten Person erzählt sein, d. h. in der Ich-Form, oder der Erzähler befindet sich außerhalb des erzählten Geschehens, d. h., es wird in der Er- oder Sie-Form erzählt.
Figur	(*lat.* figura – Gestalt, Wuchs) Jede Person, die in einem literarischen Text vorkommt.
Gedicht	In einem Gedicht drückt der Autor seine Gedanken und Gefühle aus, dabei verwendet er oft sprachliche Bilder. Gedichte kann man in **Strophen** unterteilen, die aus mehreren **Versen** (Gedichtzeilen) bestehen. Gedichte haben einen bestimmten **Rhythmus** und können sich nach einem bestimmten Schema **reimen.**
Gestik	Bezeichnet Körperbewegungen, um Aussagen zu unterstützen oder um sich ohne Worte zu verständigen.
Konflikt	(*lat.* conflictus – Zusammenstoß) Problem der Hauptfigur, das sie im Verlauf der Handlung lösen muss. Das kann ein Streit sein oder eine schwierige Entscheidung.
Literatur	(*lat.* littera–tu–ra – Buchstabenschrift, Schrifttum) Bezeichnung für alle Texte, die aufgezeichnet und veröffentlicht werden.
Märchen	(*mhd.* mære – Kunde, Mitteilung) Kurze Erzählung mit fantastischem, wunderbarem Inhalt. Man unterscheidet die mündlich überlieferten und gesammelten Volksmärchen, z. B. »Die Kinder- und Hausmärchen« der Brüder Grimm, und die von einem Autor verfassten Kunstmärchen, z. B. von Hans Christian Andersen. Typisch für Märchen sind fantastische Wesen wie Hexen, Feen oder Zauberer. Die Figuren haben typische Eigenschaften, meist sind sie streng in Gut und Böse, Arm und Reich, Schön und Hässlich unterschieden. Die Handlung ist oft in drei Teile gegliedert. Die Sprache ist meist einfach und anschaulich, mit wiederkehrenden (Zauber- und Verwünschungs-)Formeln sowie ähnlichen sprachlichen Wendungen zu Beginn und am Ende.
Mimik	(auch Miene oder Mienenspiel) Bezeichnet den Gesichtsausdruck. Sowohl im Alltag als auch auf der Bühne oder im Film kann man an der Mimik die Gefühle eines Menschen ablesen.
Pantomime	(*griech.* pantomimos – alles nachahmend) Eine Form der Schauspielkunst, bei der die Handlung ohne Worte, sondern nur durch Mimik und Gestik veranschaulicht wird.

Parallelgedicht	Übernimmt das Muster des Vorbilds und füllt es mit neuem Inhalt, z.B. »Herbstgewitter« zu Josef Guggenmos' »Wintergedicht« (S. 245, 246).
Regieanweisung	(*frz.* régie – Verwaltung) Hinweise des Bühnenautors zu Bühnenbild, Sprechweisen, Figurenverhalten und Kostümen. Diese Hinweise werden nicht mitgesprochen. Im Text sind sie meist kursiv gedruckt oder in Klammern gesetzt.
Reim	Gleichklang von Wörtern (*Hut – gut*). Die häufigste Reimform ist der Endreim, d.h., Wörter reimen sich am Ende zweier Verse. Endreime sind z.B. der Paar-, der Kreuz- und der umarmende Reim. Beim Paarreim reimen sich zwei Verse unmittelbar aufeinander (Form: aabb). Beim Kreuzreim reimt sich ein Vers jeweils mit dem übernächsten (Form: abab). Und beim umarmenden Reim wird ein Paarreim von einem anderen Reim umschlossen (Form: abba).
Sage	Sagen wurden von Generation zu Generation weitererzählt. Sie enthalten einen **wahren historischen Kern** (geschichtliche Begebenheiten, Personen, landschaftliche Eigenheiten, Gebäude und Naturerscheinungen). Man unterscheidet **Orts-, Götter-** und **Heldensagen.**
Sketch	(*engl.* sketch – Skizze) Kurze, witzige Szene mit einer überraschenden Wendung.
Stegreifspiel	Kurzes Rollenspiel, das unvorbereitet in Szene gesetzt wird. Nur das Thema ist meist vorgegeben.
Strophe	(*griech.* strophe – Wendung, Dehnung) Abschnitt eines Gedichts, der sich aus mehreren Versen zusammensetzt.
Szene	(*griech.* skene – Zelt, Bühne) Sinneinheit innerhalb einer Handlung. Sie ist die kleinste Einheit eines Theaterstücks, oft werden mehrere Szenen zu einem Akt zusammengefasst.
szenischer Text	Wird in Dialogen geschrieben, es gibt keinen Erzähler. Ziel ist es, den Text als Handlung zu spielen. Oft gibt es Regieanweisungen, die Hinweise zur Handlung oder zum Sprechen geben.
Vers	(*lat.* versus – Wendung, Linie) Bezeichnet die einzelne Gedichtzeile. Mehrere Verse ergeben eine Strophe.

Wortarten und Wortformen

Adjektiv	Adjektive bezeichnen **Eigenschaften** und **Merkmale.** Stehen Adjektive vor Nomen/Substantiven, passen sie ihre Form in Fall (Kasus), Zahl (Numerus) und Geschlecht (Genus) dem Nomen an. Dabei werden sie **dekliniert** (gebeugt), z. B.: *ein schönes Buch, mit schönen Bildern.* Die meisten Adjektive lassen sich **steigern** und haben dafür drei Formen: ▪ Positiv (Grundstufe), z. B.: *klein,* ▪ Komparativ (Mehrstufe), z. B.: *kleiner,* ▪ Superlativ (Meiststufe), z. B.: *am kleinsten.*
Artikel	Nomen/Substantive können als **Begleiter** Artikel bei sich haben. Sie verdeutlichen Fall, Zahl und Geschlecht des Nomens und lassen sich deklinieren, z. B.: *das Haus, dem Haus, des Hauses, eine Straße, (in) einer Straße.* **Unbestimmte Artikel** *(ein, eine, einer)* verwendest du, um Lebewesen oder Gegenstände neu ins Gespräch oder in den Text einzuführen. **Bestimmte Artikel** *(der, die, das)* verwendest du für Lebewesen oder Gegenstände, die schon bekannt oder im Text bereits eingeführt worden sind, z. B.: *Sie hat ein neues Fahrrad. Das alte Rad war zu klein.*
Deklination	Die Deklination ist die **Beugung** von Nomen/Substantiven, Artikeln, Adjektiven und Pronomen, z. B.: Nominativ: *das neue Haus* Dativ: *dem neuen Haus* Genitiv: *des neuen Hauses* Akkusativ: *das neue Haus*
Genus	Das Genus bezeichnet das grammatische **Geschlecht** eines Nomens/Substantivs oder eines Adjektivs: **männlich, weiblich** oder **sächlich.** Das grammatische Geschlecht erkennst du am Artikel *(der/einer, die/eine, das/ein).*
Kasus	Der Kasus bezeichnet den **Fall** eines deklinierbaren Wortes (Nomen/Substantiv, Artikel, Adjektiv, Pronomen). Es gibt vier Fälle: Nominativ: *Wer? Was?* Dativ: *Wem?* Genitiv: *Wessen?* Akkusativ: *Wen? Was?*
Konjugation	Die Konjugation ist die **Beugung** von Verben, z. B.: *(ich) schreibe, (du) schreibst, (er) schrieb.*
Nomen/ Substantiv	Nomen/Substantive bezeichnen **Lebewesen, Gegenstände, Orte, Ereignisse** und **Gefühle.** Sie haben ein grammatisches Geschlecht (Genus), das man am Artikel erkennen kann. Nomen können **dekliniert** werden. Sie treten in einer bestimmten Zahl (Numerus) auf und können in einem bestimmten Fall (Kasus) verwendet werden, z. B.: *(das) Haus – (die) Häuser – (in den) Häusern.* Nomen schreibt man **mit großem Anfangsbuchstaben.**

Numerus	Der Numerus bezeichnet die **Zahl** eines Nomens/Substantivs, Artikels, Adjektivs oder Pronomens. Es gibt eine Form für den **Singular** (Einzahl) und eine andere Form für den **Plural** (Mehrzahl), z.B.: *(das) Kind – (die) Kinder.*
Pronomen	**Personalpronomen** als **Stellvertreter** von Nomen/Substantiven lassen sich **deklinieren,** d.h., sie haben Formen für alle vier Fälle, z.B.: *ich, meiner, mir, mich; sie, ihrer, ihnen, sie.* Nomen können als **Begleiter Possessivpronomen** bei sich haben, die den Besitz anzeigen. Sie lassen sich **deklinieren** und passen sich im Fall dem Nomen an, z.B.: *meine Tasche, deines Bruders.*
Verb	Verben bezeichnen **Tätigkeiten** (was jemand tut), **Vorgänge** (was geschieht) und **Zustände** (was ist). Verben haben eine Grundform, den **Infinitiv,** und Formen für die 1., 2. und 3. Person im Singular und im Plural, man nennt sie Personalformen oder **finite Verbformen.** Die Veränderung der Verbformen heißt **Konjugation** (Beugung; Verb: konjugieren). Verben bilden **Zeitformen** (Tempusformen), die angeben, ob etwas (eine Tätigkeit, ein Vorgang, ein Zustand) schon abgeschlossen ist, noch andauert oder in der Zukunft stattfinden wird. Präsens und Präteritum sind **einfache Zeitformen,** sie bestehen aus einer einzigen Verbform. Perfekt, Plusquamperfekt und Futur sind **zusammengesetzte Zeitformen,** sie bestehen aus mindestens zwei Verbformen. Um alle Formen eines Verbs richtig bilden und schreiben zu können, kannst du dich an den drei **Leitformen** oder Stammformen orientieren. Diese sind: Infinitiv – Präteritum (1./3. Person Singular) – Partizip II, z.B.: *lesen – las – gelesen.* An den Leit-/Stammformen erkennst du starke und schwache Verben. Bei **starken Verben** ändert sich der Stammvokal, das Präteritum ist endungslos und das Partizip II endet auf *-en,* z.B.: *schwimmen – schwamm – geschwommen.* Bei **schwachen Verben** ändert sich der Stammvokal nicht, das Präteritum hat eine Endung *-t* und das Partizip II endet auf *-t,* z.B.: *lachen – lachte – gelacht.*
Wortart	Man kann Wörter verschiedenen Wortarten zuordnen. Du kennst bereits: Nomen/Substantiv, Verb, Adjektiv, Personalpronomen, Possessivpronomen, Präposition und Artikel.

Satzbau und Zeichensetzung

Adverbial-bestimmung	Adverbialbestimmungen sind Satzglieder. Um z. B. Zeit- oder Orts-angaben zu machen, wird das Prädikat durch eine **Adverbialbestim-mung der Zeit** (**Temporalbestimmung,** Fragen: *Wann? Wie lange? Bis wann? Seit wann?*) oder eine **Adverbialbestimmung des Ortes** (**Lokalbestimmung,** Fragen: *Wo? Woher? Wohin?*) ergänzt, z. B.: *Ich bin ab 15 Uhr zu Hause.*
Attribut	Attribute (Beifügungen) **bestimmen Nomen/Substantive näher.** Man kann sie mit *Welche(-r, -s)?* oder *Was für ein(e)?* erfragen. Attri-bute können nicht allein umgestellt werden. Sie bleiben immer bei dem Nomen, zu dem sie gehören, und sind ein Teil dieses Satzglie-des, z. B.: *ein lustiger Film, im Zimmer seines Bruders.* Sie werden deshalb auch **Satzgliedteil** genannt.
Aufzählung	Manche Sätze enthalten Aufzählungen in Form von Wörtern oder Wortgruppen. Zwischen den einzelnen Gliedern einer Aufzählung muss ein **Komma** gesetzt werden, wenn diese nicht durch die Bin-dewörter *und, oder, sowie, sowohl … als auch* verbunden sind.
Objekt	Das Objekt ist ein Satzglied, das das Prädikat ergänzt. Der Fall des Objekts ist vom Verb abhängig. Man unterscheidet **Dativobjekte** (Frage: *Wem?*) und **Akkusativobjekte** (Frage: *Wen? Was?*), z. B.: *Sie begegnet einer Freundin. Er liest ein Buch.*
Prädikat	Das Satzglied Prädikat ist die **Satzaussage.** Es sagt etwas über das Subjekt aus. Subjekt und Prädikat bilden den Satzkern. Wenn das Prädikat nur aus dem finiten (gebeugten) Verb besteht, nennt man es **einteiliges Prädikat,** z. B.: *(er) liest.* Das **mehrteilige Prädikat** besteht aus der finiten (gebeugten) Verbform und anderen, infini-ten (ungebeugten) Verbformen (Partizip II, Infinitiv) oder weiteren Wörtern. Das mehrteilige Prädikat kann andere Satzglieder einrah-men. Dann bildet es einen **prädikativen Rahmen,** z. B.: *Er hat ein Buch gelesen.*
Satzart	Man unterscheidet drei Satzarten: **Aussagesatz, Fragesatz, Auffor-derungssatz.** ■ Um etwas mitzuteilen, bildet man einen **Aussagesatz,** in dem die finite (gebeugte) Verbform in der Regel an zweiter Stelle steht. Satzschlusszeichen: Punkt

	• Um etwas zu erfahren, bildet man einen **Fragesatz.** Fragen beginnen meist mit einem Fragewort (z. B.: *wer, was, wie, wann, wo, warum*) oder mit einer finiten (gebeugten) Verbform. Satzschlusszeichen: Fragezeichen • Wenn man jemanden zum Handeln auffordern will, bildet man einen **Aufforderungssatz.** Er kann einen Befehl oder eine Bitte ausdrücken. Diese Sätze beginnen meist mit der finiten (gebeugten) Verbform. Satzschlusszeichen: Ausrufezeichen oder Punkt
Satzglied	Subjekt, Prädikat, Objekt, Adverbialbestimmungen sind Satzglieder. Du kannst sie mithilfe der Umstellprobe ermitteln. Alle **Wörter, die sich im Satz zusammenhängend umstellen oder verschieben lassen,** bilden ein Satzglied, z. B.: *Die Kinder	warten	am Morgen	auf den Bus.*
Subjekt	Das Satzglied Subjekt ist der **Satzgegenstand** des Satzes. Über das Subjekt wird etwas ausgesagt. Es steht in der Regel im **Nominativ** und kann mithilfe der Fragen *Wer?* oder *Was?* ermittelt werden. Subjekt und Prädikat bilden den Satzkern.
Umstellprobe	Die meisten Wörter oder Wortgruppen kann man innerhalb eines Aussagesatzes umstellen. Eine Ausnahme macht nur die finite (gebeugte) Verbform, die immer an der zweiten Stelle steht. An der ersten Stelle, also vor der finiten Verbform, kann immer nur *ein* Satzglied stehen. Alle weiteren Satzglieder folgen nach der finiten Verbform. Die Umstellprobe hilft dir, die **Anzahl der Satzglieder eines Satzes** zu ermitteln.

Wortschatzerweiterung

Ableitung	Mithilfe von **Suffixen** (Nachsilben) und **Präfixen** (Vorsilben) werden aus vorhandenen Wörtern neue mit etwas veränderter Bedeutung gebildet. Typische Suffixe für Nomen sind z.B.: *-heit, -keit, -ung, -nis*. Typische Suffixe für Adjektive sind z.B.: *-ig, -lich, -isch*. Durch das Anfügen von Präfixen, z.B.: *be-, er-, ent-, ver-*, verändern Verben ihre Bedeutung, z.B.: *achten – missachten*.
Wortfamilie	Jede Wortfamilie hat einen **gemeinsamen Wortstamm.** Er bestimmt die Schreibung. Wortfamilien entstehen durch Ableitung und Zusammensetzung, z.B.: *lehren – Lehrer – Lehrbuch – Lehrling – ...*
Wortfeld	**Bedeutungsgleiche oder -ähnliche Wörter** bilden ein Wortfeld. Es gibt **Oberbegriffe** mit allgemeiner Bedeutung und **Unterbegriffe** mit spezieller Bedeutung, z.B.: *Pflanze: Baum – Birke, Buche, Fichte ...*
Zusammen-setzung	Zusammensetzungen bestehen aus einem **Bestimmungswort** und einem **Grundwort.** Manchmal ist ein **Fugenelement** eingefügt. Das Grundwort eines zusammengesetzten Wortes bestimmt, zu welcher Wortart das zusammengesetzte Wort gehört und welches Geschlecht es hat, z.B.: *die Mittag|s|zeit*.

Die Geschichte unserer Sprache

Erbwort	Als Erbwörter bezeichnet man die ältesten Wörter unserer Sprache. Sie entstanden vor ungefähr 5 000 Jahren und geben uns heute noch Auskunft über die Lebensweise der germanischen Stämme; z.B.: *Rind, Hund, Beil, weben*.
Lehnwort	Als Lehnwörter bezeichnet man Wörter, die aus anderen Sprachen »entliehen« wurden. Sie haben sich im Laufe der Zeit in Aussprache, Schreibung und Beugung **der deutschen Sprache angepasst**, z.B.: *Fenster* (von lateinisch *fenestra*).
Fremdwort	Als Fremdwörter bezeichnet man Wörter, die aus anderen Sprachen übernommen werden, sich aber in Aussprache, Schreibung und Betonung **nicht oder nur zum Teil dem Deutschen angepasst** haben, z.B.: *Sweatshirt, Ragout*. Für die richtige Schreibung von Fremdwörtern ist wichtig, dass sie oft typische Wortbauteile (Suffixe) enthalten, die man sich einprägen sollte, z.B.: *reparieren, Energie, Musik, positiv, Aktion, Aktivität*.

Richtig schreiben

Anredepronomen	Die Anredepronomen *du/dein, ihr/euer* können in Briefen und E-Mails klein- oder großgeschrieben werden. Die Anredepronomen *Sie* und *Ihr* und alle ihre Formen musst du in der **höflichen Anrede immer großschreiben.**
Artikelprobe	Mithilfe der Artikelprobe kannst du feststellen, ob ein Wort ein Nomen/Substantiv ist oder nicht, ob es groß- oder kleingeschrieben werden muss. Prüfe: Steht bei dem Wort ein Artikel oder lässt sich das Wort mit einem Artikel verwenden? Wenn ja, dann ist das Wort ein Nomen und wird großgeschrieben.
Verlängerungs-probe	Verlängere das Wort, bei dessen Stammauslaut oder *s*-Laut du zweifelst. Bilde z. B. die Pluralform oder ein Adjektiv, z. B.: *das Gol? – golden, der Ku? – die Küsse.*
Verwandtschafts-probe	Wenn du nicht sicher bist, wie ein Wort geschrieben wird, suche nach einem stammverwandten Wort aus der Wortfamilie, z. B.: *mahlen – Mehl – Mühle; Band – Bänder – binden; Biss – bissig.*
Worttrennung	Wenn man beim Schreiben den Platz bestmöglich nutzen muss, dann trennt man am Zeilenende mehrsilbige Wörter **nach Sprechsilben,** z. B.: *be-ra-ten.*
Zerlegeprobe	Beim Zerlegen **in Sprechsilben** erkennst du, ob ein Wort mit zwei gleichen oder zwei verschiedenen Konsonanten geschrieben wird, z. B.: *es-sen, lis-tig.* Du kannst Wörter auch **in** ihre **Bestandteile/Bauteile** zerlegen, um dir Sicherheit über deren Schreibung zu verschaffen, z. B.: *Ver-kauf, du nasch-st.*

Methoden und Arbeitstechniken

Aktiv zuhören	Um einen Gesprächspartner richtig verstehen zu können, ist aufmerksames und genaues Zuhören wichtig.
Auswendig lernen	Willst du ein Gedicht auswendig lernen, befasse dich zuerst mit dem Inhalt, den Reimen und dem Rhythmus des Gedichts. Lerne es danach Vers für Vers und Strophe für Strophe auswendig. Wiederhole das Gelernte regelmäßig.
Brainstorming	Brainstorming (engl. *brain* – Gehirn, engl. *storm* – Sturm) ist eine **Methode zur Ideenfindung.** Ausgehend von einem Bild, einem Begriff, einer Fragestellung oder einem Problem werden möglichst schnell, ohne nachzudenken, damit verbundene Gedanken, Gefühle oder Erlebnisse geäußert und notiert.
Gesprächsregeln beachten	In Gesprächen solltest du einige Regeln beachten, damit die Verständigung gelingt, z.B. sachlich und freundlich bleiben, andere zu Wort kommen lassen und gut zuhören.
Gruppenarbeit	Wenn ihr in einer Gruppe (4 – 6 Schüler/Schülerinnen) arbeitet, müsst ihr bestimmte Regeln beachten, damit ihr erfolgreich seid, z.B. die Aufgaben planen und verteilen und aktiv mitarbeiten.
Informationen suchen	Wenn du in der **Bibliothek** ein bestimmtes Buch ausleihen möchtest, suchst du es am besten im **alphabetischen Katalog.** Wenn du ein Thema hast und noch keinen genauen Buchtitel kennst, nutzt du den **systematischen Katalog.** Die meisten großen Bibliotheken verfügen über einen **Onlinekatalog im Internet.** Hier kannst du sowohl nach Schlagworten als auch nach Autoren und Titeln von Büchern suchen. Im **Internet** erleichtert dir eine **Suchmaschine** die Suche nach Informationen. Viele Suchmaschinen bieten auch **Web-Kataloge** an. Das sind Sammlungen von Internetadressen, die bereits nach bestimmten Themen oder Sachgebieten sortiert sind.

Lesetagebuch	Ein Lesetagebuch ist ein persönliches Heft, in das du beim Lesen eines Buches deine Gedanken, Fragen und Gefühle schreibst. Außerdem notierst du wichtige Informationen zur Handlung und zu den Personen. **Vor dem Lesen** solltest du das Deckblatt schreiben und deine Vorüberlegungen festhalten. **Beim Lesen** solltest du notieren, was passiert und wie es auf dich wirkt. **Nach dem Lesen** solltest du aufschreiben, wie dir das Buch gefallen hat und deine Meinung begründen.
Texte überarbeiten	Beim Überarbeiten von Texten solltest du folgende Schritte gehen: 1. den Inhalt überarbeiten, 2. die Wortwahl überprüfen, 3. den Satzbau kontrollieren, 4. die Rechtschreibung korrigieren.
Texte verfassen	Beim Texteverfassen solltest du folgende Schritte gehen: 1. die Schreibaufgabe durchdenken, 2. den Text planen und gestalten, 3. einen Textentwurf schreiben, 4. den Textentwurf überarbeiten, 5. die Endfassung schreiben.
Vortrag präsentieren	s. Präsentieren, S. 252
(Im) Wörterbuch nachschlagen	Wenn du wissen willst, wie man ein Wort schreibt oder was es bedeutet, kannst du im Wörterbuch nachschlagen. Um ein Wort schnell zu finden, musst du das Alphabet gut können. Das Suchen von Wörtern im Wörterbuch solltest du üben.

Lösungen zu den Tests

Texte erschließen (S. 70–71)

1 Der Text handelt vom Thema »Allergien«.
mögliche Überschrift: Allergien beim
Menschen

2

a Was will der Text leisten?
Wie entsteht eine Allergie?
Woran erkennt man eine Allergie?
Wie behandelt man eine Allergie?

b Der Autor will deutlich machen, an wen
der Text gerichtet ist und was er mit dem
Text leisten möchte.

3

a Allergie: weicht die Reaktion des Körpers
auf bestimmte körperfremde Stoffe vom
normalen Verhalten ab (Z. 6–7), allergie-
auslösende Stoffe nennt man Allergene
(Z. 7–8), Körper hält diese Allergene für
eine Bedrohung und wehrt sich (Z. 10–11),
eine krank machende Überempfindlichkeit
des Körpers auf bestimmte Allergene
(Z. 12–13)

b Eine Allergie ist eine krank machende
Überempfindlichkeit des Körpers auf
bestimmte Allergene.

c Die allergieauslösenden Stoffe nennt man
Allergene. (Z. 7–8)

4

a dritter Abschnitt (Eine Allergie zeigt sich…,
Z. 14–24)

b Augen, Nase, Atmungsorgane, Haut,
Gelenke, Magen, Darm, Bauch

c/d

Körperteile	Beschwerden
Augen	tränen
Nase	läuft
Atmungs-organe	Atemnot
Haut	Ausschläge, Schwellungen und Juckreiz
Gelenke	Schwellungen, Schmerzen
Magen, Darm, Bauch	Übelkeit, Durchfälle

e 1. Vermeidung, 2. Medikamente,
3. Allergieimpfung

Über Sprache nachdenken (S. 196–197)

1 **Interessantes aus der Welt des Zirkus**
[…] Bis zum modernen Zirkus war es aber
noch ein langer Weg. Kennst du die
Namen der berühmtesten Zirkusse?
Dazu gehören <u>Renz, Busch, Sarrasani und
Roncalli</u>. Ganz besonders beliebt sind auch
die <u>russischen und chinesischen Zirkus-
künstler</u>. Hast du z. B. schon einmal etwas
von dem weltbekannten Clown Oleg
Popow gehört? Er konnte die Zuschauer
nicht nur zum Lachen bringen, sondern
war auch als Artist auf dem Schlappseil
ein wahrer Meister.
Bei den Zirkusfans ist heute der Zirkus
»Roncalli« besonders beliebt. Er wurde im
Jahr 1976 gegründet. In seinen

Programmen treten Künstler aus vielen
Ländern auf. Sie kommen z.B. aus der
Ukraine, aus Russland, Amerika,
Tschechien, Italien und Spanien. Hier
begeistern atemberaubende Luftartisten,
biegsame Schlangenfrauen oder blitz-
schnelle Magier das Publikum.
Aber erst die harmonische Einheit von
Artistik und Musik macht das Programm
perfekt.

2

a Einzelne Zirkusfamilien | bestimmten |
die Geschichte des Zirkus.
(3 Satzglieder)
In seiner Entwicklung | hat | der Zirkus |
zahlreiche Wandlungen | durchgemacht.
(4 Satzglieder)
Den Zirkus | lieben | viele Menschen.
(3 Satzglieder)

b du weißt, wer gilt, er heißt, der Engländer
lebte, er… gedient hatte, konnte er…
reiten, mietete er, er… errichten ließ,
zeigte er

c gedient hatte, errichten ließ

d hast… gehört, konnte… bringen

e 1 zeigte dem Publikum (Dativ) waghalsige
Kunststücke (Akkusativ)
2 begeistern die Leute (Akkusativ)
3 gefällt den meisten Besuchern (Dativ)

f **Ort:** in einem Kavallerieregiment, in
London, auf dem (Feld), dort, bis zum
modernen Zirkus, auf dem Schlappseil,
in seinen Programmen, aus der Ukraine,
aus Russland, Amerika, Tschechien,
Italien und Spanien, hier
Zeit: von 1742 bis 1814, nach seiner
Entlassung aus dem Armeedienst, 1768,
einmal, heute, im Jahr 1976

3

a den festen Zirkusbau (Akk.)
mit anderen Reitern (Dat.)
auf dem Schlappseil (Dat.)
dem weltbekannten Clown (Dat.)
den großen modernen Zirkus (Akk.)

b z.B.:
vorzüglich – vorzüglicher –
am vorzüglichsten,
modern – moderner – am modernsten,
lang – länger – am längsten,
berühmt – berühmter – am berühmtesten
…

c erzählt (Präsens) – mietete (Präteritum) –
ließ (Präteritum) – hat gehört (Perfekt) –
treten auf (Präsens)

d **starke Verben:** lassen, (auf)treten
schwache Verben: erzählen, mieten, hören

4

a **Nomen:** Zirkusfamilie, Armeedienst;
z.B.: Kavallerieregiment, Zuschauertribünen, Kunststücke, Zirkuskünstler…
Adjektiv: zahlreich, weltbekannt;
z.B.: atemberaubend, blitzschnell

b **Nomen:** Be|gründ|er;
z.B.: Engländ|er, Reit|er, Ent|lass|ung,
Artist|ik
Verb: er|zähl|en;
z.B.: er|richt|en, ge|hör|en, be|geist|ern
Adjektiv: vor|züg|lich;
z.B.: waghals|ig, russ|isch, bieg|sam,
harmon|isch

Richtig schreiben (S. 229–230)

 der Heimweg – die Zugvögel –
die Schildlaus – das Ständchen –
du schiebst – er verrieb die Farbe –
trübsinnig – die Gelbsucht – er errät
das leicht – er zeigt nach rechts

 1 Die Fallschirmspringer (fal-len) bereiten
sich auf den Absprung vor.
2 Alle sind voll (vol-le) konzentriert.
3 Einige haben den Blick zu Boden gesenkt
(sen-ken).
4 Andere schauen wie gebannt (ban-nen)
zur Decke.
5 Als das Kommando ertönt, stellt
(stel-len) sich der erste Springer an
die Luke.
6 Sein Sprung beginnt (begin-nen).
7 Er fällt (fal-len) in die Tiefe.
8 Nach kurzer Zeit öffnet (of-fen) sich
der Schirm.
9 Wenige Minuten später haben es alle
geschafft (schaf-fen).
10 Jedes Mitglied der Staffel ist im
markierten Kreis gelandet.

5

Wörter mit *s*	Wörter mit *ss*	Wörter mit *ß*
Brillen-gläser	Verschluss	abgießen
preiswert	Verfassung	Eiweiß
Lese-zeichen	weg-gelassen	Fußgänger
Ausweis	Türschloss	Verstoß

6

a die meisten Menschen, ein Bad, Die Natur,
einen ausgezeichneten Frostschutz,
auf der Haut, ein dickes Daunenfederkleid,
mit einer speziellen Flüssigkeit, in den
Körper, eine dicke Fettschicht, die
Körperwärme

b regelmäßig, Flüssigkeit, Wasser, dass, Füße,
müssen, weiß

Lösungen zu Aufgabe 1, S. 124

Märchenhaftes und Unglaubliches

1

a Tierischer Mörder im Haus der
Großmutter: *Rotkäppchen*

Militärangehöriger steigt mittels
Brennwerkzeug in den Adelsstand auf:
Der Soldat und das Feuerzeug

Produkt des Schuhmacherhandwerks hilft,
die richtige Braut zu finden: *Aschenputtel*

Mister Namenlos wird als Erpresser
gestellt: *Rumpelstilzchen*

Orientalischer Meilenläufer:
Der kleine Muck

Unbequemer Schlaf einer königlichen
Tochter: *Prinzessin auf der Erbse*

Kräftiger Haarwuchs verhilft zu
Liebesglück: *Rapunzel*

Leichte Handverletzung führt zum
Masseneinschlafen: *Dornröschen*

Quellenverzeichnis

Textquellen

6 Polen, Tschechien. Nach: http://www.kindernetz.de/infonetz/thema/europa [18. 12. 2008] (Autorin: Yvonne Unger) **17 f.** Indiran, Induja: Fremd in Berlin?! Aus: Berlin – mein Kiez. Die schönsten Geschichten aus dem Erzählwettbewerb. Weinheim: Beltz & Gelberg, 2005, S. 37 ff. **19 f.** Philipps, Carolin: Mai-Linh. Wenn aus Feinden Freunde werden. Wien: Ueberreuter Verlag, 2001, S. 31 ff. **41** Dresden war … Aus: Kästner, Erich: Als ich ein kleiner Junge war. Hamburg: Cecilie Dressler Verlag, 1957, S. 51 ff. **51 f.** Bockemühl, Erich: Die Weiber von Weinsberg. Aus: Deutsche Sagen. Berlin: Marhold, 1956. **52** Treue Weiber und Herren von Weinsberg. Aus: http://www.wikipedia.de [18. 12. 08] (Autor: Rosenzweig). **53** Die Weiber zu Weinsperg. Aus: Brüder Grimm. Deutsche Sagen. Berlin: Rütten & Loening, 1983, S. 240. **55** Der Hünenstieg. Aus: Griepentrog, Gisela (Hg.): Die Spinnerin im Monde. Frauen in den Sagen der Mark Brandenburg und Berlins. Leipzig: Verlag für die Frau, 1991, S. 169 f. Die Entstehung der Insel Rügen. Aus: Zetzsche, Peter: Der vierköpfige Swantewit. Sagen und Geschichten von der Insel Rügen und Hiddensee. Regensburg: S. Roderer Verlag, 1989, S. 10. **56** Harras, der kühne Springer. Nach: Sieber, Helmut (Hg.): Das verliebte Gespenst. Frankfurt a. Main: Verlag Weidlich, 1967, S. 34f. **57** Die Entstehung von Schöneck. Nach: Sieber, Helmut (Hg.): Das verliebte Gespenst. Frankfurt a. Main: Verlag Weidlich, 1967, S. 28f. **58** Der Bauerhase von Freiberg. Aus: Butz, Reinhardt; Folde, Werner: Mein Sachsen lob ich mir. Geschichtliches aus Sachsen. Berlin: Volk und Wissen, 1993, S. 43. **60** Warum stehen Heizungen immer unter dem Fenster? Aus: Wissen macht Ah! Das Magazin für Klugscheißer. 2/2008, S. 27. **62** Wüsten – schrecklich und schön. Aus: Wissen macht Ah! Das Magazin für Klugscheißer. 2/2008, S. 32 f. **63** Kann man unter Wasser riechen? Aus: Märkische Oderzeitung. 07. 03. 2008, S. 12. **64** Graben in der Vergangenheit. Aus: Alan Millard: Schätze aus biblischer Zeit. Wertvolle Funde aus biblischer Zeit – ihre Entdeckungsgeschichte – ihre Bedeutung. Gießen, Basel: Brunnen, 1986, S. 32. **65** Angefangen hat alles … Aus: Wissen macht Ah! Das Magazin für Klugscheißer. Nr. 2/2008, S. 16 f. **66** Na gut, ganz so einfach … Aus: Wissen macht Ah! Das Magazin für Klugscheißer. Nr. 2/2008, S. 44 f. (gekürzt und vereinfacht). **67** Die Menschen wohnten … Aus: Connolly, Peter: Die alten Römer. Text von Andrew Solway. Nürnberg: Tessloff Verlag, 2001, S. 14 f. **68** Es gibt nur … Aus: Reinicke, Rolf: Steine am Ostseestrand. Schwerin: Demmler, 2007, S. 7. **69** Viele Menschen … Nach: Birkfeld, Alfred; Herschel, Kurt: Pilze essbar oder giftig. Neubearbeitung von Frieder Gröger. Lutherstadt Wittenberg: A. Ziemsen Verlag, 1983, S. 4 ff. **74** *Schaubild* aus: KIM-Studie 2008, © Medienpädagogischer Forschungsverband Südwest 2009, www.mpfs.de, gekürzt. **86** Mörike, Eduard: Er ist's. Aus: Mörikes Werke in einem Band. Berlin, Weimar: Aufbau, 1969, S. 53. Roth, Eugen: Der Baum. Aus: Gelberg, H.-J. (Hg.): Der fliegende Robert. Viertes Jahrbuch der Kinderliteratur. Weinheim, Basel: Beltz & Gelberg, 1977, S. 285. Fontane, Theodor: Mittag. Aus: Fontanes Werke in fünf Bänden. Bd. 1. Berlin, Weimar: Aufbau, 1964, S. 3 f. **90** Droste-Hülshoff, Annette von: Der Frühling ist … Aus: Das Ludwig-Richter-Frühlingsalbum. Die schönsten deutschen Lieder, Geschichten und Gedichte zur Osterzeit. Leipzig: St. Benno Verlag, 2008, S. 64. Storm, Theodor: April. Aus: Storm, Theodor: Sämtliche Werke in vier Bänden. Bd. 1. Frankfurt/M.: Deutsche Klassiker, 1987. **91** Jandl, Ernst: auf dem land. Aus: Gomringer, Eugen (Hg.): konkrete poesie. Stuttgart: Philipp Reclam jun., 2001, S. 87. **92** Bächler, Wolfgang: Der Nebel. Aus: Fuhrmann, Joachim (Hg.): Gedichte für Anfänger. Reinbek: Rowohlt Taschenbuch, 1980, S. 75. Schubiger, Jürg: Herbstgedicht. Aus: Gelberg, Hans-Joachim (Hg.): Großer Ozean. Gedichte für alle. Weinheim, Basel: Beltz & Gelberg, 2000, S. 184. **93** Brender, Irmela: Wolkenbilder. Aus: Brender, Irmela: War mal ein Lama in Alabama. Allerhand Reime und Geschichten in Gedichten. Hamburg: Friedrich Oettinger, 2001, S. 88. **94** Borchert, Wolfgang: Winter. Aus: Borchert, Wolfgang: Aus dem Nachlass. Reinbek: Rowohlt Verlag. Kaléko, Mascha: Der Winter. Aus: Kaléko, Mascha: Papagei und Mamagei. München: Deutscher Taschenbuch Verlag, 1986, S. 106. **95** Engel, Erika: Sind die Lichter angezündet. Aus: Die große Liedertruhe. Berlin: Der Kinderbuchverlag, 1984, S. 224. **100** Kožík, Christa: Moritz in der Litfaßsäule. Berlin: Der Kinderbuchverlag, 1993, S. 126 f. **105 f.** Nöstlinger, Christine: Dicke Didi, fetter Felix. Düsseldorf: Dachs-Verlag, 1998, S. 9 ff. **109 ff.** Caspak, Victor; Lanois, Yves: Die Kurzhosengang. Hamburg: Carlsen Verlag, 2004, S. 15 ff.

116 Jahsnowski, Lisa: Bildgeschichte. Aus: Berliner Zeitung, 24.02.2003, S. 27. **117** Thomas, Christina: YPS – Kaspar, Patsch und Willy und das Urmenschenskelett. Aus: Schülerarbeit. 64. Mittelschule Dresden. **118** Die Kinder- und Hausmärchen der Brüder Grimm. Berlin: Der Kinderbuchverlag, 1962. Band I, S. 49, 100, 146, 198. Das große Buch der Märchen. Heitersheim: Eurobooks Germany, 1999, S. 180. **119** Der süße Brei. Aus: Die Kinder- und Hausmärchen der Brüder Grimm. Berlin: Der Kinderbuch Verlag, 1962. Band II, S. 5. **121 f.** Die Teekanne. Aus: Andersen, Hans Christian: Sämtliche Märchen und Geschichten. Leipzig: Dieterich'sche Verlagsbuchhandlung, 1953, S. 418 ff. **125 ff.** Frau Holle. Aus: Noffke, Brunhilde (Hg.): Märchen für Winter und Weihnacht. Kiel: Königsfurt Urania, 2007, S. 39 ff. **128 f.** Die Fliege. Aus: Philipp, Neil: Märchen aus aller Welt. Nacherzählt von Neil Philipp. München: Dorling Kindersley, 1997, S. 70. **130** Der Wettlauf vom Strauß und der Schildkröte. Aus: Uther, Hans-Jörg (Hg.): Die schönsten Märchen der Weltliteratur. München: Eugen Diedrichs Verlag, 1996, S. 7. **131 f.** Elend. Aus: Probst, Anneliese: Sagen und Märchen aus dem Harz. Berlin: Altberliner Verlag, 1995, S. 55 ff. **134 f.** Schmalenbach, Heinz: Hausaufgaben. Aus: Schmalenbach, Heinz: Spielbare Witze für Kinder. Niederhausen/Ts.: FalkenVerlag, 1986, S. 45 ff. **136 ff.** Ergebnis eines Unterrichtsprojekts der Klasse 5b der »Nordlicht«-Schule in Rostock, unter der Leitung von Andrea Kruse (2008). **139** Eulenspiegel und die Bienendiebe. Kruse, Andrea; siehe Anmerkung 136 f. **143** Rotkäppchen (Brüder Grimm). Nach: Brackert, Helmut: Das große deutsche Märchenbuch. München, Zürich: Artemis und Winkler, 1994, S. 170-172. **152** Früher mochte Mark… Nach: Tiere als Therapeuten. Aus: GEO, Nr. 3, März 2001, S. 100 ff. Ratten in US-amerikanischen Städten… Aus: Herrmann, Sebastian: Zehn Dinge, die Sie noch nicht wissen über Ratten. In: Süddeutsche Zeitung, 25.01.2008, S. 18. **157** Ein 16-jähriger Surfer… Nach: Hai tötet jungen Surfer. Aus: Berliner Zeitung, 09.04.2008, S. 32. **158** Ein Adlerrochen… Nach: Frau auf dem Schiff von Rochen erschlagen. Aus: Süddeutsche Zeitung, Nr. 69, 22./23./24.03.2008, S. 12. **160** Verhalten im Zoo… Aus: Satzung des Zoos der Kreisfreien Stadt Hoyerswerda (Amtsblatt Nr. 177 vom 4. Juli 1996). **162** Fast alle Szenen in den Potter-Filmen… Nach: Levine, Tom: Hübsch, aber dumm: Der Tiertrainer Gary Gero dressierte die Eulen für den Harry-Potter-Film. Aus: Berliner Zeitung, 16.11.2001, S. 10. **167** Fühmann,

Franz: In der Kuchenfabrik. Aus: Fühmann, Franz: Die dampfenden Hälse der Pferde im Turm von Babel. Berlin: Kinderbuchverlag, 1978, S. 60 f. **193** Manz, Hans: Ein, kein oder mehrere Geschwister? Aus: Manz, Hans: Mit Wörtern fliegen. Neues Sprachbuch für Kinder und Neugierige. Weinheim, Basel: Beltz, 1995, S. 61. Manz, Hans: Gleichungen. Aus: ebenda, S. 60. **228** Wahrig-Redaktion (Hg.): Wahrig: Die deutsche Rechtschreibung. Gütersloh, München: Wissen Media Verlag GmbH, 2006, S. 382. **234 ff.** Das Waldhaus. Nach: Jacob und Wilhelm Grimm: Kinder- und Hausmärchen 1812/1815, Nr. 170. **237** Aus: Duden – Das große Vornamen-Lexikon. Bearb. von Rosa und Volker Kohlheim. Mannheim, Wien, Zürich, Leipzig: Dudenverlag, 1998, S. 54. **238** Aus: Naumann, Horst (Hg.): Das große Buch der Familiennamen: Alter, Herkunft, Bedeutung. Niedernhausen/Ts.: Falken Verlag, 1994, S. 115. **245** Guggenmos, Josef: Wintergewitter. Aus: J.G.: Groß ist die Welt. Die schönsten Gedichte. Weinheim: Beltz & Gelberg, 2006, S. 101. **247** Morgenstern, Christian: Neue Bildungen, der Natur vorgeschlagen. Aus: Gelberg, Hans-Joachim (Hg.): Großer Ozean. Gedichte für alle. Weinheim, Basel: Beltz & Gelberg, 2000, S. 55. **248** Hacks, Peter: Der blaue Hund. Aus: Gelberg, Hans-Joachim (Hg.): Großer Ozean. Gedichte für alle. Weinheim, Basel: Beltz & Gelberg, 2000, S. 186. Kruse, Max: Fischwunder. Aus: Gelberg, Hans-Joachim (Hg.): Großer Ozean. Gedichte für alle. Weinheim, Basel: Beltz & Gelberg, 2000, S. 145. Ende, Michael: Die Ausnahme. Aus: Gelberg, Hans-Joachim (Hg.): Überall und neben dir. Gedichte für Kinder. Weinheim, Basel: Beltz & Gelberg, 1986, 2001, S. 42. **249** Maiwald, Peter: Regentag. Aus: Gelberg, Hans-Joachim (Hg.): Großer Ozean. Gedichte für alle. Weinheim, Basel: Beltz & Gelberg, 2000, S. 109. **250** Eich, Günter: Septemberliches Lied vom Storch. Aus: Günter Eich: Gesammelte Werke. Bd. 1. Frankfurt a. Main: Suhrkamp, 1973, S. 191.

Wir danken den Rechteinhabern für die Abdruckgenehmigung. Da es uns leider nicht möglich war, alle Rechteinhaber zu ermitteln, bitten wir, sich gegebenenfalls an den Verlag zu wenden.

Bildquellen

6 ©Andrea Seemann/fotolia.de; ©Dreadlock/fotolia.de
10 *Buchcover:* © 2001 by Rowohlt Berlin GmbH
16 Thomas Schulz, Teupitz **17** paul prescott/fotolia.com
19 *Buchcover:* Ueberreuter Verlag, Wien 2001 **22** Olaf
Strässer/fotolia.com **31** Charly/fotolia **38** Petra
Pönisch, Grüna **40** Rainer Schmittchen/fotolia.com
41 *Buchcover:* Dressler Verlag, Hamburg 1957
44 Thomas Schulz, Teupitz **51** picture-alliance/akg-
images, Frankfurt a. M. **52, 53** picture-alliance/
HB-Verlag, Frankfurt a. M. **55** picture-alliance/ZB,
Frankfurt a. M. **56** (Harrasfelsen) www.harras.de
57 Bildagentur Geduldig, Maulbronn **58** Sächsische
Staats- und Universitätsbibliothek/Deutsche Fotothek/
Richter **62** Jean Luc bohin/fotolia.com **64** cenap
refik onganv/fotolia.com **65** picture-alliance/ZB,
Frankfurt a. M. **66** picture-alliance/dpa, Frankfurt a. M.
68 waltart/fotolia.com **69** martine wagner/fotolia.com
70 vnlit/fotolia.de **72** Cover (GEOlino): Verlag
Gruner + Jahr, Hamburg; Cover: Magazin-Was ist was.
Tessloff Verlag, Nürnberg; Cover (Staffette): Seiler Verlag,
Nürnberg **75** Thomas Schulz, Teupitz **81** (Pudel) Eric
Isselée/fotolia.com, (Dalmatiner) Otto Durst/fotolia.com,
(Dobermann) Kerioak/fotolia.com **90** Kevin page/
fotolia.com **93** Salvador Dalí: Paar, die Köpfe voller
Wolken: © Salvador Dalì, Fundació Gala-Salvador Dalí/
VG Bild-Kunst, Bonn 2010 **94** Caro Fotoagentur, Berlin
95 picture-alliance/Okapia, Frankfurt a. M. **96** Tosa-
Verlag, Wien 2007 **98** *Buchcover:* Hinstorff Verlag,
Rostock 2005 **100** *Buchcover:* (Moritz in der Litfaß-
säule): LeiV Leipziger Kinderbuchverlag GmbH, 2005
104 *Buchcover:* (Die paar Kröten!): cbj Verlag in der
Verlagsgruppe Random House, München 2005; (TKKG-
Die spannendsten Fälle): Bassermann Verlag, München
2008; (Herr der Diebe): Dressler Verlag, Hamburg 2002
106 *Buchcover:* Beltz& Gelberg in Verlagsgruppe Beltz,
Weinheim, Basel 2000 **116, 117** Schülerzeichnungen:
Lisa Jahsnowski, Christina Thomas **120** picture-alli-
ance/dpa, Frankfurt a. M. **125** bpk, Berlin **126** akg-
images **132** picture-alliance/ZB, Frankfurt a. M.
134 Thomas Schulz, Teupitz **136** akg-images, Berlin
138 picture-alliance/IMAGNO/Austrian Archivs
139 Aus: Wolfgang Lindow (Hg.): Ein kurzweilig Lesen
von Dil Ulenspiegel. Nach dem Druck von 1515.
Stuttgart: Philipp Reclam jun. 1966 **140–141** Thomas
Schulz, Teupitz; 142: VISUM/Gregor Schläger, Hamburg
143 bpk, Berlin **144** Thomas Schulz, Teupitz
145 Buena Vista/ Cinetext, Frankfurt a. M. **149** picture-
alliance/dpa, Frankfurt a. M. **152** www.brinkhoff-fotos.de
153 Kitch Bain/fotolia.com **154** picture-alliance/NHPA/
photoshot, Frankfurt a. M. **157** Leito/fotolia.com
158 picture-alliance/dpa, Frankfurt a. M.
160 picture-alliance/ZB, Frankfurt a. M.
162 blickwinkel.de **163** Filmfotos: (Tom und Jerry):
Cinetext, Frankfurt a. M., (Findet Nemo): Disney/ Cinetext, Frankfurt a. M. **175** ©susy2010/fotolia.de
177 Til Sepke/fotolia.com **179** Til Sepke/fotolia.com
186 picture-alliance/dpa, Frankfurt a. M. **196** picture-
alliance/dpa, Frankfurt a. M. **203** picture-alliance/dpa
Frankfurt a. M. **219** Galina Barskaya/fotolia.com
229 Thomas Stüber/fotolia.com **231** Aus: Jacob, Georg:
Geschichte des Schattentheaters im Morgen- und
Abendland, 2. völlig umgearbeitete Auflage, Hannover
1925 **231, 231–235** Thomas Schulz, Teupitz
237 Dudenverlag, Mannheim 2007 **238** iStockphoto.com
239 picture-alliance/ZB, Frankfurt a. M. **240** schmidt-
buch-verlag.de

Sachregister

Zu diesem Buch gibt es ein passendes **Arbeitsheft** (ISBN 978-3-06-062751-6).
Autoren und Redaktion danken Veronika Amm, Simone Fischer, Viola Oehme und
Katrin Paape für wertvolle Anregungen und praktische Hinweise bei der Entwicklung
des Manuskripts.

Redaktion: Karin Unfried, Birgit Patzelt, Gabriella Wenzel
Bildrecherche: Angelika Wagener
Illustration: Katharina Knebel, Berlin: S. 20, 91, 92, 101, 107, 110, 112, 113, 128, 135, 245,
247, 248, 249, 250
Cleo-Petra Kurze, Berlin: S. 8, 11, 13, 14, 15, 23, 25, 27, 28, 32, 33, 34, 42, 45, 47, 49, 73, 76, 78,
79, 80, 82, 84, 86, 87, 89, 118, 119, 121, 131, 133, 146, 147, 150, 154, 155, 161, 164, 165, 167, 168,
169, 171, 173, 174, 176, 179, 180, 182, 184, 185, 187, 188, 189, 190, 193, 194, 198, 199, 201, 205,
206, 207, 210, 213, 214, 216, 217, 218, 221, 222, 223, 224, 227, 230, 237, 240
Christa Unzner, Den Haag: S. 242
Umschlaggestaltung: werkstatt für gebrauchsgrafik, Berlin
Umschlagillustration: Dorothee Mahnkopf, Berlin
Layout und technische Umsetzung: Klein & Halm Grafikdesign, Berlin,
nach Entwürfen von Farnschläder & Mahlstedt, Hamburg

www.cornelsen.de

Die Links zu externen Webseiten Dritter, die in diesem Lehrwerk
angegeben sind, wurden vor Drucklegung sorgfältig auf ihre Aktualität
geprüft. Der Verlag übernimmt keine Gewähr für die Aktualität
und den Inhalt dieser Seiten oder solcher, die mit ihnen verlinkt sind.

Dieses Werk berücksichtigt die Regeln der reformierten Rechtschreibung und Zeichensetzung. Bei den mit $\boxed{R}$ gekennzeichneten
Texten haben die Rechteinhaber einer Anpassung widersprochen.

1. Auflage, 2. Druck 2013

Alle Drucke dieser Auflage sind inhaltlich unverändert
und können im Unterricht nebeneinander verwendet werden.

Druck: Mohn Media Mohndruck, Gütersloh

ISBN 978-3-06-062745-5

 Inhalt gedruckt auf säurefreiem Papier
aus nachhaltiger Forstwirtschaft.